"十四五"职业教育国家规划教材

高等职业教育 · 校企"双元"合作新形态一体化教材

U0649005

道路工程地质

Road Engineering Geology

（第 3 版）

罗　筠 ▲ 主　编

雷建海　向一鸣 ▲ 副主编

龙万学 ▲ 主　审

人民交通出版社

北　京

内 容 提 要

本书为"十四五"职业教育国家规划教材。全书按照道路工程地质勘察工作顺序编排,分为工程地质条件认知、道路工程地质评价和道路工程地质勘察报告三个模块,每个模块下设多个项目、任务,任务训练中设有"任务单-知识测评-目标评价"3个层次循序渐进的评价。本书坚持"以学生为中心"、以"学"为主,培养学习者的知识应用能力。本书注重与中职知识和技能衔接,图(表)文并茂,动画、视频、学习课件、高清彩色图、在线测试等数字资源丰富多样,并配有技能训练与测评活页手册,以便读者更清晰地观察和认识地质现象,立体生动、易学易懂易练,为校企"双元"合作新形态一体化高职教材。

本书可作为高等职业院校道路与桥梁工程技术、道路工程检测技术、道路养护与管理专业教材,也可作为土木类工程技术人员进行工程地质勘察的培训教材或自学用书。

本书配有视频、动画、微课、案例等资源,读者可通过扫描二维码免费观看和学习,教师可通过加入"职教路桥教学研讨群"(QQ:561416324)获取课件。

图书在版编目(CIP)数据

道路工程地质 / 罗筠主编. —3 版. —北京:人民交通出版社股份有限公司, 2025. 6. —ISBN 978-7
-114-19819-9

Ⅰ. U412.22

中国国家版本馆 CIP 数据核字第 2024MB6270 号

"十四五"职业教育国家规划教材
高等职业教育·校企"双元"合作新形态一体化教材
Daolu Gongcheng Dizhi

书　名:	**道路工程地质**(第 3 版)
著作者:	罗　筠
责任编辑:	陈虹宇　刘　倩
责任校对:	赵媛媛
责任印制:	张　凯
出版发行:	人民交通出版社
地　址:	(100011)北京市朝阳区安定门外外馆斜街 3 号
网　址:	http://www.ccpcl.com.cn
销售电话:	(010)85285911
总经销:	人民交通出版社发行部
经　销:	各地新华书店
印　刷:	北京市密东印刷有限公司
开　本:	787×1092　1/16
印　张:	19.25
字　数:	469 千
版　次:	2011 年 4 月　第 1 版
	2016 年 1 月　第 2 版
	2025 年 6 月　第 3 版
印　次:	2025 年 6 月　第 3 版　第 1 次印刷　总计第 11 次印刷
书　号:	ISBN 978-7-114-19819-9
定　价:	57.00 元(含主教材和活页手册)

(有印刷、装订质量问题的图书,由本社负责调换)

第3版前言
PREFACE

本教材为"十四五"职业教育国家规划教材、高等职业教育·校企"双元"合作新形态一体化教材。本次修订按照《国家职业教育改革实施方案》和《职业院校教材管理办法》等相关要求,依据道路与桥梁工程技术专业教学标准和行业相关标准,聚焦前沿技术,补充由校企共同遴选的道路工程地质勘察实例、道路工程地质报告样本,并引入真实工程典型案例,提炼职业岗位核心能力,设计工作任务,强化对学习者的知识运用能力和综合职业素养的培养。

本教材有以下五个特点:

1. 落实立德树人根本任务,加强课程与思政的有机融合

本教材以习近平新时代中国特色社会主义思想为引领,注重提升内容的思想性、科学性、时代性,落实立德树人根本任务,有机融入课程思政元素,引导学习者崇尚劳动、热爱劳动,培养其精益求精的工匠精神和爱岗敬业的奉献精神。

2. 注重长学制内容衔接,聚焦课程核心素养

本教材是长学制(中高职衔接)高职教材,兼顾中职和高职学生的学习需求。中职阶段主要学习地质现象和试验操作,高职阶段的学习侧重于工程地质勘察与成果汇总、梳理。

本教材聚焦课程核心素养,设定学习质量评价标准。教材课程具有基础性、应用性和职业性等特点,通过典型"工程案例"和"任务单-知识测评-目标评价"3个层次循序渐进的评价(本教材配有单独的"技能训练与测评活页手册"),培养学习者的知识应用能力和适应职业发展能力。

3. 深化校企"双元"合作,强化规范意识和安全意识

本教材在产教融合的基础上,采用校企"双元"合作的模式编写。以道路工程地质勘察的典型工作任务为载体,构建教材内容,并注重引入国家、行业现行标准、规范,培养学习者工程建设的规范意识和安全意识。

4. 坚持以学生为中心,突出职教特色

本教材遵循职业教育教学规律和高职学生的身心发展规律,注重教学过程设计;坚持"以学生为中心、以学为主"的理念,注重学生在教学过程中的参与度;依据完成岗位工作任务对知识和技能的要求,将岗位涉及的新方法、新设备、新材料及时纳入教材,使教材内容更贴近行业实际。

5. 配套资源丰富,激发学习兴趣

本教材按行动导向的"模块、项目、任务"结构形式进行设计,分工程地质条件认知、道路工程地质评价和道路工程地质勘察报告3个模块,每个模块下设若干项目、任务;项目、任务源自实际工作,充分体现行业岗位实际需求,以培养学习者的职业意识和职业行为;教材形式图文并茂,配有丰富的数字资源,直观易学,能激发学习者的学习兴趣,培养学习者自主学习和善于思考的能力。

本次修订得到贵州省交通规划勘察设计研究院股份有限公司的大力支持,一线技术人员参与编写,并提供大量工程实例,使教材内容符合生产实际。修订后的教材系统性、先进性和适用性更强。书中涉及图片、案例较多,部分图片来自网络,部分案例来自相关期刊,在此一并向相关资源作者表示衷心的感谢。

本版教材由贵州交通技师学院罗筠担任主编,并负责总体设计;贵州交通职业大学雷建海、贵州省交通规划勘察设计研究院股份有限公司向一鸣担任副主编;贵州省交通规划勘察设计研究院股份有限公司正高级工程师龙万学担任主审。其他编写人员有:四川交通职业技术学院刘国民、山东交通职业学院肖霞、贵州交通技师学院崔鲁科和杨野。配套资源由罗筠、杨野林制作。

限于编者水平,书中难免存在错漏之处,恳请读者不吝指正,提出宝贵的意见,以便进一步对教材进行修订、完善。

编　者

2025 年 3 月

教材配套资源索引

资源位置		序号	资源类型	资源名称	资源页码
模块1 工程地质条件认知	项目1 地质作用与岩性认知	1	五台山形成	视频	004
		2	地球的圈层构造及化学组成	学习课件	004
		3	地质作用	学习课件	007
		4	地质学家李四光	学习资料	009
		5	喜马拉雅山形成	视频	009
		6	岩石风化	视频	011
		7	常见矿物	学习课件	019
		8	黄铜矿、黄铁矿、赤铁矿	图库	020
		9	石英、方解石、白云石	图库	020
		10	石膏	视频	020
		11	正长石、斜长石	图库	020
		12	云母	视频	020
		13	滑石、橄榄石、高岭石	图库	020
		14	三大类岩石矿物	学习课件	023
		15	花岗岩	视频	026
		16	安山岩、玄武岩、流纹岩	图库	026
		17	花岗岩、橄榄岩	图库	026
		18	石灰岩	视频	030
		19	砾岩、角砾岩	图库	031
		20	页岩、泥岩、砂岩	图库	031
		21	石灰岩、白云岩	图库	031
		22	板岩、片岩、千枚岩	图库	034

资源位置		序号	资源类型	资源名称	资源页码
模块1 工程地质条件 认知	项目1 地质作用 与岩性认知	23	云母、片麻岩	视频	034
		24	大理岩、石英岩	图库	034
		25	岩石的工程性质	学习课件	035
		26	工程岩体失稳案例	案例	041
		27	地层与地质年代	学习课件	042
		28	地层与岩层	学习课件	042
		29	第一套测试题	试题	045
		30	第二套测试题	试题	
		31	第三套测试题	试题	
		32	第四套测试题	试题	
		33	第五套测试题	试题	
		34	第六套测试题	试题	
	项目2 地层与地质 构造认知	35	地质罗盘	学习资料	046
		36	岩层产状测定	视频	046
		37	地层接触关系	视频	047
		38	褶皱构造	学习课件	052
		39	断裂构造	学习课件	056
		40	第一套测试题	试题	065
		41	第二套测试题	试题	
		42	第三套测试题	试题	
	项目3 第四纪沉积物 与特殊性岩土 认知	43	地形地貌	学习资料	067
		44	高原	学习资料	067
		45	平原	学习资料	067
		46	丘陵	学习资料	067

续上表

资源位置		序号	资源类型	资源名称	资源页码
模块1 工程地质条件 认知	项目3 第四纪沉积物 与特殊性岩土 认知	47	盆地	学习资料	067
		48	山地	学习资料	067
		49	山岭地貌	学习资料	067
		50	河流地貌	学习资料	067
		51	第四纪沉积物	学习课件	070
		52	风成砂、风成黄土	图库	074
		53	沼泽土	图库	075
		54	冰碛	图库	075
		55	土的工程分类	学习课件	076
		56	土壤形成	学习资料	080
		57	黄土	学习课件	082
		58	冻土	学习课件	088
		59	盐渍土	学习课件	096
		60	软土	学习课件	099
		61	膨胀土	学习课件	102
		62	红黏土	学习课件	107
		63	第一套测试题	试题	111
		64	第二套测试题	试题	
		65	第三套测试题	试题	
模块2 道路工程地质 评价	项目1 道路工程地质 环境评价	66	地下水概述	学习资料	113
		67	地下水分类	学习资料	113
		68	地下水对工程的不良影响	学习资料	113
		69	地下水	学习课件	113
		70	工程地质环境评价	学习课件	115

资源位置		序号	资源类型	资源名称	资源页码
模块2 道路工程地质 评价	项目1 道路工程地质 环境评价	71	突水、突涌、管涌	微课	116
		72	岩溶	学习课件	117
		73	岩溶防治措施	学习课件	117
		74	滑坡	微课	121
		75	滑坡防治原则及措施	学习课件	124
		76	崩塌	学习课件	125
		77	泥石流	微课	130
		78	第一套测试题	试题	135
		79	第二套测试题	试题	
		80	第三套测试题	试题	
		81	第四套测试题	试题	
		82	第五套测试题	试题	
		83	第六套测试题	试题	
	项目2 道路工程 稳定性评价	84	工程稳定性与工程地质环境稳定性	学习课件	137
		85	道路路基稳定性评价	学习课件	140
		86	边坡稳定性评价	学习课件	144
		87	道路边坡稳定性加固方法	工程案例	144
		88	填方路基高边坡稳定性评价	工程案例	147
		89	土和水的腐蚀性评价	学习课件	149
		90	水土腐蚀性评价	工程案例	149
		91	第一套测试题	试题	155
		92	第二套测试题	试题	
		93	第三套测试题	试题	
		94	地质图识读	学习课件	171

续上表

资源位置		序号	资源类型	资源名称	资源页码
模块3 工程地质勘察 与成果	项目1 地质图识读	95	工程地质图	学习课件	175
		96	第一套测试题	试题	155
		97	第二套测试题	试题	
		98	第三套测试题	试题	
		99	第四套测试题	试题	
	项目2 公路工程地质 勘察	100	工程地质勘察概述	学习课件	182
		101	高边坡勘察新技术应用	学习资料	185
		102	公路工程地质勘察程序	学习课件	185
		103	勘察新方法:奥维地图应用	学习资料	190
		104	可行性研究阶段工程地质勘察	学习课件	198
		105	初步勘察阶段工程地质勘察	学习课件	199
		106	详细勘察阶段工程地质勘察	学习课件	203
		107	特殊性岩土勘察	学习课件	205
		108	第一套测试题	试题	207
		109	第二套测试题	试题	
		110	第三套测试题	试题	
		111	第四套测试题	试题	
		112	第五套测试题	试题	
	项目3 公路工程地质 勘察报告	113	公路工程地质勘察总说明编制案例	案例	212
		114	工点公路工程地质勘察报告编制	案例	216
		115	公路工程地质勘察报告文本编制	学习课件	219
		116	公路工程地质勘察要点及报告编写程序	案例	219
		117	工程地质勘察报告图表	学习课件	219
		118	公路工程地质勘察报告图表编制关键要点	案例	219

续上表

资源位置		序号	资源类型	资源名称	资源页码
模块3 工程地质勘察 与成果	项目3 公路工程地质 勘察报告	119	可行性研究工程地质勘察报告编写内容及格式	案例	219
		120	公路边坡滑坡治理工程详细勘察阶段工程地质勘察报告	案例	219
		121	隧道初步勘察阶段工程地质勘察报告	案例	219
		122	第一套测试题	试题	232
		123	第二套测试题	试题	

资源使用说明：

1.扫描封面二维码,注意每个码只可激活一次；

2.长按弹出界面的二维码关注"交通教育出版"微信公众号并自动绑定资源；

3.公众号弹出"课程购买成功通知",点击"查看详情",进入后即可查看资源；绑定资源后也可进入"交通教育出版"微信公众号,点击下方菜单"用户服务—图书增值",选择已绑定的教材进行观看。

4.本教材部分图表配有高清彩色电子文件,读者可扫描图表旁同名二维码查看。

在线测试说明：

1.在线测试题题型:填空题、选择题、判断题；

2.每个题型都赋有分值,答对自动计分,答错不得分；

3.在线测试题按项目、内容设计2~6套不同的测试题；

4.可反复练习,掌握相关知识。

目·录
CONTENTS

模块 1

工程地质条件认知

学习目标

1. 能力目标

(1)具备在野外识别常见地质现象的能力;

(2)具备初步判断工程地质条件对建筑结构类型、施工方法及稳定性影响的能力。

2. 知识目标

(1)掌握地球的圈层构造和化学组成;

(2)掌握地质构造和地质年代特征;

(3)掌握地层岩性、第四纪沉积物及土的工程性质。

3. 素质目标

(1)培养地质勘察员认识地质现象、尊重地质规律、遵循地质原则的职业素养;

(2)培养地质勘察员严谨认真的工作态度和团结互助的整体意识。

学习指南

学习道路工程地质的目的在于查明道路建筑场地的地质条件,分析、预测和评价可能发生的工程地质问题,提出防治不良地质现象的措施。为保证道路工程的合理规划以及建筑物的正确设计、顺利施工和正常使用,需要分析和预测在自然条件和工程建设活动中可能发生的各种地质作用和工程地质问题,如滑坡、泥石流、地基沉陷、人工边坡和地下洞室围岩的变形,以及由破坏、开采地下水引起的大面积地面沉降等。

道路工程地质勘察的主要任务是调查道路地区的工程地质条件,分析存在的工程地质问题,选择地质条件较好的建筑场地;对选择的场地做出工程地质评价;改造地质环境,进行工程地质处理,提高岩土体的稳定性。

道路工程地质勘察的成果是工程地质勘察报告,勘察取得的各项地质资料是编制工程地质勘察报告的依据。根据《公路工程地质勘察报告编制规程》(T/CECS G:H24—2018),如图 1-0-1 所示,确定了本模块的学习任务。

图 1-0-1 公路工程地质勘察报告编制规程

本模块学习任务:地质作用与岩性认知、地层与地质构造认知、第四纪沉积物与特殊性岩土认知。

项目 1　地质作用与岩性认知

◎ 任务引入

　　某高速公路第 TJ1 标段,设置的主要构筑物有互通枢纽 1 个、大桥 4 座、路堑边坡 4 段、高填路堤 5 段,已建成的高速公路如图 1-1-1 所示。第 TJ1 标段(支线)路线起讫里程桩号为 K0 + 000 ~ K8 + 400,长度为 8.4km,路线现场如图 1-1-2 所示。本项目任务:在初勘的基础上,采用补充工程地质调绘、钻探、标准贯入试验和重型动力触探等原位测试及室内常规物理力学试验、工程物探、孔内测试等综合勘探手段对第 TJ1 标段(支线)开展详细工程地质勘察,对沿线岩层岩性等进行调绘。

图 1-1-1　已建成的高速公路

图 1-1-2　第 TJ1 标段(支线)路线现场

　　要完成沿线岩层岩性调绘任务,需要具备哪些知识和技能?

📖 学习内容

地质作用与岩性认知
- 地球的圈层构造及化学组成认知
- 地质作用与岩石风化认知
- 矿物与岩石认知
- 岩石的工程性质、分类及命名
- 地质年代认知

任务1 地球的圈层构造及化学组成认知

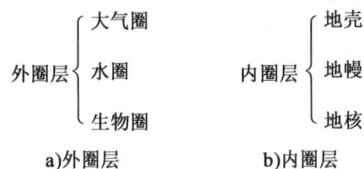

📖 **理论知识**

人类与地球是紧密相连的,地球为人类提供了生存的基本条件,包括适宜的气候、水资源、土壤和空气等。同时,人类的工程活动影响着地球的生态环境,因此我们要认识地球的演化过程,保护生态环境,尊重地质规律。

众所周知,世间万事万物都在不停地变化和发展,地壳也是如此。今日我们所见到的地壳,它的物质成分、地表形态、岩层产状,都是自地球诞生以来不断演变的结果,而且未来地壳还将继续变化和发展。地壳中的岩浆岩、沉积岩、变质岩是在不同的地质条件下形成的,其中,岩浆岩中的侵入岩形成于地下深处,然而由于地壳运动现在大量出现在地表,甚至形成高山,例如五台山就是由侵入岩与其变质岩组成的。地壳不断运动还会产生很多现象,例如岩溶(喀斯特)地貌的形成。如果在岩溶地貌处修建高速公路则桥隧占比很高,工程造价也很高。

五台山形成　　地球的圈层构造及化学组成

一、地球的圈层构造

地球并不是均一的整体,而是由不同的圈层构成。地球的圈层包括外圈层和内圈层,外圈层和内圈层均划分为三个圈层,图1-1-3a)所示为外圈层划分,图1-1-3b)所示为内圈层划分。

1.地球外圈层

(1)大气圈。

大气圈是地球的最外圈层,大气圈的主要成分是 N_2(约占78%)和 O_2(约占21%),水蒸气和 CO_2 等其他气体约占1%。地球的大气圈按与地球表面的距离由近至远被依次划分为对流层(厚16~18km)、平流层、中间层、热成层和散逸层,所有的风、云、雨等天气现象均发生在对流层,它对地球上

$$\text{外圈层}\begin{cases}\text{大气圈}\\\text{水圈}\\\text{生物圈}\end{cases}\quad\text{内圈层}\begin{cases}\text{地壳}\\\text{地幔}\\\text{地核}\end{cases}$$

a)外圈层　　b)内圈层

图1-1-3　地球的圈层划分

的生物生长、发育和地貌变化产生极大的影响。

(2)水圈。

水圈由地球表层分布于海洋和陆地上的水和冰所构成。海洋水约占地球上水体总体积的98%,陆地水约只占地球上水体总体积的2%,陆地水主要以冰川的形式存在,分布在高山和两极地区,其余的陆地水分布在湖泊、江河、沼泽和地壳岩石的孔隙中。

(3)生物圈。

地球上所有的动物、植物和微生物存在和活动的空间称为生物圈。生物圈富集的化学元素主要有 H、O、C、N、Ca、K、Si、Mg、P、S、Al 等,生物圈对改变地球的地理环境起着重要的作用。

地球外圈层如图1-1-4所示。

2.地球内圈层

(1)地壳。

地壳是地球表层莫霍面以上极薄的一层硬壳,只占地球总体积的 0.8% ,由固体岩石组成,厚度变化明显:大洋地壳较薄,厚度仅为 5 ~ 10km,大陆地壳的平均厚度是 35km,青藏高原的地壳厚度达 50 ~ 70km。地壳分为上、下两层,上层为硅铝层(又称花岗岩层),由富含硅的岩浆岩组成;下层为硅镁层(又称玄武岩层),由富含铁、镁的岩浆岩组成。地壳结构如图 1-1-5 所示。

图 1-1-4　地球外圈层示意图

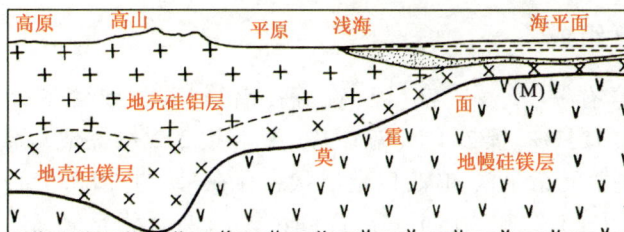

图 1-1-5　地壳结构示意图

(2)地幔。

地幔是指莫霍面与古登堡面之间的部分,深约 2900km,可分为上地幔、下地幔。上地幔主要由橄榄岩等超基性岩石组成,下地幔主要成分是硅酸盐、金属氧化物和硫化物等。整个地幔圈层处于高温、高压状态,是高温熔融的岩浆发源地,也称软流层。

小贴士

地壳和上地幔顶部(软流层以上)是由岩石组成的,合称岩石圈,如图 1-1-6 所示。

图 1-1-6　岩石圈示意图

（3）地核。

从古登堡面至地球中心部分为地核。地核又分为外地核、过渡层和内地核三层,主要由含铁、镍的混合物及少量含硅、硫等轻元素的液体和固体物质组成。

地球内圈层如图 1-1-7 所示。

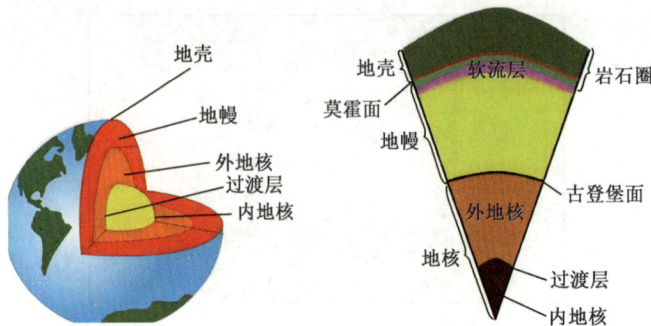

图 1-1-7　地球内圈层示意图

二、地球的化学组成

地球的组成元素有铁、氧、硅、镁、镍、硫、钙、铝等,其大致含量分别为铁 34.6%、氧 29.5%、硅 15.2%、镁 12.7%、镍 2.4%、硫 1.9%、钙和铝 2.2%,其他元素共占 1.5%。

地球中地核的主要元素是铁和镍,以金属状态存在,铁约占 88.8%;地幔的主要元素有氧、硅、镁、铝等(图 1-1-8),以矿物质形式出现;地壳的主要元素是氧、硅、铝,氧约占 48.6%、硅约占 26.4%。

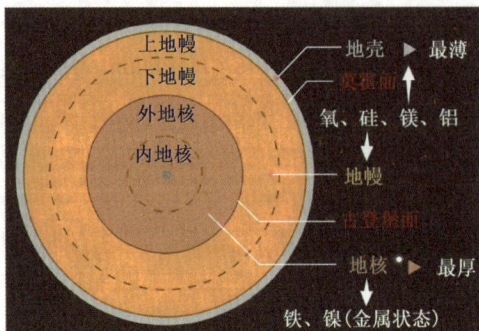

图 1-1-8　地球圈层中所含元素

地壳是由岩石组成的,岩石是自然形成的矿物集合体,矿物由元素以化合物或单质的形式构成。简单来讲,地壳由岩石组成,岩石由矿物组成,矿物由元素组成。

自然界的矿物是组成岩石的基本单位,世界上有 3000 多种矿物,除少数呈液态和气态外,绝大多数都呈固态。其中构成岩石的矿物有 30 余种,此类矿物为造岩矿物。有用矿物富集形成矿产,矿产富集地段称为矿床,如图 1-1-9 所示。

矿物与岩石的区别不在于它们的外表,而在于矿物有确定的化学成分和一定形态的内部结构。岩石是各种矿物的混合物,一种岩石中会含有几种矿物,例如岩浆岩中的花岗岩主要由石英、长石、云母组成,如图 1-1-10 所示。

图 1-1-9　地壳的物质构成

矿物
肉红色长石
白色石英
黑色云母

图 1-1-10　花岗岩

图 1-1-10

任务 2　地质作用与岩石风化认知

📖 理论知识

一、地质作用

地球形成至今,经历了漫长地质演变,随着地球的转动和内、外圈层物质的运动,地表形态、地壳物质组成以及地壳结构都在不断变化,这种变化持续发生,永不停止。导致地壳物质组成及地表形态、岩层结构、地壳构造发生变化的作用称为地质作用。

这些作用有些进行得剧烈而又迅速,较易为人们所觉察;但在更多的情况下,则进行得非常缓慢,很难为人们所直接觉察。由地质作用引起的现象,称为地质现象。地质作用对地表形态和内部结构有着深远的影响,其塑造了地球上的山脉、河流、平原等地貌特征,同时也影响着气候、水资源分布以及土壤的形成。

按地质作用力的来源不同,可将地质作用划分为内力地质作用和外力地质作用。

(一)内力地质作用

由地球内部能源(包括转动能、重力能和放射性元素衰变产生的热能等)引起岩石圈物质成分、内部构造、地表形态变化的动力地质作用称为内力地质作用。大多数的地壳运动、岩浆活动与火山作用、变质作用和地震作用等都属于内力地质作用,其总趋势是形成地壳表层的基本构造形态和地壳表面大规模的高低起伏。

地质作用

1.地壳运动

地壳运动是指由地球内动力引起岩石圈地质体变形、变位的机械运动,也称构造运动。按

地壳运动的方向分为水平运动和升降运动。水平运动指地壳或岩石圈块体沿水平方向移动，使岩层产生褶皱、断裂。升降运动指地壳或岩石圈相邻块体或同一块体的不同部分作差异性上升或下降，使一些地区上升，形成山岳、高原，另一些地区下降，形成湖、海、盆地。

2. 岩浆活动与火山作用

岩浆通常指地壳深处、呈高温黏稠状、富含挥发组分、成分复杂的硅酸盐熔融体。岩浆在高温高压下常处于相对平衡状态，当地壳运动使地壳出现破裂带，或其上覆岩层受外力地质作用发生物质转移时，局部压力会降低，岩浆的平衡环境会被破坏，岩浆会向低压方向运动，此现象称为岩浆活动。岩浆沿地壳软弱地带上升并喷发到地表(即火山喷发)，冷凝成岩浆岩，此活动过程称为火山作用。岩浆活动会使围岩发生变质现象，引起地形改变。

小贴士

火山喷发现象

清嘉庆年间的《黑龙江外记》记载："墨尔根(今嫩江县)东南，一日地中忽出火，石块飞腾，声震四野，越数日火熄，其地遂成池沼，此康熙五十八年事。"这次喷发形成了五大连池最年轻的火山之一——黑龙山，如图 1-1-11 所示。

吴振臣在《宁古塔纪略》中记录了 1720 年五大连池火山喷发的情景："离城东北五十里，有水荡，周围三十里，于康熙五十九年六七月间，忽烟火冲天，其声如雷，昼夜不绝，声闻五六十里，其飞出者皆墨石硫磺之类，经年不断。"五大连池火山如图 1-1-12 所示。

由此可见，古人很早就认识了火山喷发现象。

图 1-1-11　黑龙山火山

图 1-1-12　五大连池火山

图 1-1-11、图 1-1-12

3. 变质作用

地壳运动、岩浆活动等引起地壳物理和化学条件变化,促使地壳中已经形成的岩石在固体状态下改变其成分、结构和构造,这种作用称为变质作用。地壳中已经形成的固态岩石因受温度、压力及化学活动性流体的影响,发生变质作用,从而形成多种不同类型的变质岩。

4. 地震作用

地震是地壳快速振动的现象,地壳运动和岩浆活动都能引发地震。地震作用是指地球内部能量长期积累,达到一定的程度而突然释放,导致地壳在一定范围内快速振动。

内力地质作用现象详见表 1-1-1。

内力地质作用现象　　　　　　　　　　　　　　　　　　表 1-1-1

内力地质作用		案例
地壳运动	水平运动	我国的横断山脉、喜马拉雅山、天山、祁连山等均为因地壳水平运动而产生的褶皱山系 地质学家李四光 
	升降运动	喜马拉雅山上大量新生代早期海洋生物化石的存在,说明了五六千万年前,此处曾为汪洋大海,大约 2500 万年前才开始从海底升起。至今,仍处于上升运动中 喜马拉雅山形成 
岩浆活动与火山作用		2010 年 3 月 20 日,冰岛南部埃亚菲亚德拉冰盖冰川下一座火山在沉寂了 190 多年后再度喷发。岩浆冲向 1000m 处高空。冰岛艾雅法拉火山区域从 3 月上旬开始发生了一系列的地震。随着地震活动的持续,地面不断抬升,火山附近的地面升高了至少 40mm。这些都在暗示,地下岩浆正在不断向上运动,增加了火山喷发的可能性 

续上表

内力地质作用	案例
变质作用	沉积岩中的石灰岩经过变质作用后,变成大理岩  石灰岩(沉积岩)　　　　　　大理岩(变质岩)
地震作用	地震作用产生的地震波可直接造成地面破坏、裂缝、塌陷,以及建筑物的破坏甚至倒塌等  

(二)外力地质作用

外力地质作用是指由太阳的辐射能和地球的重力位能(包括其他星体的引力作用)引起的地质作用。常见的外力地质作用影响因素有气温、气候、地面汇流、河流、湖泊、海洋、生物等。外力地质作用主要是破坏内力地质作用形成的地形或产物,总趋势是削高补低,形成新的沉积物,并进一步塑造地表形态。按动力地震作用的效果,外力地质作用分为风化作用、剥蚀作用、搬运作用和沉积作用四种。

1. 风化作用

风化作用是指在温度、气体、水及生物等因素的综合影响下,促使组成地壳表层岩石发生破碎、分解的一种破坏作用。

风化作用能够使岩石受到破坏,对工程建设产生不良影响,如路基变形、土方坍塌、地基沉降、钢筋锈蚀等。因此,在工程设计、建设和维护中,必须重视岩石风化(图1-1-13)的影响。

2. 剥蚀作用

剥蚀作用是指将岩石经风化破坏的产物从原地剥离下来的作用(图1-1-14)。剥蚀作用包括除风化作用以外所有自然力量的破坏作用,例如,河流、大气降水、地下水、海洋、湖泊以及风等的破坏作用。

图 1-1-13　岩石风化　　　　　　　图 1-1-14　岩石剥蚀　　　　　　图 1-1-13、图 1-1-14

小贴士

剥蚀作用与风化作用在大自然中相辅相成。岩石风化后,才易被剥蚀;岩石被剥蚀后,才能露出新鲜岩面,继续风化。

3.搬运作用

搬运作用是指岩石经风化、剥蚀破坏后的产物,被流水、风、冰川等介质搬运到其他地方的作用。

4.沉积作用

沉积作用是指被搬运的物质由于搬运介质的搬运能力减弱,或被搬运介质的物理化学条件发生变化,或由于生物的作用,从搬运介质中分离出来,形成沉积物的过程。沉积作用常发生在大气圈下部,水圈、生物圈以及岩石圈上部,沉积物主要堆积在地势相对低洼的地区。

二、岩石风化

地壳表层的岩石,在太阳辐射、大气、水和生物等风化营力的作用下,发生物理和化学的变化,崩解破碎、逐渐分解以及矿物成分发生次生变化的现象,称为岩石风化,导致此现象的作用称为风化作用。

岩石风化在地表最显著,随着深度的增加,其影响逐渐减弱以至消失。

岩石风化

(一)岩石的风化作用类型

根据岩石风化的性质及影响因素,岩石的风化作用可分为物理风化作用、化学风化作用、生物风化作用三种类型。

1.岩石的物理风化作用

地表或接近地表处的岩石在原地只发生机械破碎而化学成分未改变的风化作用称为物理

风化作用,其结果是产生各种碎屑物质。

物理风化作用主要有胀缩作用、冰劈作用、卸荷作用三种类型,详见表1-1-2。

表1-1-2

物理风化作用类型

表1-1-2

类型	概念	图示
胀缩作用	胀缩作用是指基岩在反复的胀缩循环中发生碎裂。胀缩循环主要由温度的变化引起,如四季温差以及早晚的温差等	
冰劈作用	水分进入岩石中的细微裂隙,在低温时形成冰楔体沿裂缝两侧挤压岩石,或与岩石中的物质反应形成结晶膨胀体挤压岩石,使岩石中原有的裂缝加宽、延伸,为更多水分进入岩体内部创造了条件,逐步使岩石风化崩解	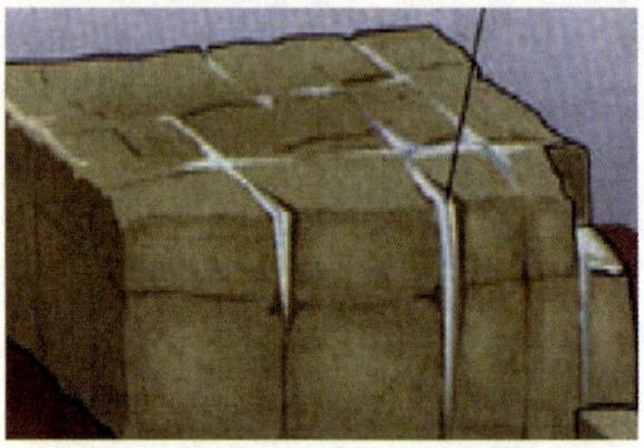
卸荷作用	上覆岩石不断被风化剥蚀,原来处于地层深处的岩体与地表面越来越近,上覆重力越来越小,在重力卸荷作用下,岩体会明显上弹(膨胀),严重时就会产生卸荷裂隙	

2. 岩石的化学风化作用

地表或接近地表处的岩石在原地发生化学变化并产生新矿物的过程称为岩石的化学风化。

自然界的水通过氧化、溶解、水化、水解以及碳酸化等方式,促使岩石风化,产生新矿物的作用,称为化学风化作用。水和氧是引起化学风化作用的主要因素。化学风化作用包括氧化作用、溶解作用、水化作用、水解作用和碳酸化作用,详见表1-1-3。

化学风化作用类型 表 1-1-3

类型	概念及案例
氧化作用	空气和水中的游离氧使地表及其附近的矿物氧化(低价氧化物最容易发生氧化作用),改变其化学成分,并形成新的矿物,这种作用称为氧化作用。 【例】硫化物的氧化:$4FeS_2 + 14H_2O + 15O_2 \longrightarrow 2[Fe_2(SO_3)_3 \cdot 3H_2O] + 8H_2SO_4$ 　　　　(黄铁矿)　　　　　　　　(三水合亚硫酸铁)　　(硫酸) 【例】磁铁矿氧化成赤铁矿:　　　　$4Fe_3O_4 + O_2 \longrightarrow 6Fe_2O_3$ 　　　　　　　　　　　　　　　(磁铁矿)　　　(赤铁矿)
溶解作用	水溶液直接溶解岩石中矿物的作用,称为溶解作用。溶解作用使岩石中的易溶物质逐渐溶解而随水溶液流失,难溶物质则残留在原地。 自然界中的一些酸、碱物质,具有较强的溶解能力,能溶解大多数矿物。 【例】石灰岩或白云岩与 CO_2、水反应,发生溶解作用,生成碳酸氢钙后被水溶解带走,石灰岩地区便形成石林、溶洞等。 　　　　　　$CaCO_3 + CO_2 + H_2O \longrightarrow Ca(HCO_3)_2$ 　　　　　(石灰岩或白云岩)　　　(碳酸氢钙)
水化作用	有些矿物质与水接触后和水发生化学反应,吸收一定量的水到矿物中,形成含水矿物,这种作用称为水化作用。 在隧道施工中,若岩层中含有硬石膏层,硬石膏会发生水化作用导致岩层体积膨胀,对围岩产生很大的压力,这种压力促使岩层破碎,甚至引起支撑倾斜、衬砌开裂,应引起足够的重视。 【例】　　　　　　　　$CaSO_4 + 2H_2O \longrightarrow CaSO_4 \cdot 2H_2O$ 　　　　　　　　　(硬石膏)　　　　　　(石膏)
水解作用	某些矿物溶于水后,出现离解现象,这些离解物可与水中的 H^+ 和 OH^- 发生化学反应,形成含 OH^- 的新矿物,这种作用称为水解作用。 【例】正长石发生水解作用后,形成的 K^+ 与水中 OH^- 结合,形成 KOH 随水流失,析出部分 SiO_2 可呈胶体溶液随水流失,或形成蛋白石($SiO_2 \cdot H_2O$)残留在原地,其余部分可形成难溶于水的高岭石残留在原地。 　　　$4K(AlSi_3O_8) + 6H_2O \longrightarrow Al_4(Si_4O_{10})(OH)_8 + 8SiO_2 + 4KOH$ 　　　(正长石)　　　　　　　　(高岭石)
碳酸化作用	当水中溶有 CO_2 时,水溶液中除 H^+ 和 OH^- 外,还有 CO_3^{2-} 和 HCO_3^-,碱金属及碱土与之相遇会形成碳酸盐,这种作用称为碳酸化作用。 硅酸盐矿物经碳酸化作用,其碱金属变成碳酸盐随水流失。 【例】花岗岩中的正长石受到长期碳酸化作用会形成高岭石。 　　$4K(AlSi_3O_8) + 4H_2O + 2CO_2 \longrightarrow 2K_2CO_3 + 8SiO_2 + Al_4(Si_4O_{10})(OH)_8$ 　　(正长石)　　　　　　　　　　　(高岭石)

化学风化作用使岩石中的裂隙加大,孔隙增多,破坏了岩石的结构和成分,使岩石变成松散的土层。

3. 岩石的生物风化作用

岩石在动物、植物及微生物影响下发生的破坏作用,称为岩石的生物风化。生物风化作用分为生物物理风化作用和生物化学风化作用两种类型,详见表 1-1-4。

生物风化作用类型 表1-1-4

类型	概念及案例
生物物理风化作用	生物物理风化作用是生物活动对岩石产生的机械破坏作用。 【例】岩石的裂缝中除含有一定的水分外,还会填入一定量的尘土,这样树木就可在其中生长,随着树木的生长,其根系也不断壮大,并挤压岩石裂缝,使其扩大、增密,导致岩石破碎,为风化作用向岩石内部发展创造了条件。生长在岩石裂隙中的植物根系的膨大对岩石的劈裂作用,是生物的机械破坏作用。 【例】穴居动物蚂蚁、蚯蚓等钻洞挖土,不停对岩石产生机械破坏作用,使岩石破碎,土粒变细
生物化学风化作用	生物化学风化作用是生物新陈代谢及死亡后遗体腐烂分解而产生的物质与岩石发生化学反应,促使岩石破坏。 【例】植物和细菌在新陈代谢过程中,通过分泌有机酸、碳酸、硝酸和氢氧化铵等溶液腐蚀岩石。 【例】动植物遗体腐烂可分解产生有机酸和气体(如 CO_2、H_2S)等,溶于水后形成酸性溶液,对岩石产生腐蚀破坏

(二)影响风化作用的因素

1.岩石的矿物成分

岩石风化的本质是岩石中各种矿物成分的变质,岩石抗风化能力与它所含矿物成分及其含量有密切的关系。矿物按岩石风化难易程度分类详见表1-1-5。

矿物按岩石风化的难易程度分类 表1-1-5

矿物类型	常见矿物
稳定性矿物	白云母、石英、石榴石等
较稳定性矿物	辉石、角闪石、黑云母、正长石等
不稳定性矿物	斜长石、橄榄石等

岩石中的不稳定性矿物含量越高,岩石抗风化能力越弱。一般来说,成分均一的岩石较难风化,而成分复杂、矿物种类多的岩石较易风化。例如,砂岩(主要由石英或长石构成)抗风化能力较强,页岩(主要由黏土矿物构成)抗风化能力较弱。在相同的环境下,不同类型的岩石表现出不同的风化现象,即差异风化,如图1-1-15 所示。

2.岩性

岩性包括岩石的结构与构造、矿物颗粒大小与形状、孔隙率、吸水率、坚固性等物理力学性质。致密程度、坚硬程度越高,岩层厚度越大的岩石(例如具有等粒结构或块状结构的岩石),其抗风化能力就越强,疏松多孔的岩石容易风化。

3.地质构造

地质构造对岩体的结构性有很大的影响。例如,被3组以上节理切割出来的岩石块,起初棱角分明,在风化过程中,棱角处首先风化,最后逐渐变为椭球形、球形,这样的风化过程称为球状风化,如图1-1-16 所示。

图 1-1-15　砂岩与页岩的差异风化

图 1-1-16　球状风化

图 1-1-15、图 1-1-16

岩体的结构面越发育、裂隙越大、充填情况越差、渗透性越好就越易风化。图 1-1-17 所示为岩体裂隙,图 1-1-18 为岩石表面的裂隙,这些裂隙会加快岩石的风化。

图 1-1-17　岩体裂隙

图 1-1-18　岩石表面的裂隙

图 1-1-17、图 1-1-18

4.气候状况

我国南方地区气温高、雨量充足、湿度大、植物生长茂盛,以化学风化为主;我国北方地区温差大、雨量少、干燥、植被稀少、风力作用强烈,以物理风化为主。

5.地形地貌

岩石风化除了与水、风、温差有关,还与地势起伏高度、山坡朝向等多重因素有关,详见表 1-1-6。

风化类型与相关影响因素　　　　　　　　　　　表 1-1-6

风化类型	地势起伏高度	山坡朝向
以物理风化为主	高山区	背阳面
以化学风化为主	低山丘陵以及平原区	朝阳面

(三)岩石的风化程度

岩石风化程度是指风化作用对岩体的破坏程度,包括岩体的解体和变化程度及风化深度。

根据《公路工程地质勘察规范》(JTG C20—2011),岩石风化程度的定性划分是指对岩石的结构、矿物成分、掘进难易程度、破碎的程度等野外特征进行综合分析确定。岩石风化程度分为未风化、微风化、中风化、强风化和全风化 5 级,详见表 1-1-7。

表 1-1-7

岩石的风化程度

表 1-1-7

风化程度	野外特征	图示
未风化	岩石岩质新鲜,偶见风化痕迹,岩石组织结构未变	
微风化	结构基本未变,仅节理面有渲染或略有变色,有少量风化裂隙	
中风化	结构部分破坏,沿节理面有次生矿物,风化裂隙发育,岩体被切割成岩块。用镐难挖,用岩心钻方可钻进	
强风化	结构大部分破坏,矿物成分已显著变化,风化裂隙很发育,岩体破碎,用镐可挖,干钻不易钻进	
全风化	结构基本破坏,但尚可辨认,有残余结构强度,可用镐挖,干钻可钻进	

（四）岩石风化对工程活动的影响及其工程意义

岩石风化对工程活动的影响主要表现在以下几个方面：

（1）不宜将建筑物设置在风化严重的岩层上。岩石的裂隙度、孔隙度、透水性、亲水性、膨胀性和可塑性等都随风化程度加深而提高，岩石的抗压强度和抗剪强度等都随风化程度加深而降低，岩层风化严重易导致工程结构的安全受到威胁。例如，建筑物的地基如果建在风化严重的岩层上，岩层的强度不足可能会导致建筑物的沉降或倒塌。

（2）风化岩层中的路堑边坡不宜太陡，同时还要采取防护措施防止边坡失稳。例如，可以采用抗滑桩锁脚、锚索框架防护、锚杆框架植草防护等方法来增强边坡的稳定性。

（3）风化岩石不宜作建筑材料。风化作用破坏坚硬致密的岩石，使其变得松散，同时改变了岩石原有的矿物组成和化学成分，导致岩石的强度和稳定性大大降低，变形增加，影响建筑场地的工程特性。

（4）风化作用改变了岩体的物理性质，增加了施工难度。例如，风化后的岩体更容易破碎，需要采用特殊的施工方法和材料来保证工程的稳定性和安全性。

总之，工程建设前必须对岩石的风化程度、速度、深度和分布情况进行调查和研究，充分考虑风化岩层的特性，以确保工程的顺利开展和施工安全。例如，岩坠、碎落、崩塌、滑坡及泥石流等一些不良地质现象，很多都是在风化作用的基础上逐渐形成和发展起来的。因此，调查岩石的风化特性、分布规律，对选择建筑物的合理位置、路堑边坡坡度、隧道的支护方法及衬砌厚度、大型建筑物的地基承载力和开挖深度，以及合理地选择施工方法等有着重要的意义。

技能案例

岩石的风化勘察

任务描述

某高速公路第二合同段有一路堑边坡，现需对该边坡的岩石风化程度进行详细勘察（山体边坡如图 1-1-19 所示），以便确定该路堑边坡的防护措施和施工方案，确保边坡稳定。

任务实施

第一步：岩石风化的调查

岩石风化的野外调查包含以下内容：

（1）查明风化程度，确定风化层的工程性质，以便设计建筑物的结构形式和施工方案。

图 1-1-19　山体边坡现场图

（2）查明风化层厚度和分布，以便选择最合适的建筑地点，确定风化层的清基和刷方的土石方量，从而确定加固处理的有效措施。

（3）查明风化速度和引起风化的主要因素，以便制定防治风化的措施。

（4）根据本标段野外现场调查情况，得出勘察结论。

图 1-1-19

第二步:岩石风化的防治

根据岩石风化情况,得出风化防治措施。

一般情况下,岩石风化防治措施主要有挖除法、抹面法、排水法等,详见表1-1-8。

表1-1-8

岩石风化防治措施

表1-1-8

防治措施	概念	图示
挖除法	适用于风化层较薄的情况,当风化层较厚时通常只将严重影响建筑物稳定性的部分挖除	
抹面法	用沥青、水泥、黏土层等水和空气不能透过的材料覆盖岩层,使岩石与水和空气隔绝	
排水法	为了减少具有侵蚀性的地表水和地下水对岩石中可溶性矿物的溶解,以及对岩石强度的影响,需做排水工程排坡面水	

注:在进行详细调查研究以后,才能提出切合实际的防治岩石风化的措施。

第三步:分析结论

(1)根据野外现场调查情况,得出勘察结论。

在本标段,三叠系下统大冶群(T_1d)地层主要分布在拟建公路 K1 + 280 ~ K2 + 450 地段,地层岩性主要为灰岩、灰岩夹泥岩,为隐晶质结构,薄层-中厚层状构造,见有溶蚀,岩质坚硬,锤击声脆。节理裂隙较发育-稍发育,岩体较破碎-较完整,工程地质性质好。

（2）根据边坡岩石风化情况的分析和评价,得出风化防治措施。

建议采取岩体坡面喷浆（防止岩体进一步风化）+ 坡面设置截水沟、排水沟等排水设施（防止水进入岩体加快岩石风化速度）的风化防治措施。

技能训练

参照技能案例完成技能训练,详见《道路工程地质（第 3 版）技能训练与测评活页手册》任务单 1-1-1 岩石风化情况调查。

任务 3　矿物与岩石认知

理论知识

一、矿物

矿物是具有一定的化学成分和物理性质的自然地质体（单质或化合物）,是地壳中各种地质作用的产物,是组成岩石的基本单位。目前已发现的矿物有 3000 多种,其中构成岩石的矿物有 30 余种,此类矿物被称为造岩矿物。地壳中的矿物是通过各种地质作用形成的,它们除少数呈液态（如水银、石油）和气态（如 H_2S、天然气）外,绝大多数都呈固态（如石英、长石、云母）。

常见矿物

1. 矿物定名规律

一般情况下可以根据矿物的定名,大致推断出它属于哪一类矿物,矿物定名的一般规律详见表 1-1-9。

矿物定名的一般规律　　　　　　　　　　　　　　　　表 1-1-9

矿物类型	定名	举例
具有玻璃光泽的矿物	某某石	金刚石、方解石、萤石
具有金属光泽或能提炼出金属的矿物	某某矿	黄铁矿、方铅矿
玉石类矿物	某某玉	刚玉、硬玉、黄玉
硫酸盐矿物	某某矾	胆矾、铅矾
地表上松散的矿物	某某华	砷华、钨华

2. 矿物按其成因分类

已经形成的矿物在不同环境中可能会遭到破坏或变成新的矿物。如在阳光、风、水以及地质变化等的作用下,矿物在高温、高压等条件下分解,分解后的物质又可能在新的环境中与其他物质反应并形成新矿物。自然界中的矿物按其成因可分为原生矿物、次生矿物、变质矿物三大类型,详见表 1-1-10。

矿物按其成因分类　　　　　表1-1-10

矿物的类型	矿物形成的原因	举例
原生矿物	岩浆经冷凝结晶形成矿物	石英、长石
次生矿物	原生矿物遭受化学风化形成新矿物	正长石经水解后形成的高岭石
变质矿物	已经形成的矿物在变质过程中形成新矿物	变质结晶片岩中的蓝晶石和十字石

3.常见矿物

常见矿物的主要特征和标本图详见表1-1-11和表1-1-12。

常见矿物的主要特征　　　　　表1-1-11

类别	矿物名称	形状	颜色	条痕	光泽	硬度	解理	断口
自然元素	石墨	鳞片状、块状	黑色、钢灰色	亮黑色	金属	1	完全	片状
硫化物	黄铁矿	立方体、粒状、块状	稻草黄色	绿黑色	金属	6~6.5	无	参差
氧化物	赤铁矿	鲕状、肾状、块状	红色、褐色等	樱红	半金属	5~6	无	参差
氧化物	石英	柱状、块状	乳白色、无色	—	玻璃、油脂	7	无	贝壳
碳酸盐	方解石	菱面体、粒状、块状	白色、无色	—	玻璃	3	三组完全	无
碳酸盐	白云石	块状、菱面体	白灰色、浅粉色	白色	玻璃	3~4	三组完全	无
硫酸盐	石膏	板状、纤维状	白色	白色	玻璃	2	中等	平整
硅酸盐	橄榄石	粒状	橄榄绿色	—	玻璃	6.5~7	无	贝壳
硅酸盐	辉石	短柱状	黑绿色	灰绿色	玻璃	5~6	两组交角87°	平整
硅酸盐	角闪石	长柱状	绿黑色	淡绿色	玻璃	6	两组交角56°	锯齿
硅酸盐	斜长石	板状、柱状	白色、灰白色	白色	玻璃	6	中等	参差
硅酸盐	正长石	板状、短柱状	肉红色、浅红色	白色	玻璃	6	中等	参差
硅酸盐	白云母	片状、鳞片状	白色或无色	—	玻璃、珍珠	2~3	一组极完全	—
硅酸盐	黑云母	片状、鳞片状	黑色或棕黑色	—	玻璃、珍珠	2.5~3	一组极完全	—
硅酸盐	绿泥石	板状、鳞片状	绿色	—	玻璃、珍珠	2.5~3	一组完全	—
硅酸盐	蛇纹石	纤维状、板状	浅绿色、深绿色	白色	油脂、丝绢	3~4	中等	—
硅酸盐	滑石	板状、鳞片状	白色、黄色、绿色	白色、绿色	油脂	1	一组中等	—
硅酸盐	高岭土	土状	白色、黄色	白色	土状	1	无	参差

黄铜矿、黄铁矿、赤铁矿

石英、方解石、白云石

石膏

正长石、斜长石

云母

滑石、橄榄石、高岭石

表1-1-12

常见矿物标本图 表 1-1-12

矿物名称	矿物标本	矿物名称	矿物标本
石墨		黄铁矿	
赤铁矿		石英	
方解石		白云石	
石膏		橄榄石	

续上表

矿物名称	矿物标本	矿物名称	矿物标本
辉石		角闪石	
斜长石		正长石	
白云母		黑云母	
绿泥石		蛇纹石	
滑石		高岭土	

二、岩石

岩石是组成地壳的物质之一,是构成地球岩石圈的主要成分。大多数岩石由若干种矿物组成,例如,花岗岩(包含正长石、石英、黑云母);有的岩石主要由一种矿物构成,例如,大理岩(主要是方解石)。长石是地壳中最主要的造岩矿物,约占地壳体积的 60%,其次是石英,约占地壳体积的 12%。

根据岩石的形成环境(即形成原因),可将岩石分为岩浆岩、沉积岩和变质岩三大类。

岩浆岩也称火成岩,是形成于地壳深处或地幔中的岩浆,在侵入地壳上部或喷出地表后冷却固结并经过结晶作用形成的岩石。例如,常见的花岗岩、不常见的玄武岩等。

沉积岩是风化产物、火山物质、有机物质等碎屑物质在常温常压下经过搬运、沉积和成岩作用,最后形成的岩石。例如,砂、淤泥、火山灰等堆积到一起,久而久之会发生石化作用而变成岩石,如页岩、砂岩、石灰岩等。

变质岩是指已经形成的岩石,包括沉积岩、岩浆岩,由于地质环境和物理化学条件变化(如温度、压强升高),在固态情况下发生了矿物组成调整、结构构造改变甚至化学成分的变化而形成的一种新岩石。例如,片岩、大理岩、糜棱岩等。

地球上三大类岩石数量并不相同,分布的位置也不同。沉积岩主要分布在陆地的表面,约占整个大陆面积的 75%,洋底几乎全部为沉积物所覆盖;从地表往下,越深则沉积岩越少,而岩浆岩和变质岩则越多,地壳深处和上地幔主要是岩浆岩和变质岩。岩浆岩占整个地壳体积的 64.7%,变质岩占 27.4%,沉积岩占 7.9%。

(一)岩浆岩

地球内部产生的部分或全部呈液态的高温熔体称为岩浆,温度一般在 800~1300℃。最主要且最常见的岩浆成分为硅酸盐,极少数情况下可能含有碳酸盐、磷酸盐、硫化物或氧化物等成分,岩浆中通常含有少量以水为主的挥发性物质。岩浆一般形成于地下数千米到数十千米深处,在岩石的强大压力下,岩浆中挥发性组分大多呈溶解状态,部分以气泡状态存在。各类岩浆的物质来源主要是组成地壳的各种岩石。岩浆具有较大黏性,岩浆黏性决定火山喷发的猛烈程度。由岩浆冷凝固结而成的岩石称为岩浆岩,根据岩浆凝结位置的不同,岩浆岩分为喷出岩和侵入岩,如图 1-1-20 所示。岩浆由火山通道喷溢出地表凝固形成的岩石,称为喷出岩或火山岩,例如,玄武岩、安山岩和流纹岩等;岩浆上升未达地表而在地壳一定深度凝结而形成的岩石称侵入岩,按侵入部位不同又分为深成岩和浅成岩。例如,花岗岩、辉长岩、闪长岩是典型的深成岩,花岗斑岩、辉长玢岩和闪长玢岩是常见的浅成岩。

图 1-1-20　岩浆岩形成示意图

常见岩浆岩的特征详见表 1-1-13。

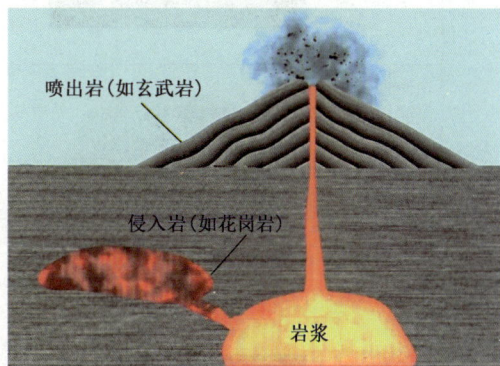

三大类岩石矿物

表 1-1-13

常见岩浆岩的特征   表 1-1-13

类型	岩石	岩石标本	主要矿物	颜色	结构	构造	成因
中性岩石	闪长玢岩		角闪石、斜长石	灰绿色、灰褐色	斑状结构	块状构造	浅成岩
	安山岩		角闪石、斜长石、辉石、黑云母	灰色、棕色、绿色	斑状结构	块状构造	喷出岩
基性岩石	辉长岩		辉石、斜长石	灰黑色、暗绿色	全晶中粒结构	块状构造	深成岩
	辉绿岩		辉石、斜长石	暗绿色、黑绿色	隐晶质结构	块状构造	浅成岩
	玄武岩		辉石、斜长石	灰绿色、黑绿色、黑色	隐晶质结构	块状构造、气孔状构造、杏仁状构造	喷出岩

续上表

类型	岩石	岩石标本	主要矿物	颜色	结构	构造	成因
酸性岩石	花岗岩		石英、正长石、黑云母	灰白色、肉红色	全晶粒状结构	块状构造	深成岩
	流纹岩		透长石、石英	灰白色、粉红色	斑状隐晶质结构	流纹状构造、气孔状构造	喷出岩
	花岗斑岩		石英、正长石、斜长石	灰红色、浅红色	似斑状结构	块状构造	浅成岩
火山玻璃	黑曜岩		长石、石英	灰褐色、黑色	玻璃质结构	块状构造、流纹状构造	喷出岩
	浮岩	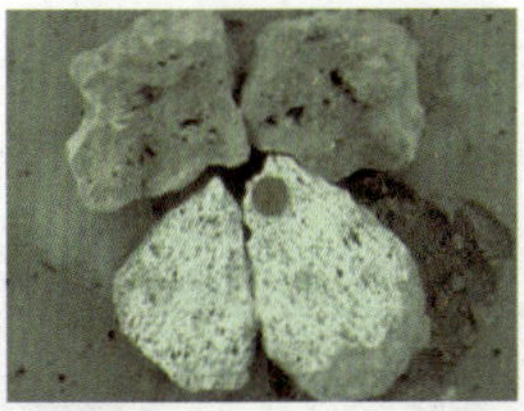	岩浆中的泡沫物质	灰白色、灰黄色	非晶质结构	气孔状构造	喷出岩
超基性岩石	橄榄岩		橄榄石、少量辉石	橄榄绿色、黄绿色	全晶中粗粒结构	块状构造	深成岩

续上表

类型	岩石	岩石标本	主要矿物	颜色	结构	构造	成因
超基性岩石	辉岩		辉石、少量橄榄石	灰黑色、黑绿色、黑色	全晶粒状结构	块状构造	深成岩

花岗岩   安山岩、玄武岩、流纹岩   花岗岩、橄榄岩

（二）沉积岩

沉积岩是在地表或近地表的常温常压条件下形成的一种岩石类型。沉积岩按形成原因分为两类：一是陆源碎屑岩，主要由陆地岩石风化、剥蚀产生的各种碎屑物组成，按颗粒粗细不同分为砾岩、砂岩、粉砂岩和泥质岩；二是内积岩，主要为在盆地内沉积的沉积岩，例如可燃有机岩（如煤、油页岩等）。

1.沉积岩的特征

（1）沉积岩的一个显著特征是具有层理，层理是岩石沿垂直方向变化产生的层状构造，通过岩石的物质成分、结构和颜色的突变或渐变显现，如图1-1-21所示。岩层是指两个平行或近似平行的界面所限制的由同一岩性组成的地质体。通常由一个层或若干个层组成，其上下界面称为层面，上为顶面或上层面，下为底面或下层面，如图1-1-22所示。

图1-1-21、图1-1-22

图1-1-21 沉积岩的层理构造

图1-1-22 沉积岩的层面

岩层厚度是指岩层上、下层之间的垂直厚度。根据《公路工程地质勘察规范》（JTG C20—2011），岩层厚度分为巨厚层、厚层、中厚层、薄层4类，详见表1-1-14。

岩层厚度分类 表 1-1-14

岩层厚度类型	单层厚度 h/m
巨厚层	$h > 1.0$
厚层	$0.5 < h \leq 1.0$
中厚层	$0.1 \leq h \leq 0.5$
薄层	$h \leq 0.1$

（2）许多沉积岩中有"石质化"的古生物遗体或其生存、活动的痕迹——化石，这些化石是判定地质年龄和研究古地理环境的珍贵资料，被称作记录地球历史的"书页"和"文字"。

2. 沉积岩的形成过程

沉积岩的形成分四个阶段：

（1）风化、剥蚀阶段：地壳表面的岩石长期受自然界中氧气、二氧化碳和水的作用，经风化、剥蚀后逐渐破碎，形成一种新的风化产物。

（2）搬运阶段：岩石除一部分经风化、剥蚀后的产物残积在原地外，大多数破碎物质被流水、风、冰川等介质搬运到其他地方。

（3）沉积阶段：当搬运介质的搬运能力减弱或物理化学条件改变时，搬运的物质逐渐沉积下来。

（4）成岩阶段：不断沉积下来的松散物质经过压实作用和胶结作用，逐渐压密、孔隙减小、脱水固结或重结晶，形成较坚硬的岩层。

图 1-1-23

沉积岩在不同形成阶段的形态如图 1-1-23 所示。

图 1-1-23　沉积岩在不同形成阶段的形态

3. 沉积岩的组成物质

沉积岩由碎屑矿物、自生矿物、次生矿物、有机质及生物残骸，以及胶结物组成。

（1）碎屑矿物是母岩物理风化后的产物，以碎屑状态出现。例如，石英、长石、云母等。

（2）自生矿物是沉积岩形成过程中,母岩分解出的化学物质沉积形成的矿物。例如,方解石、白云石、石膏、铁和锰的氧化物及氢氧化物等。

（3）次生矿物是沉积岩遭受风化作用而形成的矿物。例如,碎屑长石风化而成的高岭石以及伊利石、蒙脱石等。

（4）有机质及生物残骸是由生物残骸形成或经有机化学变化而成的物质。

（5）胶结物是指充填于沉积颗粒之间,并使之胶结成块的某些矿物质。胶结物主要来自粒间溶液和沉积物的溶解产物。胶结物含量及其与碎屑颗粒之间的胶结形式对岩石的强度有极大的影响,常见的胶结物类型见表1-1-15。

常见的胶结物类型   表 1-1-15

胶结物类型	物质组成	性质
硅质胶结(SiO_2)	主要为石英、玉髓及蛋白石等	形成的岩石最坚硬
铁质胶结(Fe_2O_3、FeO)	主要为赤铁矿、褐铁矿等	形成岩石的强度仅次于硅质胶结物,颜色常为铁红色
钙质胶结($CaCO_3$)	主要为方解石、白云石等	遇酸性溶液极易溶解
泥质胶结(黏土)	主要为高岭石、蒙脱石、伊利石等	极易软化

4.沉积岩的构造特征

沉积岩各组成部分的空间分布和排列方式称为沉积岩构造。沉积岩构造特征详见表1-1-16。

沉积岩构造特征   表 1-1-16

分类	无机成因构造				生物成因构造	
	原生沉积构造			次生或多因素形成的构造	生物生长沉积构造	生物扰动构造(生物侵蚀构造)
	层间构造	层内构造	层的变形构造			
类型	水道 侵蚀和充填 冲刷痕 沟痕 工具痕 剥离线理 波痕	水平纹理 交错纹理 平行层理 交错层理 粒序层理 块状层理 韵律层理	滑塌构造 滑动面 包卷层理 重荷构造 滴石构造 盘状构造 泄水沟构造 帐篷构造	缝合线构造 叠锥构造 晶洞构造 钟乳构造 渗流砂构造 结核构造	叠层构造 核形构造 凝块构造 生物障积构造	足迹构造 移迹构造 潜穴构造 钻孔构造 生物扰动变形层理
成因	侵蚀作用	沉积作用	变形(变位)作用	溶解、交代变质作用	生物作用	生物侵蚀

5.常见沉积岩

常见沉积岩的特征详见表1-1-17。

表 1-1-17

常见沉积岩的特征 表 1-1-17

岩石分类	岩石名称	矿物成分	颜色	结构构造	主要特征
碎屑岩	 砾岩	原岩碎屑成分	多样,易氧化而呈红色	砾状,块状	多为厚层,层理不发育,含浑圆状砾石
	 角砾岩	原岩碎屑成分	多样,易氧化而呈红色	砾状,块状	多为厚层,层理不发育,含棱角状砾石
	 砂岩	石英砂岩	淡褐色,红色等	砂状,有层理或块状	有砂粒
黏土岩	 页岩	黏土矿物	灰黑色、黑色、褐红色、棕红色、黄色、绿色等	泥状,有页理	易风化,吸水及脱水后变形显著
	 泥岩	黏土矿物	灰色、红色等	泥状,块状	易风化,吸水及脱水后变形显著

续上表

岩石分类	岩石名称	矿物成分	颜色	结构构造	主要特征
化学岩及生物化学岩	 石灰岩	方解石,偶含少量白云石或粉砂粒、黏土矿物等	纯者浅灰白色,含杂质者灰黑色至黑色	块状	化学岩,遇稀盐酸剧烈起泡 石灰岩
	 白云岩	白云石,有时含少量方解石或其他杂质	灰白色	块状	化学岩,遇冷盐酸不易起泡,滴镁试剂由紫变蓝
	 泥灰岩	方解石、黏土矿物	浅灰色、浅黄色、浅红色	块状	化学岩,滴稀盐酸起泡后,表面残留黏土物质
	 硅质岩	蛋白石、玉髓、石英	灰黑色、黑色	有层理或块状	化学岩或生物化学岩,多以结核存在于碳酸盐岩石和黏土岩中
	 介壳灰岩	方解石、介壳	灰色至深灰色	块状	生物化学岩,含介壳
	 珊瑚礁灰岩	方解石、珊瑚	灰白色	块状	生物化学岩,含珊瑚

砾岩、角砾岩　　页岩、泥岩、砂岩　　石灰岩、白云岩

6. 主要沉积岩的物理力学性质

主要沉积岩的物理力学性质详见表 1-1-18。

主要沉积岩的物理力学性质　　　　　　　　表 1-1-18

沉积岩	物理力学性质
碎屑岩	多组分的比单组分的易风化。例如,角砾岩比石英砂岩易风化
硅质石英砂岩(黏土岩)	强度大、抗风化能力强,一般孔隙度大、抗拉强度低、易碎、储水、透水,易引起塌方
化学岩及 生物化学岩	性脆、易溶于水形成溶洞,以至影响强度;含硅酸盐、石英时强度有所提高,例如,硅质岩(含玉髓、石英)强度较高;含黏土时强度有所降低,例如,泥灰岩(含黏土矿物)强度较低
页岩(黏土岩)	有页理,易风化,有的具有可塑性、膨胀性、强度低

(三)变质岩

变质岩是指由变质作用形成的岩石。一般是在地下深处高温、高压环境下产生的,后由于地壳运动而出露地表。

1. 变质岩的形成

随着地壳的不断演化,地球上已形成的岩石(包括岩浆岩、沉积岩、变质岩)所处的地质环境也在不断改变,为了适应新的地质环境和物理化学条件的变化,这些岩石的矿物成分、结构、构造会发生一系列改变,固态的岩石在地球内部的压力和温度作用下,发生物质成分的迁移和重结晶,形成新的矿物组合,如图 1-1-24 所示。

图 1-1-24　变质岩的形成

图 1-1-24

2. 变质作用的主要类型

在自然界中,原岩变质很少只受单一变质因素的作用,大多受两种及以上变质因素综合作用,但在局部地区内,某一种变质因素起主要作用,其他变质因素起辅助作用。根据起主要作用的变质因素的不同,可将变质作用划分为下述几种类型,详见表 1-1-19。

变质作用类型　　　　　　　　　　　　　　　　表 1-1-19

类型	概念
接触变质作用 （热力变质作用）	岩浆岩侵入岩体和围岩接触,岩体带来的高温和挥发组分的影响使围岩发生变质
交代变质作用 （汽化热液变质作用）	受化学活泼性流体因素影响而变质的作用,主要使原岩矿物和结构特征发生改变
区域变质作用	由于区域性地壳运动的影响而在大面积范围内发生的一种变质作用,温度、压力、流体都起作用,规模大、分布广,一般该区域内地壳运动和岩浆活动都较剧烈,包括埋深变质作用、区域低温动力变质作用、区域动力热流变质作用和区域中高温变质作用
动力变质作用	由构造运动产生的定向压力使岩石碎裂的一类变质作用,发生在新层带附近,主要使原岩结构和构造特征发生改变,特别是产生了变质岩特有的片理构造
混合岩化作用	一种介于高度变质作用和岩浆活动之间的地质作用。在这种作用过程中有广泛的流体相存在,温度的升高导致原岩的局部重熔,因而形成一种深熔结晶岩与变质岩的复杂组合岩石——混合岩
冲击变质作用	宇宙物质冲击地球表面产生高温、高压所形成的瞬间变质作用

3. 主要变质岩特征

　　变质岩的种类繁多,命名复杂,一般根据岩石的构造、结构特点、主要矿物成分对变质岩进行分类,主要变质岩特征详见表 1-1-20。

表 1-1-20

主要变质岩特征　　　　　　　　　　　　　　　　表 1-1-20

岩石名称	颜色	结构	构造	其他特征	变质情况
板岩	深灰色、黑色、土黄色	变余或隐晶	板状	含黏土及其他矿物,肉眼难辨矿物,具有片理,锤击有清脆声,丝绢光泽	变质最浅
千枚岩	灰色、绿色、棕红色、黑色	变余或细粒鳞片状变晶	千枚状	肉眼可辨绢云母、绿泥石、石英,具有片理,锤击有清脆声,丝绢光泽明显	变质较浅
片岩	颜色较多,取决于主要矿物成分	鳞片状、纤状和斑状变晶	片理构造	结构致密,质地轻但坚硬,吸水率低,不易风化	变质较深

续上表

岩石名称	颜色	结构	构造	其他特征	变质情况
 片麻岩	颜色较复杂	鳞片状、变晶	片麻状、条带状	深色矿物多为黑云母、角闪石等,浅色矿物多为粒状的石英、长石	变质最深
 大理岩	纯质为白色,含杂质为灰白色、浅红色、淡绿色甚至黑色	粒状变晶	块状	遇盐酸起泡	由石灰岩、白云岩经接触变质作用或区域变质作用而成
 石英岩	纯质为暗白色,含杂质为灰白色、褐色等	粒状变晶	块状	硬度高(近7),有玻璃光泽,贝壳状断口,石英含量大于85%	由石英砂岩或其他硅质岩经变质而成
 蛇纹岩	暗绿色或黑绿色,风化面为黄绿色或灰白色	隐晶	块状	硬度较低,断口不平坦	由富含镁的超基性岩经交代变质作用而成
 云英岩	灰白色、浅灰色	等粒变晶	致密块状	主要发育在花岗岩体的顶部或边缘,常伴生大量的稀有金属矿物	由花岗岩经交代变质作用而成

续上表

岩石名称	颜色	结构	构造	其他特征	变质情况
 构造角砾岩	斑杂色	碎裂	块状	碎屑大小形状不均,粒径可为数毫米至数米;胶结物多为细粉粒岩屑或溶液中的沉积物	断层错动带中,原岩经极大动压力破碎后经胶结形成的产物
 糜棱岩	颜色较多	糜棱	块状	一般比较均匀,结构致密、坚硬,粒径比原岩小,产生在一个相当狭窄的面状地带中,出现强化面理和线理	断层错动带中,高压力把原岩碾磨成粉末状细屑,重新结合成致密坚硬的岩石

板岩、片岩、千枚岩

云母、片麻岩

大理岩、石英岩

> **小贴士**
>
> ①大理岩易溶解于水形成各种喀斯特现象,会引起水库渗漏、崩塌等,需加以注意和工程处理。
>
> ②大理岩由石灰岩、白云岩变质而成,主要成分为 $CaCO_3$,是制造水泥的原料。
>
> ③大理岩由于花纹美丽,为主要的装饰性建筑石料及雕刻石料。
>
> ④大理岩岩块抗压强度随颗粒胶结物含量和大小而异,可作为建筑物地基。

(四)岩浆岩、沉积岩和变质岩的相互转化及区别

1. 岩浆岩、沉积岩和变质岩的相互转化

岩浆岩、沉积岩和变质岩是地球上组成岩石圈的三大类岩石,它们都是各种地质作用的产物。然而,一旦改变其所处的环境,原先形成的岩石将随之发生改变,转化为其他类型的岩石。

出露地表的岩浆岩、变质岩与沉积岩,在大气圈、水圈与生物圈的共同作用下,经风化、剥蚀、搬运作用而变成沉积物,沉积物埋藏到地下浅处就固结成岩——重新形成沉积岩。埋到

地下深处的沉积岩或岩浆岩,在温度不太高的条件下,可以在基本保持固态的情况下变质成变质岩;不管什么岩石,一旦处于高温(800～1300℃)状态,将逐渐熔融成岩浆,岩浆在上升过程中温度降低,成分复杂化,或在地下浅处冷凝成侵入岩,或喷出地表形成火山岩。由于地壳上升,上覆岩石遭受剥蚀,岩石圈内形成的岩石又出露地表。三大类岩石相互转化过程如图 1-1-25 所示。

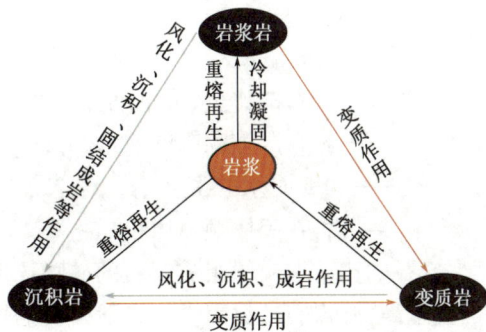

图 1-1-25　三大类岩石相互转化示意图

2.岩浆岩、沉积岩、变质岩的区别

岩浆岩是从液态高温高压岩浆中结晶形成的;沉积岩是常温常压条件下在地表或接近地表处形成的;变质岩是在地壳一定深度,发生于一定的温度和压力范围内,在固态情况下形成的,详见表 1-1-21。

三大类岩石的区别　　　　　　　　　　　　　　表 1-1-21

岩石	形成深度	形成条件	矿物转变
岩浆岩	地表或地下一定深度	高温高压	从液态的岩浆中结晶形成
沉积岩	地表或接近地表	常温常压	已有岩石的风化产物沉积形成
变质岩	地壳一定深度	一定的温度和压力范围	在固态情况下形成

🖋 技能训练

根据以上学习内容完成技能训练,详见《道路工程地质(第 3 版) 技能训练与测评活页手册》任务单 1-1-2 岩石(矿物)判断。

任务4　岩石的工程性质、分类及命名

📖 理论知识

一、岩石的工程性质

岩石的工程性质包括物理性质、水理性质和力学性质。

(一)岩石的物理性质

岩石的物理性质是岩石的基本工程性质,包含比重、密度、孔隙性等。

1.岩石的比重

岩石的比重是指岩石固体部分(不含孔隙)质量与同体积水在 4℃ 时质量的比值,即

岩石的工程性质

$$G_s = \frac{m_s}{\rho_w V_s}$$

(1-1-1)

式中: G_s ——岩石的比重,无量纲;

m_s ——岩石固体颗粒的质量,g;

ρ_w ——4℃时水的密度,g·cm^{-3};

V_s ——岩石固体颗粒体积,cm^3。

岩石的比重取决于组成岩石的矿物比重及其在岩石中的相对含量。组成岩石的矿物比重大、含量高,则岩石的比重大。一般岩石的比重约为2.65,比重大的可达3.3。

2. 岩石的密度

岩石的密度是指单位体积岩石的质量。在数值上,它等于岩石试件的总质量(含孔隙中水的质量)与其总体积(含孔隙体积)之比,即

$$\rho = \frac{m}{V}$$

(1-1-2)

式中: ρ ——岩石的密度,g·cm^{-3};

m ——岩石的总质量,g;

V ——岩石的总体积,cm^3。

岩石的密度取决于组成岩石的矿物的相对密度、岩石的孔隙性及含水率。组成岩石的矿物相对密度越大,或岩石中的孔隙性越小,则岩石的密度越大。对于同一种岩石,密度大的结构致密,孔隙性小,强度和稳定性相对较高。

当岩石孔隙中完全没有水存在时,其密度称为干密度;当岩石中的孔隙全部被水充满时,其密度称为饱和密度。

3. 岩石的空隙

岩石中的空隙包括孔隙和裂隙。岩石的空隙性是岩石的孔隙性和裂隙性的总称,可用孔隙率来表示空隙发育程度。

岩石的孔隙率(或称孔隙度)是指岩石中孔隙(含裂隙)的体积与岩石总体积之比,常以百分数表示,即

$$n = \frac{V_n}{V} \times 100\%$$

(1-1-3)

式中: n ——岩石的孔隙率,%;

V_n ——岩石中孔隙(含裂隙)的体积,cm^3;

V ——岩石的总体积,cm^3。

岩石孔隙率主要取决于岩石的结构构造,同时也受风化作用、岩浆活动、构造运动及变质作用的影响。由于岩石中孔隙、裂隙发育程度变化很大,其孔隙率的变化也很大。碎屑沉积岩形成越早,胶结程度越低,孔隙率越高。结晶岩类的岩石孔隙率较低,很少高于3%。常见岩石的物理性质指标参考值见表1-1-22。

常见岩石的物理性质指标参考值 表 1-1-22

岩石类型	岩石名称	比重	密度/(g/cm³)	孔隙率/%	吸水率/%
岩浆岩	花岗岩	2.50~2.84	2.30~2.80	0.04~2.92	0.10~0.92
	正长岩	2.50~2.90	2.40~2.85	2.13~2.94	0.47~1.94
	闪长岩	2.60~3.10	2.52~2.96	2.25~3.00	0.30~0.48
	辉长岩	2.70~3.20	2.55~2.98	0.92~1.13	0.50~4.00
	斑岩	2.60~2.84	2.70~2.74	0.29~2.75	0.20~2.00
	玢岩	2.60~2.84	2.40~2.80	2.10~5.00	0.07~1.65
	辉绿岩	2.60~3.10	2.53~2.97	0.40~6.38	0.22~5.00
	玄武岩	2.60~3.30	2.50~3.10	0.35~3.00	0.31~2.69
	安山岩	2.40~2.80	2.30~2.70	1.08~2.19	0.30~4.50
	凝灰岩	2.56~2.78	2.29~2.50	1.50~4.50	0.12~7.45
沉积岩	砾岩	2.67~2.71	2.40~26.6	0.34~9.30	0.20~5.00
	砂岩	2.60~2.75	2.20~2.71	1.60~2.83	0.20~12.19
	页岩	2.57~2.77	2.30~2.62	1.46~2.59	1.80~3.10
	石灰岩	2.48~2.85	2.30~2.77	0.53~2.00	0.10~4.55
	泥灰岩	2.70~2.80	2.30~2.50	1.00~10.00	0.50~3.00
	白云岩	2.70~2.90	2.10~2.70	0.30~25.00	0.10~3.00
变质岩	片麻岩	2.63~3.10	2.30~3.05	0.70~4.20	0.10~3.15
	片岩	2.75~3.02	2.69~2.92	0.70~2.92	0.08~0.55
	板岩	2.68~2.76	2.31~2.75	0.36~3.50	0.10~0.95
	大理石	2.80~2.85	2.60~2.70	0.22~1.30	0.10~0.08
	石英岩	2.53~2.84	2.80~3.30	0.50~0.80	0.10~1.45

(二)岩石的水理性质

岩石的水理性质是指岩石与水作用时表现的性质,主要有岩石的吸水性、透水性、溶解性、软化性、抗冻性等。

1. 岩石的吸水性

岩石的吸水性常以吸水率(w_a)、饱和吸水率(w_{sa})两个指标来表示。

岩石的吸水率是指岩石试件在大气压力和室温条件下自由吸入水的质量与试件烘干后的质量之比,以百分数表示。岩石的饱和吸水率是指岩石试件在强制条件下吸入水的质量与试件烘干后的质量之比,以百分数表示。

岩石的吸水率与岩石的孔隙率、大小、开闭程度和空间分布等因素有关。岩石的吸水率越高,则水对岩石的侵蚀、软化作用就越强,岩石的强度和稳定性受水作用的影响也就越显著。

岩石的吸水率与饱和吸水率的比值称为岩石的饱水系数,它是评价岩石抗冻性的一种指标。一般来说,岩石的饱水系数为0.5~0.8。饱水系数越大,说明岩石在常压下吸水后留余的空间越有限,越容易被冻胀破坏,因而其抗冻性就越差。常见岩石的吸水性参考值见表1-1-23。

常见岩石的吸水性参考值　　　　　　　　　　表 1-1-23

岩石名称	吸水率 w_a/%	饱和吸水率 w_{sa}/%	饱水系数
花岗岩	0.10 ~ 0.92	0.84	0.55
石英闪长岩	0.30 ~ 0.48	0.54	0.59
玄武岩	0.31 ~ 2.69	0.39	0.69
基性斑岩	0.20 ~ 2.00	0.42	0.83
云母片岩	0.08 ~ 0.55	1.31	0.10
砂岩	0.20 ~ 12.19	11.99	0.60
石灰岩	0.10 ~ 4.55	0.25	0.36
白云质石灰岩	0.10 ~ 4.55	0.92	0.80

2.岩石的透水性

岩石的透水性是指岩石允许水通过的能力。岩石的透水性主要取决于岩石孔隙、裂隙和连通情况。

岩石的透水性用渗透系数(K)来表示,见表 1-1-24。

岩石的渗透系数　　　　　　　　　　表 1-1-24

岩石名称	岩石渗透系数 K/(m/s)	
	室内试验	野外试验
花岗岩	$10^{-11} \sim 10^{-7}$	$10^{-9} \sim 10^{-4}$
玄武岩	10^{-12}	$10^{-7} \sim 10^{-2}$
砂岩	$8 \times 10^{-8} \sim 3 \times 10^{-3}$	$3 \times 10^{-8} \sim 10^{-3}$
页岩	$5 \times 10^{-13} \sim 10^{-9}$	$10^{-11} \sim 10^{-8}$
石灰岩	$10^{-13} \sim 10^{-5}$	$10^{-7} \sim 10^{-3}$
白云岩	$10^{-13} \sim 10^{-5}$	$10^{-7} \sim 10^{-3}$
片岩	10^{-8}	2×10^{-7}

3.岩石的溶解性

岩石的溶解性是指岩石溶解于水溶液的性质,常用溶解度或溶解速率来表示。常见的可溶性岩石有石灰岩、白云岩、石膏、岩盐等。岩石的溶解性主要取决于其化学成分,和水溶液的性质也有密切关系,如富含 CO_2 的水溶液具有较强的溶解能力。

4.岩石的软化性

岩石的软化性是指岩石在水的作用下,强度和稳定性降低的性质。岩石的软化性主要取决于岩石的矿物成分和结构构造特征。黏土矿物含量高、孔隙率大、吸水率高的岩石易与水作用而软化,这会导致其强度和稳定性大大降低甚至丧失稳定性。

岩石的软化性指标为软化系数,即岩石在饱水状态下的极限抗压强度与风干状态下极限抗压强度的比值,用小数表示。软化系数越小,表示岩石在水的作用下的强度越低,稳定性越差。对于未受风化影响的岩浆岩和某些变质岩、沉积岩,其软化系数若接近1,则属于弱软化或不软化岩石,抗水、抗风化能力和抗冻性强;其软化系数若小于0.75,则属于强软化岩石,工程性质较差,如黏土岩类。常见岩石的软化系数见表1-1-25。

常见岩石的软化系数　　　　　表 1-1-25

岩石名称	软化系数	岩石名称	软化系数
花岗岩	0.72 ~ 0.97	泥质砂岩、粉砂岩	0.21 ~ 0.75
闪长岩	0.60 ~ 0.80	泥岩	0.40 ~ 0.60
闪长玢岩	0.78 ~ 0.81	页岩	0.24 ~ 0.74
辉绿岩	0.33 ~ 0.90	石灰岩	0.70 ~ 0.94
流纹岩	0.75 ~ 0.95	泥灰岩	0.44 ~ 0.54
安山岩	0.81 ~ 0.91	片麻岩	0.75 ~ 0.97
玄武岩	0.30 ~ 0.95	变质片状岩	0.70 ~ 0.84
凝灰岩	0.52 ~ 0.86	千枚岩	0.67 ~ 0.96
砾岩	0.50 ~ 0.96	硅质板岩	0.75 ~ 0.79
砂岩	0.93	泥质板岩	0.39 ~ 0.52
石英砂岩	0.65 ~ 0.97	石英岩	0.94 ~ 0.96

5. 岩石的抗冻性

岩石的孔隙、裂隙中有水存在时,水一旦结冰,体积膨胀,则会产生较大的压力,使岩石的结构构造等遭到破坏。岩石抵抗这种冰冻作用的能力,称为岩石的抗冻性。在高寒冰冻地区,抗冻性是评价岩石工程地质性质的一个重要指标。

岩石的抗冻性与其饱水系数、软化系数有着密切关系。一般情况下,饱水系数越小,岩石的抗冻性越强。易于软化的岩石,其抗冻性也弱。温度变化剧烈,岩石反复冻融,抗冻能力会降低。

岩石的抗冻性有多种表示方法,一般用岩石在抗冻试验前后抗压强度的降低率表示。抗压强度降低率小于或等于25%的岩石,认为其具有良好的抗冻性;大于25%的岩石,认为其抗冻性不佳。

（三）岩石的力学性质

岩石的力学性质是指岩石在各种静力、动力作用下表现出的性质,主要包括变形和破坏。岩石在外力作用下首先会产生变形,当外力继续增加,达到或超过某一极限时,岩石便开始产生破坏。岩石的变形与破坏是岩石受力后发生变化的两个阶段。

岩石抵抗外力而不被破坏的能力称为岩石强度。当施加的荷载过大并超过岩石的承受能力时,岩石开始破坏,岩石开始破坏时所承受的极限荷载称为岩石的极限强度,简称岩石强度。

根据岩石试样所抵抗外力种类的不同,岩石强度分为抗压强度、抗拉强度和抗剪强度。

1. 抗压强度

岩石的抗压强度一般指岩石的单轴抗压强度,即岩石试件抵抗单轴压力时保持自身不被破坏所能承受的极限应力。岩石试件置于压力试验机上进行轴向加载,直至试件被破坏时测得的强度值,即为抗压强度。

2.抗拉强度

岩石试件抵抗增大的单轴拉伸时保持自身不被破坏的极限应力值称为抗拉强度,以 R_t 表示。

$$R_t = \frac{P_t}{A} \tag{1-1-4}$$

式中：R_t——岩石的抗拉强度,MPa;

$\quad\quad P_t$——试件被拉断时的拉力,N;

$\quad\quad A$——试件的横截面面积,mm^2。

相比抗压强度,岩石的抗拉强度很小。不少岩石的抗拉强度小于20MPa。在实际应用中,当缺乏具体试验数据时,岩石的抗拉强度常取抗压强度的 1/50 ~ 1/10。由于采用直接将岩石试件置于压力试验机上进行轴向拉伸的方法来测定岩石的抗拉强度在试件制作及试验技术方面都存在一定的困难,所以目前大多采用间接拉伸法来测定岩石的抗拉强度,其中以劈裂法最为常见。

3.抗剪强度

抗剪强度是指岩石在一定的压力条件下,受剪切破坏时的极限剪切应力值。

二、岩石的分类及命名

在进行岩土工程勘察时,应鉴定岩石的地质名称和风化程度,并进行岩石坚硬程度、岩体完整程度和岩体基本质量等级的划分。

(一)岩石的分类

根据《公路桥涵地基与基础设计规范》(JTG 3363—2019),岩石按坚硬程度可划分为硬质岩、软质岩两大类,进一步可细分为坚硬岩、较硬岩、较软岩、软岩、极软岩,详见表 1-1-26。

表 1-1-26

岩石按坚硬程度分类   表 1-1-26

分类		野外鉴别	典型岩石图示	主要岩石
硬质岩	坚硬岩	锤击声清脆,有回弹,震手,难击碎,基本无吸水反应	玄武岩	未风化至微风化的花岗岩、闪长岩、辉绿岩、玄武岩、安山岩、片麻岩、石英岩、石英砂岩、硅质砾岩、硅质石灰岩等
	较硬岩	锤击声较清脆,有轻微回弹,稍震手,较难击碎,有轻微吸水反应	石灰岩	微风化的坚硬岩;未风化至微风化的大理石、板岩、石灰岩、白云岩、钙质砂岩等

分类		野外鉴别	典型岩石图示	主要岩石
软质岩	较软岩	锤击声不清脆,无回弹,轻易击碎,浸水后指甲可刻出印痕	千枚岩	中等风化至强风化的坚硬岩或较硬岩;未风化至微风化的凝灰岩、千枚岩、泥灰岩、砂质泥岩等
	软岩	锤击声哑,无回弹,有凹痕,易击碎,浸水后手可掰开	页岩	强风化的坚硬岩或较硬岩;中等风化至强风化的较软岩;未风化至微风化的页岩、泥岩、泥质砂岩等
	极软岩	锤击声哑,无回弹,有较深凹痕,手可捏碎,浸水后可捏成团	全风化状泥岩	全风化的各种岩石;各种半成岩

注:岩石按软化系数可分为软化岩石和不软化岩石。当软化系数小于或等于 0.75 时,应定为软化岩石;当软化系数大于 0.75 时,应定为不软化岩石。

(二)岩石命名

岩石根据其地质成因、颜色、结构构造、风化程度等命名。例如,强风化黑色气孔状玄武岩、中等风化灰黑色微细生物碎屑泥灰岩、微风化浅灰色千枚岩等,其名称确定详见表 1-1-27。

工程岩体失稳案例

三大类岩石命名案例 表 1-1-27

地质成因	颜色	结构构造	风化程度	名称
岩浆活动	黑色	气孔状构造	强风化	强风化黑色气孔状玄武岩
沉积作用	灰黑色	微细生物碎屑构造	中等风化	中等风化灰黑色微细生物碎屑泥灰岩
变质作用	浅灰色	千枚状构造	微风化	微风化浅灰色千枚岩

技能训练

根据以上学习内容完成技能训练,详见《道路工程地质(第3版)技能训练与测评活页手册》任务单 1-1-3 吸水性试验和 1-1-4 单轴抗压强度试验。

任务5　地质年代认知

理论知识

地层与地质年代

各种地质构造都是地壳在地质历史时期内演变发展的结果。从最老的地层到最新的地层所代表的整个时代称地质历史。

地壳上不同时期的岩石和地层,在形成过程中的时间(年龄)和顺序称地质年代。

地质年代记录了各种地质作用的发生、发展过程,并提供了不同地区间对比的时间系统。

确定地层新、老关系的方法有两种,即相对年代法和绝对年代法。相对地质年代是指地层形成的先后顺序和地层的相对新老关系,是由该岩石地层单位与相邻已知岩石地层单位的相对层位关系决定的,它只表示形成的先后顺序,不包含各个时代延续的长短。绝对地质年代是指地层形成至今的实际年数,用"距今多少年"来表示,目前主要根据岩石中所含放射性元素的衰变来确定。在地质工作中,相对地质年代使用较多。

地层与岩层

一、相对年代法

相对年代法是依据岩层的沉积顺序、古生物特征和地层接触关系来确定地层形成先后顺序的一种方法。

1.地层层序法

地层层序法是确定地层相对地质年代的基本方法。沉积岩形成后,如未经剧烈的变动,则其沉积顺序能清楚地反映岩层的叠置关系。一般情况下,下面的是先沉积的老岩层,上面的是后沉积的新岩层,即原始产出的地层具有"下老上新"的特点,这就是地层层序。只要把一个地区所有地层按由下到上的顺序衔接起来,就可确定其新老关系。当地层经剧烈的构造运动后,地层层序倒转,老岩层就会覆盖在新岩层之上,如图 1-1-26 所示

一个地区在地质历史上不可能永远处在沉积状态,常常是一个时期下降沉积,另一个时期抬升遭受剥蚀。因此,现今任何地区保存的地质剖面中都会缺失某些时代的地层,造成地质记录不完整。故需进行拆分建立较大区域乃至全球的地层顺序系统,制作标准地层剖面。按照标准地层剖面的地层顺序,对照某地区的地层情况,排列出该地区地层的新老关系。

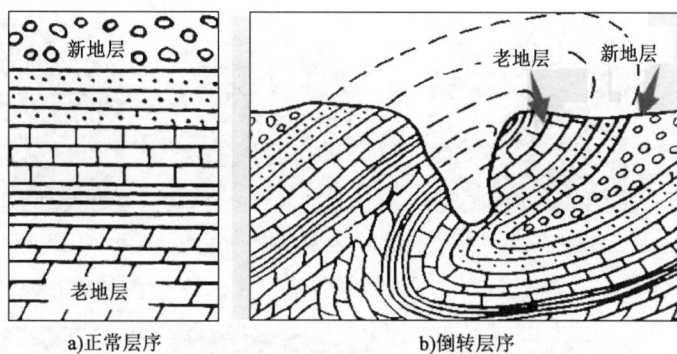

图 1-1-26　地层层序

2. 古生物法

在地质历史中,地区表面的自然环境总是不停地发生阶段性变化。地球上的生物为了适应地球环境的变化,也不得不逐渐改变自身结构,这一过程称为生物演化。即地球上的环境发生改变后,一些不能适应新环境的生物大量灭亡,甚至绝种;而另一些生物则通过逐步改变自身的结构,形成新的物种,以适应新环境,并在新环境下大量繁衍。

生物演化遵循由简单到复杂、由低级到高级的原则,即地质时期越古老,生物结构越简单;地质时期越新,生物结构越复杂。沉积岩中保存的地质时期生物遗体或遗迹称为化石。化石常常已变为矿物质,但原始生物骨骼或介壳等坚硬部分的形态和内部构造依然保存下来,其形成过程如图 1-1-27 所示。因此,埋藏在岩石中的生物化石结构能够反映岩层的新老关系。化石结构越简单,地层时代越古老;化石结构越复杂,地层时代越新。故可依据岩石中的化石种属来确定岩石的新老关系。

图 1-1-27　化石形成过程示意图

在某一环境阶段,能大量繁衍、广泛分布,从发生、发展到灭绝的时间很短,并且特征显著的生物,其化石称为标准化石。在每一地质时期都有其代表性的标准化石,如寒武纪的三叶虫、奥陶纪的珠角石、志留纪的笔石、泥盆纪的石燕、二叠纪的大羽羊齿、侏罗纪的恐龙等,如图 1-1-28 所示。

a)寒武纪的三叶虫　　　　b)奥陶纪的珠角石　　　　c)志留纪的笔石

d)泥盆纪的石燕　　　　e)二叠纪的大羽羊齿　　　　f)侏罗纪的恐龙

图 1-1-28　　　　　　　　　　　　　图 1-1-28　标准化石图谱

对于两个不同的地层露头，可根据岩层所含的化石对比判断其是否为同一时代的地层。具有相同化石的岩层为同一时代地层，如图 1-1-29 所示。

图 1-1-29　相对地质年代的确定

二、绝对地质年代

绝对地质年代是指通过同位素年龄测定得出的绝对年龄，用"距今多少年"来表示。

绝对地质年代主要依靠放射性同位素法来确定，例如 U-Pb（铀-铅）法、K-Ar（钾-氩）法、Ar-Ar（氩-氩）法、Rb-Sr（铷-锶）法、Sm-Nd（钐-钕）法、C-14（碳-14）法、裂变径迹法等方法。这些方法的原理是利用放射性同位素在自然条件下的衰变行为计算出地质体的年龄。

每个地质年代单位应为开始于距今多少年，结束于距今多少年，据此可计算出共延续多少年。例如，铀-铅同位素体系中的 ^{238}U 会逐渐衰变为 ^{206}Pb，通过测量样品中这两种同位素的比率计算出岩石的形成时间。越是古老的岩石，地层距今的时间越久远。

三、地质年代单位

地质年代单位主要用于地质学研究，是表示地质时间的单位，以地层岩石记录作为划分依据。地质年代单位包括宙、代、纪、世、期、时。年代地层单位是以地层形成的时代作为划分依据的地层单位,包括宇、界、系、统、组、时间带。地质年代单位与年代地层单位按级次划分,两者具有一一对应的关系,详见表1-1-28。

地质年代单位与年代地层单位   表 1-1-28

地质年代单位		年代地层单位	
宙 (最大的单位)	太古宙	宇 (最大的单位)	太古宇
	元古宙		元古宇
	显生宙		显生宇
代 (次于宙的单位)	太古代	界 (次于宇的单位)	太古界
	元古代		元古界
	古生代		古生界
	中生代		中生界
	新生代		新生界
纪 (次于代的单位)	例如,寒武纪、奥陶纪、志留纪、泥盆纪、石炭纪、二叠纪、三叠纪、侏罗纪、白垩纪、第三纪、第四纪	系 (次于界的单位)	例如,寒武系、奥陶系、志留系、泥盆系、石炭系、二叠系、三叠系、侏罗系、白垩系、第三系、第四系
世 (次于纪的单位)	一个纪分成两个或更多的世,例如,寒武纪分三个世(早寒武世、中寒武世和晚寒武世);二叠纪分两个世(早二叠纪世和晚二叠纪世)	统 (次于系的单位)	一个系分成两个或更多的统,例如,寒武系分三个统(下寒武统、中寒武统和上寒武统);二叠系分两个统(下二叠统和上二叠统)
期	次于世的单位	组	次于统的单位
时	最小的地质年代单位	时间带	最小的年代地层单位

知 识 测 评

对本项目所学知识和技能进行测评,详见《道路工程地质(第3版)技能训练与测评活页手册》项目1 地质作用与岩性认知的【知识测评】。

模块1 项目1
在线测试题

项目2 地层与地质构造认知

◎ 任务引入

某高速公路 T2 标段(起讫里程桩号:K45 + 200 ~ K89 + 000)长度为 43.80km。本段位于褶皱地带,经历了长期频繁的活动而发育形成东西向与北东向构造体系,如图 1-2-1 所示。

图 1-2-1　T2 标段地形地貌

本项目任务:基于可行性研究报告,对 T2 标段开展工程地质初勘、初步设计工作,本次勘察的目的如下:

(1)初步查明沿线不良地质条件,特殊性岩土的类别、范围,评价不良地质条件对工程的危害程度,提供避绕或治理对策的地质依据。

(2)初步查明场地地基的地质条件,为选择构造物结构和基础类型提供必要的地质资料。

要完成这个调绘任务,需要具备哪些有关地质构造的知识和技能?

📖 学习内容

$$
地层与地质构造认知
\begin{cases}
地层及地层接触关系认知 \\
褶皱构造认知 \\
断裂构造认知
\end{cases}
$$

温故知识　　温故知识

地质罗盘　　岩层产状测定

任务 1　地层及地层接触关系认知

📖　理论知识

一、地层

地层是地质历史上某一时代形成的一套岩层,是某一地质年代因岩浆活动形成的岩体及沉积作用形成的地层的总称,包括沉积岩、变质岩和火山岩,是一层或一组具有某种统一的特征和属性并和上下层有着明显区别的岩层,如图 1-2-2 所示。

地壳时时刻刻都在运动。同一地区地壳在某一时期可能以上升运动为主,形成高地,遭受风化剥蚀;另一时期可能以下降运动为主,形成洼地,接受沉积。在地质历史发展演化的各个阶段,构造运动贯穿始终。不同性质的构造运动及其所形成的地质构造特征会影响不同时期形成的地层之间的相互关系,如图 1-2-3 所示。

图 1-2-2　爱尔兰海蚀柱地层　　　　图 1-2-3　不同的地层关系　　　图 1-2-2 ~ 图 1-2-5

地层既可以由固结的岩石组成,也可以由没有固结的沉积物构成,地层之间可以由明显层面或沉积间断面分开,也可以由岩性、所含化石、矿物成分或化学成分、物理性质等较为显著的特征界限分开,如图 1-2-4 所示。岩层与地层不同,岩层由一个层或若干个层组成,如图 1-2-5 所示。

地层接触关系

每一个地层都有其特定的地层名,例如,寒武系、奥陶系、侏罗系等就是不同时代地层的名称。地质学家会根据不同对一个地区地层的岩层进行划分并建立地层层序,分为三大类:

(1)以岩性为主要划分依据的为岩性地层;

(2)以化石为划分依据的为生物地层;

(3)以形成时间为划分依据的为时间地层或年代地层。

图 1-2-4　地层

图 1-2-5　岩层

二、地层接触关系

地层接触关系是指不同时代的地层在垂直方向上的相互关系,即上、下地层在空间上的接触形式。其是地质构造运动的集中表现,是研究地壳运动发展和地质构造形成历史的一个重要依据。不同类型的地层接触关系反映不同类型的地壳运动和演化历史。

原始产状是水平或近似水平的岩层,称为水平岩层,如图 1-2-6 所示,并且老的地层位于下部,新的地层覆盖在上部,因此,原始产出的地层具有"下老上新"的层序。原始沉积地层在地壳运动中,产状发生改变,最常见的是地层与水平面形成一定夹角的岩层,其被称为倾斜岩层,如图 1-2-7 所示。

图 1-2-6　水平岩层

图 1-2-7　倾斜岩层

由于地壳处在不断运动过程中,特别是在不同地质时期,同一地区地壳运动的性质、强度不同,所形成的地质构造特征不同,因此地层具有不同的接触关系。地层之间的接触关系根据其成因特征可分为整合接触和不整合接触两种基本类型(图 1-2-8)。

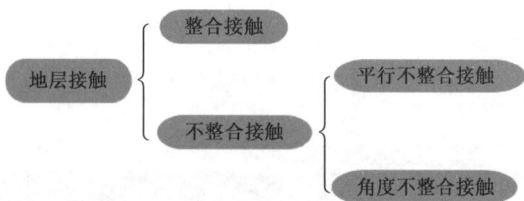

图 1-2-8 地层接触关系分类

（一）整合接触

整合接触是指上、下地层的产状完全一致且时代连续的一种接触关系。它是在地壳稳定下降或升降运动不显著的情况下,沉积作用连续进行,沉积物依次堆叠而形成的。整合接触时上、下地层在沉积层序上没有间断,岩性或所含化石都是一致的或递变的,其产状基本一致。地层的整合接触反映了该地区地壳处于持续的缓慢下降状态,或是短期上升,但是沉积作用没有间断,或是地壳运动与沉积作用处于相对平衡状态,沉积物一层层连续堆积,这样就形成整合接触关系,如图 1-2-9 所示。例如,图 1-2-10 为大峡谷出露的水平岩层,上、下两套地层产状一致,为整合接触关系。

图 1-2-9 整合接触关系示意图

图 1-2-10 整合接触关系实图

（二）不整合接触

在沉积过程中,上、下地层之间的层序如果出现间断,即在先后沉积的地层之间缺失了一部分地层,这种沉积间断的时期可能代表没有沉积作用的时期,也可能代表以前沉积的岩石被剥蚀的时期。这种地层之间的接触关系称为不整合接触。在上、下地层之间有一个沉积间断面,称为不整合面。根据不整合面上、下地层的产状及其反映的地壳运动特征,不整合接触可分为平行不整合接触和角度不整合接触两种主要类型。

图 1-2-10

1. 平行不整合接触

平行不整合接触又称假整合接触,表现为上、下地层的产状彼此平行,但在地层之间缺失了一段时期的地层,这表明在这段时期发生过沉积间断,地层之间的不整合面就代表没有沉积作用的剥蚀时期。不整合面也就是古剥蚀面,在这个面上常有底砾岩(由下伏地层经风化、剥蚀的砾石形成),偶见古风化壳或古土壤层。不整合面有平整的,也有高低起伏的,它反映了上覆新地层沉积前的古地貌形态,如图1-2-11所示。例如,图1-2-12中,沿路上方的不整合面有一层古土壤层,厚0~1.5m,呈透镜状、长扁豆状分布,其颜色与上、下地层均不同,呈土黄色,并具轻微片理化。

图1-2-11 平行不整合接触关系示意图

图1-2-12 平行不整合接触(假整合接触)关系实图

平行不整合接触的形成是地壳在一段时期处于上升过程,而在上升过程中地层未发生明显褶皱或倾斜,只是露出水面导致沉积间断和遭受剥蚀,一段时期后,地壳再次下降,接受新的沉积,从而使上、下地层之间缺失了一部分地层,但彼此的产状是基本平行的。

图1-2-12

平行不整合接触的形成过程有三个阶段,如图1-2-13所示。

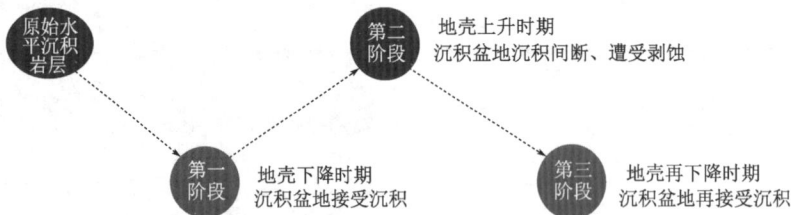

图1-2-13 平行不整合接触的形成阶段

例如,我国华北和东北南部广大地区的中石炭统(本溪组)直接覆盖在中奥陶统(马家沟组)的石灰岩侵蚀面之上,其间缺失了自上奥陶统到下石炭统的一系列地层,而上、下地层的产状是基本平行的,如图1-2-14所示。

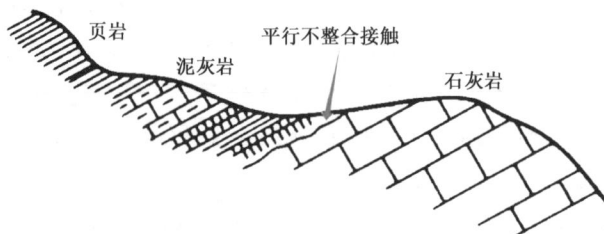

图1-2-14 中奥陶统(石灰岩)与中石炭统(泥灰岩、页岩)接触关系示意图

2. 角度不整合接触

角度不整合接触简称不整合接触,主要表现为上、下地层之间既缺失部分地层,两者的产状又不相同。不整合面上常有底砾岩、古风化壳、古土壤层等;上覆的较新地层的底面通常与不整合面基本平行,而下伏的较老地层层面与不整合面相截交,如图 1-2-15、图 1-2-16 所示。

图 1-2-16

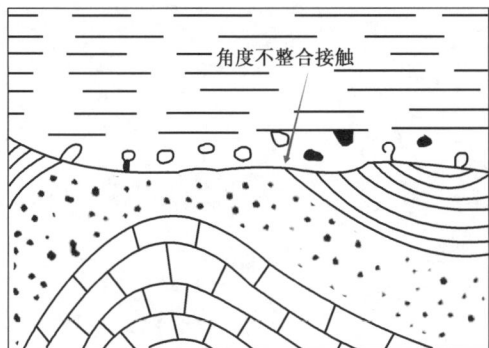

图 1-2-15　角度不整合接触关系示意图

图 1-2-16　角度不整合接触关系实图

角度不整合接触的形成过程可以概括为:地壳下降、沉积盆地接受沉积→褶皱上升(常伴有断裂变动、岩浆活动、区域变质等)、沉积间断、遭受剥蚀→再下降、再沉积三阶段,如图 1-2-17 所示。

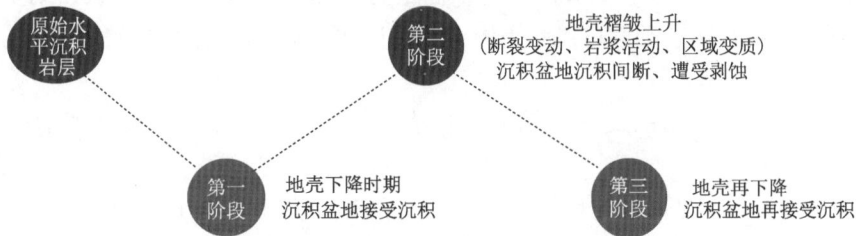

图 1-2-17　角度不整合接触的形成阶段

📖 技能训练

根据以上学习内容完成技能训练,详见《道路工程地质(第 3 版) 技能训练与测评活页手册》任务单 1-2-1 判断地层接触关系。

任务 2　褶皱构造认知

📖 理论知识

缓慢的水平方向地壳运动使刚性的岩层在水平挤压作用下,由原始水平平展的形态变成一系列连续弯曲但未丧失连续性的形态,该形态称为褶皱构造。褶皱是地壳上一种最普遍的地质构造形式,在层状岩石中表现得最明显,形象地说明岩石能发生塑性变形。

一、褶皱要素

褶皱要素用来描述褶皱的形态和产状特征,包括核部、翼、轴面、轴及枢纽等,如图1-2-18所示。

褶皱构造

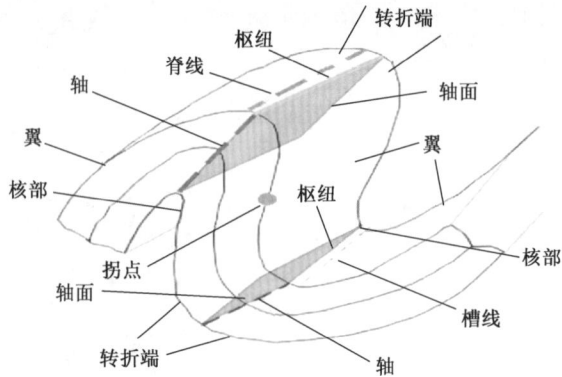

图1-2-18 褶皱要素示意图

(1)核部:褶皱的中心部分,即位于褶皱中央最靠内的一个岩层。

(2)翼:位于核部两侧,朝不同方向倾斜的部分。

(3)轴面:从褶皱顶部平分两翼的面。轴面是为了标定褶皱方位及产状而划定的一个假想面,在客观上并不存在。轴面可以是平面,也可以是曲面;可以是直立的,也可以是倾斜的或平卧的。

(4)轴:轴面与水平面的交线。轴的方位表示褶皱的方位,轴的长度表示褶皱延伸的规模。

(5)枢纽:轴面与褶皱同一岩层层面的交线。褶皱的枢纽有水平的、倾斜的,或者波状起伏的,枢纽反映褶皱在延伸方向产状的变化情况。

二、褶皱的规模及类型

褶皱的规模差别极大,从巨大的褶皱系(图1-2-19)、构造盆地(图1-2-20)到出现在个别露头的褶皱(图1-2-21)或手标本上的褶皱(图1-2-22)。

图1-2-19～图1-2-22

图1-2-19 巴山大峡谷褶皱构造

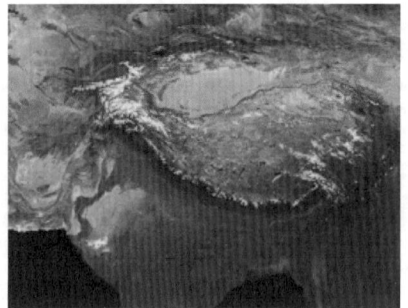

图1-2-20 塔里木构造盆地

图 1-2-21 岩层褶皱

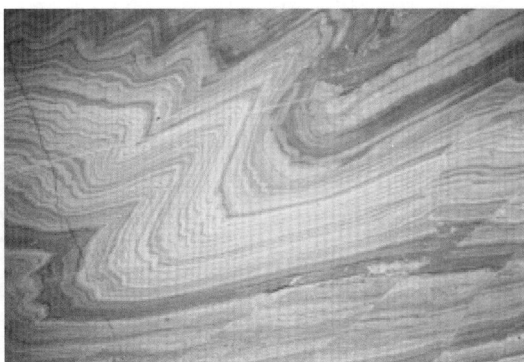

图 1-2-22 大理岩褶皱

褶皱的类型也是复杂多变的,主要有四类,详见表 1-2-1。

表 1-2-1

褶皱主要类型   表 1-2-1

褶皱类型	特征	图示
直立褶皱	轴面近于直立(倾角 80°～90°),两翼岩层倾角基本相同	
倾斜褶皱	轴面倾斜,两翼岩层倾角不等	

褶皱类型	特征	图示
倒转褶皱	轴面倾斜(倾角 20° ~ 80°),两翼岩层大致朝同一方向倾斜	
平卧褶皱	轴面和枢纽均近于水平	

三、褶皱构造的工程性质评价

褶皱核部的岩层由于受水平挤压作用,产生许多裂隙(图 1-2-23、图 1-2-24),直接影响到岩体的完整性。褶皱的核部是岩层强烈变形的部位,沿褶皱核部常有断层发生,造成岩体破碎(图 1-2-25),或形成构造角砾岩带(图 1-2-26)。地下水多聚积在向斜核部的裂隙,而背斜核部的裂隙往往是地下水富集和流动的通道,因此必须注意岩层的坍落、漏水及涌水问题;在石灰岩地区还往往导致岩溶发育。受岩层构造变形和地下水的影响,公路、隧道工程和桥梁工程在褶皱核部易遇到工程地质问题。

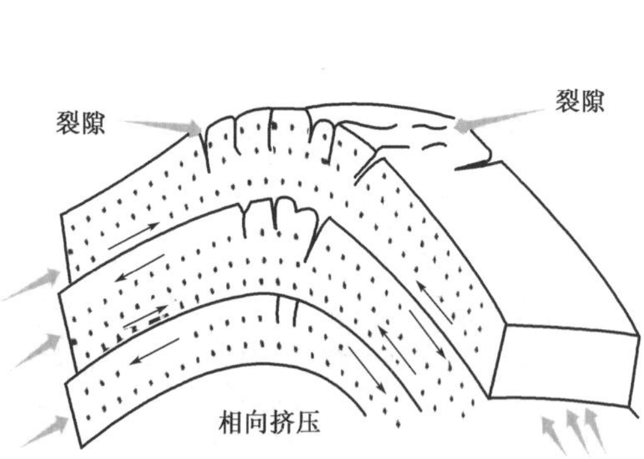

图 1-2-23 岩层受挤压产生裂隙示意图

图 1-2-24 岩层受挤压产生裂隙实图

图 1-2-25　褶皱核部岩体破碎

图 1-2-26　褶皱核部构造角砾岩带

褶皱的翼部不同于核部,在褶皱翼部布置建筑工程时,如果开挖边坡的走向近于平行岩层走向,且边坡倾向与岩层倾向一致,边坡坡角大于岩层倾角,则容易造成顺层滑动,如图 1-2-27 所示。在褶皱两翼形成的倾斜岩层容易造成顺层滑动,特别是当岩层倾向与临空面坡向一致且岩层倾角小于临空面坡角时,或当褶皱翼部有软弱夹层(如云母片岩、滑石片岩等)(图 1-2-28)时,应慎重对待。

图 1-2-23 ~图 1-2-26

图 1-2-27　褶皱翼部开挖边坡

图 1-2-28　褶皱翼部有软弱夹层

对于隧道等深埋地下的工程,从褶皱的翼部通过一般是比较有利的。因为通过均一岩层有利于隧道稳定,而背斜顶部岩层受张力作用可能坍落,向斜核部则是储水较丰富的地段,但如果中间有松软岩层或软弱构造面,则在顺倾向一侧的洞壁可能会出现明显的偏压现象,甚至会导致支撑破坏,发生局部坍塌。

图 1-2-27、图 1-2-28

对于深路堑和高边坡工程来说,存在三种情况:

(1)有利情况:路线走向垂直岩层走向,或路线与岩层走向平行但岩层倾向与边坡倾向相反,只就岩层产状与路线走向的关系而言,对路基边坡的稳定性是有利的。

(2)不利情况:路线走向与岩层的走向平行,边坡与岩层的倾向一致,特别在云母片岩、绿泥石片岩、滑石片岩、千枚岩等松软岩石分布的地区,坡面容易发生风化剥蚀,导致严重碎落坍塌,对路基边坡及路基排水系统造成破坏。

(3)最不利情况:路线走向与岩层走向平行,岩层倾向与路基边坡一致,且边坡的坡角大于岩层的倾角,特别是在石灰岩、砂岩与黏土质页岩互层,且有地下水作用时,如果路堑开挖过深,边坡过陡,或者开挖使软弱构造面暴露,都容易引起斜坡岩层发生大规模的顺层滑动,破坏路基稳定。

技能训练

根据以上学习内容完成技能训练,详见《道路工程地质(第3版)技能训练与测评活页手册》任务单1-2-2隧道选址调查。

任务3 断裂构造认知

理论知识

断裂构造

断裂构造是岩层受地应力作用后,当应力超过岩石本身强度使其连续性和完整性遭受破坏而发生破裂的地质构造。它是地壳中普遍发育的基本构造之一,在地壳的各个地区和各类岩石中均有广泛的分布。通常根据破裂面两侧岩块相对位移的程度分为节理和断层两大类。

一、节理

由于岩石受力而出现裂隙,但破裂面的两侧岩块没有发生明显的相对位移,这类裂缝称为节理或裂隙。它是一种很常见的构造地质现象。

节理的岩脉充填机制和压溶作用表现为节理常被矿物质充填形成岩脉。最常见的充填物是方解石和石英,如图1-2-29、图1-2-30所示。

图1-2-29、图1-2-30

图1-2-29　方解石脉

图1-2-30　黄铁矿化石英脉

节理的裂开-愈合作用表现为天然变形岩石中常发育硅酸盐或碳酸盐等岩脉,它的充填是一个持续的、反复增生的过程,节理先是形成一个窄的裂缝,然后裂缝张开——张开的空间被结晶物质充填愈合,充填脉的愈合物质来源于脉壁岩石的溶解和再沉淀,这是压溶作用造成的结果。

(一)节理分类

1.依据成因分类

(1)原生节理。

原生节理是指在成岩过程中形成的节理。如沉积岩中的泥裂、火山熔岩冷凝收缩形成的柱状节理、岩浆侵入过程中由流动及冷凝收缩产生的各种原生节理等。例如,衢州市衢江区湖南镇约有 5000 万根火山岩原生节理石柱,占地面积约 30km²。在裸露剖面上,呈六边形的节理石柱有规则地排列,柱状边棱清晰,柱体直径一般为 35 ~ 80cm,最大可达 140cm。柱体高度不一,从几十厘米到数十米不等,其景颇为壮观难得,如图 1-2-31 所示。

(2)次生节理。

次生节理指的是岩石成岩后形成的节理。例如,黄山主要由粗粒花岗岩组成,岩石中的结晶矿物在凝结过程中常伴有一定几何形态的原生节理,后受到构造力作用而形成一些次生的构造节理,如格状节理等。当花岗岩发育为直立或近于直立的节理时,受沿垂直节理的长期侵蚀作用,裂缝不断扩大,岩体彼此分离形成巨大的柱状体,如图 1-2-32 所示。

图 1-2-31　原生节理石柱　　　　图 1-2-32　次生节理石柱　　　　图 1-2-31、图 1-2-32

次生节理分为两类。一类是由构造运动产生的节理,称为构造节理,它在地壳中分布极为广泛,分布也有一定规律;另一类是由成岩作用、外动力、重力等非构造因素形成的节理,称为非构造节理,非构造节理分布的规律不明显。

2. 依据构造节理形成的应力性质分类

按构造节理形成的应力性质不同,可分为张节理和剪节理两大类。

(1)张节理。

张节理是在垂直于主张应力方向上发生张裂而生成的节理。张节理具有以下主要特征:

①产状不稳定,在平面上沿走向延伸不远,在剖面上延展不深。

②节理面粗糙不平[图 1-2-33a)],擦痕不发育,节理两壁裂开距离较大,有些张节理呈开口状或楔形,常被脉岩充填[图 1-2-33b)]。

③当张节理发育在碎屑岩中时,它常绕过较大的碎屑颗粒或砾石,形成一壁凸出、一壁凹进的现象,因而节理呈现弯曲的形态。

④张节理一般发育稀疏,节理之间的距离较大,分布不均匀,即使局部段发育较多,也很少密集成带。

⑤张节理常平行出现或呈斜裂式雁行状[图 1-2-33c)]出现,也往往追踪已形成的两组共轭剪切面而发育成锯齿状,该类节理被称为共轭雁列式张节理[图 1-2-33d)]。

a)节理面粗糙不平

b)被脉岩充填

c)裂缝被矿脉充填的单列雁列式张节理

d)共轭雁列式张节理

图 1-2-33

图 1-2-33　张节理特性

（2）剪节理。

剪节理是岩石受剪应力作用产生的节理。剪节理如被矿物质充填，岩(矿)脉宽较为均匀，脉壁较平直。

典型的剪节理常组成共轭剪节理，当两组节理交叉呈"X"形时称为共轭"X"形节理系，也称"X"节理，表现为节理互相切割，如图 1-2-34 所示。剪节理具有以下特征：

①产状稳定，在平面上沿走向延伸较远，在剖面上延展较深。

②节理面平直而光滑，常见擦痕、镜面等现象。

③当剪节理发育在碎屑岩中时，常切割较大的碎屑颗粒或砾石。

④一般发育较密，相邻两节理的间距较小，常具有等间距分布的特点，密集成带。

⑤往往成对出现，沿两组剪切面形成共轭剪节理，经常一组发育较好，另一组发育较差，如图 1-2-35 所示。

3.依据节理所在岩层产状分类

（1）走向节理：节理走向与岩层走向平行，或大体一致。

（2）倾向节理：节理走向与岩层走向垂直，即与岩层的倾向一致。

（3）斜向节理：节理走向与岩层走向斜交。

（4）顺层节理：节理面大致平行于岩层层面。

图 1-2-34 "X"节理

图 1-2-35 共轭剪节理

(二)岩体节理发育程度

《公路工程地质勘察规范》(JTG C20—2011)将岩体节理发育程度划分为不发育、发育、很发育、极发育,详见表 1-2-2。

图 1-2-34、图 1-2-35

岩体节理发育程度划分   表 1-2-2

节理间距 d/mm	$d > 400$	$200 < d \leqslant 400$	$20 < d \leqslant 200$	$d \leqslant 20$
节理发育程度	不发育	发育	很发育	极发育

(三)节理的观测

节理的专门观测,通常是在了解区域褶皱和断层的发育分布情况后,选择褶皱和断层的代表性部位作为观测点,分别观察、测量不同岩层内各种节理的产状、性质、特征。观测内容一般按表 1-2-3 进行记录,并对典型现象进行描述、摄影。

节理观测点记录表   表 1-2-3

点号及位置	所在褶皱或断层部位	岩层的年代、层位和岩性及产状要素	节理的产状要素	节理面及填充物的特征	节理的力学性质及旋向	节理组、系归属及相互关系	节理密度/(条/m)

> **小贴士**
>
> 在观察、测量各种节理产状、性质、特征基础上,应着重观察节理的切割关系,还须统计各不同岩层节理的发育程度和主要节理组产状,判断其对工程建设的影响。

图1-2-36　板岩节理形态

图1-2-36

(四)节理的工程性质评价

(1)节理破坏了岩体的完整性,使岩体的稳定性降低。图1-2-36所示为板岩节理形态。

(2)节理为大气和水进入岩体内部提供了通道,加速了岩石的风化和剥蚀。

(3)节理会降低岩石的承载能力。

(4)节理常造成边坡的坍塌和滑动,以及地下洞室围岩的冒落。

二、断层

1.概述

断层是指岩层受力后破裂面两侧的岩块发生显著的相对位移,使岩层失去连续性和完整性。断层规模不等,小的可以在手标本上观察,大的可以切穿整个岩石圈,称为深大断裂。野外各种形态的断层如图1-2-37所示。

断层形成原因很多,既可以由内力作用(如地壳运动)引起,也可以在外力作用的影响下形成。断层与节理同属断裂构造,而断层往往是节理进一步发育所致。断层是野外常见的一种重要地质现象。

a)正断层

c)逆断层

b)断层泥

d)平移断层

图　1-2-37

e)走滑断层

f)张性断裂带

g)叠瓦式阶梯状断层

h)地堑与地垒断层

图 1-2-37　野外各种形态的断层

图 1-2-37

📝 **知识拓展**

我国典型断裂带

【案例1】在四川西部,有一条鲜水河断裂带,如图 1-2-38 所示,该断裂带在距今几百万年前随着青藏高原地质构造运动重新活动,至今仍强烈活动,成为中国西部重要的地震带。沿该断裂带现代地震活动频繁而强烈,自 1800 年以来,沿该断裂带发生震级 $M_s \geq 6$ 级的地震 15 次,震级 $M_s \geq 7$ 级的地震 4 次,其中最近一次为 2022 年 9 月 5 日发生在四川省甘孜州泸定县的 6.8 级地震。

【案例2】陕西华山是一座典型的断块山,其形成与秦岭造山带在距今约 1.3 亿年前从挤压向伸展转换的地球动力背景有关,由坚硬的花岗岩组成。受燕山运动和喜马拉雅运动持续影响,在不断抬升挤压过程中,花岗岩体破裂,发育了大量垂直节理,最终产生许多悬崖峭壁和危岩奇峰,"华山如立"的奇观由此而来,如图 1-2-39 所示。

图 1-2-38、图 1-2-39

图 1-2-38　鲜水河断裂带

图 1-2-39　华山断块山

2.断层的工程性质评价

断层是在地球表面沿一个破裂面或破裂带两侧发生相对位移的现象。岩层发生强烈的断裂变动导致岩体裂隙增多、岩石破碎、风化严重、地下水发育充分,从而降低了岩石的强度和稳定性,对工程建筑产生了不利的影响。主要表现为:

(1)对于跨越断裂构造带的建筑物,由于断裂带及其两侧上、下盘的岩性可能不同,易产生不均匀沉降。

(2)隧道工程通过断层破碎带时易发生坍塌。在断层发育地段修建隧道,是最不利的一种情况,由于岩层的整体性遭到破坏,加之地面水或地下水的侵入,其强度和稳定性都很低,洞顶容易坍落,影响施工安全。

①当隧道轴线与断层走向平行时,应尽量避免与断层破碎带接触。

②隧道横穿断层时,虽然只有局部地段受到断层影响,但因工程地质及水文地质条件不良,必须预先考虑措施,保证施工安全。

③如果断层破碎带规模很大,或者穿越断层破碎带,施工十分困难,在确定隧道平面位置时,要尽量设法避开。

④断层构造地带沿断裂面附近的岩块因强烈挤压而产生破碎,既而形成一条破碎带。因此,隧道工程通过断层时必须采取相应的工程加固措施,以免发生崩塌。

(3)断裂带在新的地壳运动影响下可能发生新的移动,从而影响建筑物的稳定性,降低地基岩体的强度和稳定性。

(4)断层破碎带力学强度低、压缩性高,建于其上的建筑物可能会由于地基的较大沉陷而断裂或倾斜。

(5)断裂面会极大影响岩质边坡、坝基及桥基稳定性。

3.结构面、结构体、软弱结构面

(1)结构面:指岩体内分割岩石的各种地质界面。

(2)结构体:指岩体内被结构面切割而成的块体或岩体单元。

(3)软弱结构面:指在地质发展中岩体变形(褶皱、断裂)时,内部产生的有一定方向、延展较大、厚度较小的面状地质界面。这种界面两侧的岩体反映了物质变异或不连续性,如岩层层面、片理面、不整合面、断裂面等。软弱结构面上的物质为含泥质物及水理性质不良的黏土矿物,在水的作用下泥化导致强度降低,它们对岩体的稳定性影响最大。

4. 岩体完整程度

《公路工程地质勘察规范》(JTG C20—2011)将岩体完整程度划分为完整、较完整、较破碎、破碎、极破碎,详见表1-2-4。

岩体完整程度划分 表1-2-4

完整程度	结构面发育程度		主要结构面结合程度	主要结构面类型	相应结构类型
	组数	平均间距/m			
完整	1～2	>1.0	好或一般	节理、裂隙、层面	整体状或巨厚层状结构
较完整	1～2	>1.0	差	节理、裂隙、层面	块状或厚层状结构
	2～3	0.4～1.0	好或一般		块状结构
较破碎	2～3	0.4～1.0	差	节理、裂隙、层面、小断层	裂隙块状或中厚层状结构
	>3	0.2～0.4	好		镶嵌破碎结构
			一般		中、薄层状结构
破碎	>3	0.2～0.4	差	各种类型结构面	裂隙块状结构
		<0.2	一般或差		碎裂状结构
极破碎	无序	—	很差	—	散体状结构

注:平均间距是指主要结构面(1～2组)间距的平均值,所谓主要结构面,是指岩体内相对发育,即张开度较大、充填物较差、成组性较好的结构面。

三、地质构造对工程稳定性的影响

1. 地质构造对地基稳定性的影响

地基稳定性对建筑物的安全稳定和正常使用影响很大,如果地基中断裂构造发育,地基的完整性就会变差,强度降低,容易导致建筑物变形或破坏。地质构造影响地基稳定性的案例详见表1-2-5。

表1-2-5

地质构造影响地基稳定性的案例 表1-2-5

序号	案例	图示
1	美国21m高的奥斯汀浆砌石坝地基中有页岩夹层,地基沿页岩夹层滑动了15m,终致溃坝	

续上表

序号	案例	图示
2	内蒙古突泉县双城水库坝基中有断层通过,库水沿断裂带向下游渗漏过程中将坝基中物质带走,形成空洞,坝体产生严重变形,大坝安全受到威胁。后经加固处理后,库区蓄水正常	
3	美国北部235m高的奥罗维尔大坝即将崩溃。因坝基一条活断层错动数英寸,水沿断层渗流使地基中粉砂、细砂遭到潜蚀,目前已发现一个10m深的空洞,并且该洞还有不断扩大发展的趋势	

2. 地质构造对边坡稳定性的影响

边坡中层面、断层、节理的产状、规模、强度、组合关系及与边坡的关系决定了边坡变形破坏的形式、规模,以及边坡的稳定性。如果边坡中结构面倾向坡外,就容易产生滑坡;如果结构面倾向坡内,边坡稳定性就较好。地质构造影响边坡稳定性的案例详见表1-2-6。

表1-2-6

地质构造影响边坡稳定性的案例   表1-2-6

序号	案例	图示
1	1963年,意大利瓦依昂水库库区左岸发生大滑坡。大滑坡是沿着倾向坡外的岩层层面滑动的,约2亿m³的土石体以25~30m/s的速度下滑,掀起了高出坝顶100余米的巨浪,摧毁了下游一村镇,造成近3000人死亡,被称为欧洲近代史上最严重的工程灾难之一	

续上表

序号	案例	图示
2	2022 年,贵州某地施工现场突发山体滑坡,滑坡量约3.5 万 m³(土方约 3 万 m³,石方约 0.5 万 m³)。后经勘察,该滑坡处岩层的倾斜方向与边坡一致,施工开挖导致岩层失稳,产生顺层滑坡,造成多名人员受困及死亡	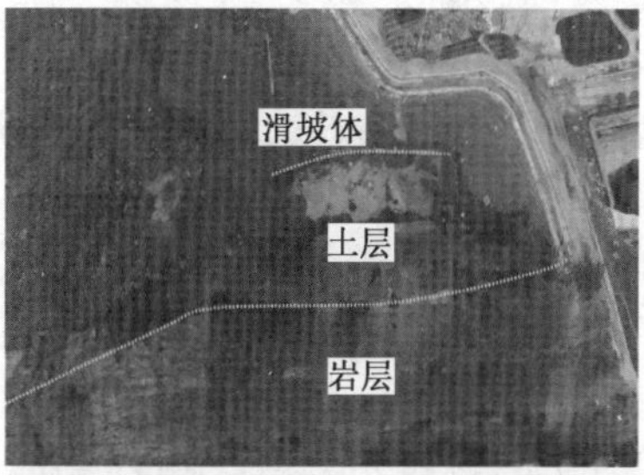 滑坡体 土层 岩层
3	我国长江西陵峡出口的链子崖危岩体中,构造裂隙在重力作用下张开,使数百万方岩体处于危险状态,严重威胁着长江航运安全。最后只能斥巨资对这一危岩体进行治理	 构造裂隙发育

3.地质构造对硐室围岩稳定性的影响

影响铁路、公路隧道及矿区巷道等地下建筑物围岩稳定性的因素包括围岩中层面、断层面、节理的产状、规模、密度以及它们之间的组合关系等。如果上述结构面(层面、断层面、节理等)组合形成不稳定分离体,岩块就会从围岩中脱落。此外,当有断层从地下硐室中通过时,断层带附近破碎岩体不仅容易坍塌,而且可能引发突水事故。因此,在地下工程开挖及矿区掘进过程中,尤其要注意预防突水事故。

技能训练

根据以上学习内容完成技能训练,详见《道路工程地质(第 3 版) 技能训练与测评活页手册》任务单 1-2-3 公路路线布设方案。

知 识 测 评

对本项目所学知识和技能进行测评,详见《道路工程地质(第 3 版) 技能训练与测评活页手册》项目 2 地层与地质构造认知的【知识测评】。

模块 1 项目 2
在线测试题

项目3 第四纪沉积物与特殊性岩土认知

◎ 任务引入

某高速公路目前处于施工建设阶段。7月,K130+460~K130+760天云煤矿改线段路基侧边坡开挖过程中,由于施工放炮及连续暴雨等,K130+460~K130+760段基岩以上3~6级边坡失稳滑塌,后经重新刷坡处理,该段目前已处于稳定状态,次年6月,K130+575.3~K130+744.7段已施工完毕的高边坡又发生局部滑塌,为保证边坡稳定性,防止边坡整体失稳,需要对该滑坡进行勘察。

本项目任务:勘察区出露地层主要为第四纪全更新世滑坡堆积层(Q_4del),如图1-3-1所示,为保证边坡稳定性,防止边坡整体失稳,需要对该滑坡进行勘察。

图 1-3-1

图 1-3-1　滑坡堆积层

通过本次勘察确定滑坡的范围和规模以及岩土性质,评价其稳定性,提出治理建议。

要完成出露地层岩土调绘任务,需要具备第四纪与土的哪些知识和技能?

📖 学习内容

$$
\text{第四纪沉积物与特殊性岩土认知}
\begin{cases}
\text{第四纪沉积物认知} \\
\text{工程土分类} \\
\text{特殊性岩土认知}
\end{cases}
$$

任务 1　第四纪沉积物认知

温故知识 地形地貌　　温故知识 高原　　温故知识 平原　　温故知识 丘陵

温故知识 盆地　　温故知识 山地　　温故知识 山岭地貌　　温故知识 河流地貌

理论知识

第四纪是地球发展的最新阶段,包括更新世和全新世。在第四纪时期内,地球上进行着各种地质作用,气候显著波动,人类出现与发展、哺乳动物兴盛等。

第四纪沉积物是由各种地质营力形成的松散堆积物,分布极广,除岩石裸露的陡峻山坡外,全球几乎被第四纪沉积物覆盖。第四纪的构造运动属于新构造运动,新构造运动的作用累积效应造成大面积和大幅度的地壳升降。例如,印度板块向欧亚板块俯冲,使青藏高原地壳从新近纪以来加速隆升,发展成"世界屋脊"。

知识拓展

珠穆朗玛峰的成因

印度板块向欧亚板块俯冲,向北运动速度大约为 55mm/a,由于受到欧亚大陆的阻挡,相对刚性的上地壳部分阻力增大,使得隆升的块体向南产生了逆冲推覆(迎冲在印度板块上),这些逆冲大断裂主要包括主边界逆冲断层(MBT)和主中央逆冲断层(MCT)等,如图 1-3-2 所示。正是这些巨大的逆冲推覆构造才形成了喜马拉雅山脉,并把喜马拉雅山脉推向高处。而当喜马拉雅山隆升到一定高度后,又发生了重力滑塌,产生了藏南拆离断层(STD)(正断层),使得本来处于更高位置的珠峰山脉沿着这个低角度正断层 STD 滑移到相对低的位置。

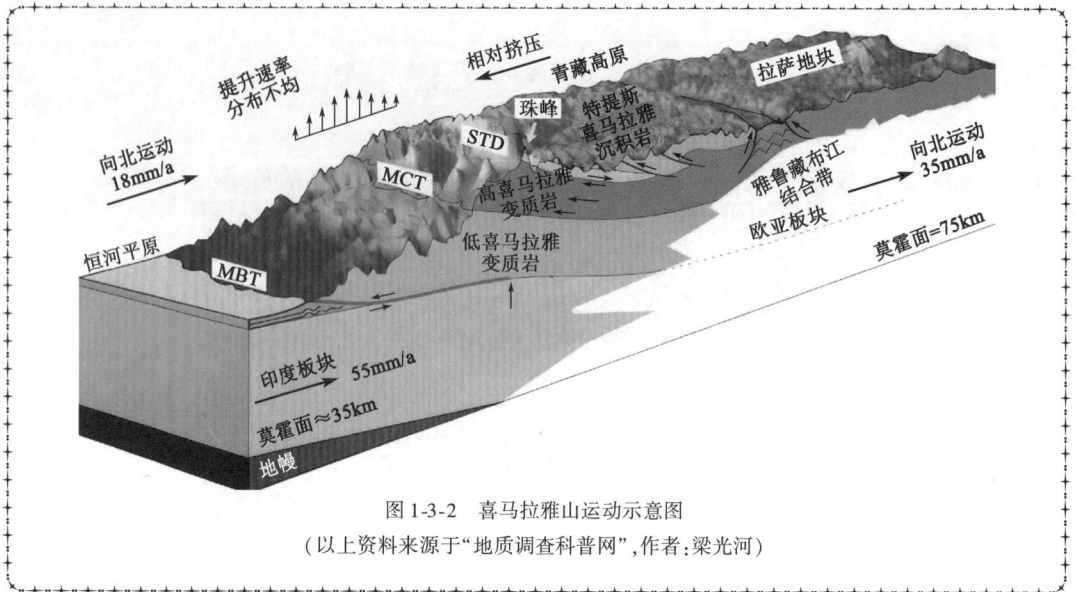

图 1-3-2 喜马拉雅山运动示意图

(以上资料来源于"地质调查科普网",作者:梁光河)

一、第四纪沉积环境

沉积环境是指形成松散碎屑物的地形、地貌、动力、生物、物理、化学等因素的总和。通常将沉积环境分为自然环境(陆地环境、海陆过渡环境和海洋环境)和人工环境。第四纪沉积环境特点详见表 1-3-1。

第四纪沉积环境特点 表 1-3-1

沉积环境				主要动力及环境特点	搬运特点
自然环境	陆地环境	山区	山地	重力、冰川、间歇性水流	短距离
			河流		
		平原	河流	重力、常年流水	长距离
			湖泊	重力、静止水流	悬浮
			沼泽	重力	无搬运
		沙漠		重力、风力	距离不等
	海陆过渡环境	滨岸		重力、强往复水流	短距离
		河口		重力、复杂水流	
		三角洲		重力、复杂水流	
		潟湖		重力、静止水流	悬浮
		湖海		重力、静止水流	
	海洋环境	浅海		重力、弱往复水流	短距离
		半浅海		重力、极弱往复水流	
		深海		重力、化学反应	悬浮
人工环境	排土场、垃圾填埋场等			机械力、人力、爆炸力等	距离不等

沉积环境对沉积物的特征有很大的影响。不同沉积环境在动力特点、搬运物质的方式、距离等方面的差异常常会造成沉积物在成分、结构、构造和颗粒特征等方面的差异。沉积环境对沉积物特征的影响见表1-3-2。

沉积环境对沉积物特征的影响 表 1-3-2

序号	沉积物特征	举例说明
1	动力越强,所能搬运的物质的颗粒越粗	河流上游的沉积物一般为卵石,中游的沉积物一般为砂,下游的沉积物一般为淤泥
2	物质被搬运的距离越远,颗粒之间的碰撞和摩擦越多,颗粒的磨圆程度越高	平原河流沉积物的磨圆程度高于山区河流的沉积物
3	物质的颗粒越粗,沉积物越容易形成单粒结构;物质的颗粒越细,沉积物越容易形成团粒结构	碎石土和砂土结构为单粒结构,黏土的结构为蜂窝结构或絮状结构
4	物质被搬运的距离越远,动力衰减越缓慢,沉积物的分选性越好	平原河流上游沉积物的分选性优于山区河流的沉积物

二、第四纪沉积物特征

第四纪沉积物包括因地质作用而沉积的松散状态物质,如河流堆积层、松散沉积层、松散砾石等,如图1-3-3所示。

第四纪沉积物和其他地质时期的沉积物不同,其总体特征详见表1-3-3。

图 1-3-3

a)河流堆积层   b)松散沉积层   c)松散砾石

图 1-3-3 第四纪沉积物

第四纪沉积物的总体特征 表 1-3-3

序号	总体特征	说明
1	结构松散	陆地上的第四纪沉积物除少数在特殊条件下呈固结完全的坚硬状态之外,一般呈松散或半固结状态
2	富含生物化石	在松散的第四纪沉积物中,生物化石较为丰富,特别在海相地层中,微生物遗体化石分布广泛
3	地层对比较为困难	①第四纪陆相沉积物由于受内、外力地质作用,地形、地貌、岩石性质、气候、水文因素影响,形成不同类型的沉积物,其地层性质、厚度及空间分布等变化较大; ②第四纪沉积物在形成的同时遭受外部营力的破坏严重,很难保持原始状态,所以很难进行地层对比
4	人类活动迹象明显	第四纪是人类出现与发展的地质时期,人类化石与文化遗址成为第四纪地层的重要标志之一,也是研究第四纪地质的重要内容

三、第四纪沉积物的类型

第四纪沉积物

第四纪形成的沉积物一般不称为岩石,而是称为"堆积物""沉积物"或"沉积层",其原因是大多数第四纪沉积物呈松散状,未固结成岩。

《公路工程地质勘察规范》(JTG C20—2011)中,根据地质成因将第四纪沉积物分为残积物、坡积物、洪积物、冲积物、风积物、湖积物、海积物、冰积物和崩积物等,常见的第四纪沉积物类型如图1-3-4所示。

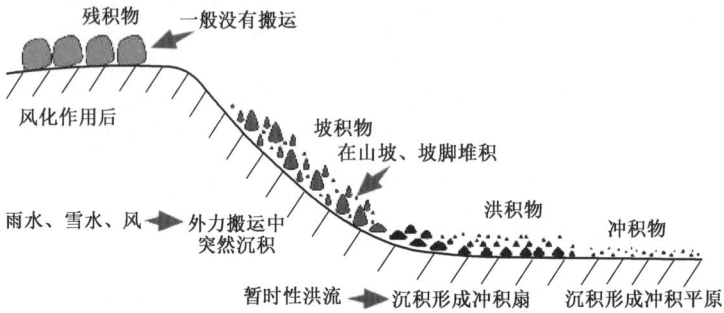

图1-3-4 常见的第四纪沉积物类型示意图

1.残积物

出露地面的岩石经风化、剥蚀之后,其中一部分较大的颗粒尚未被搬运而残留于原处,这些残留于原处的岩石风化碎屑物质称为残积物,如图1-3-5所示。由残积物组成的地层称为残积层,如图1-3-6所示。

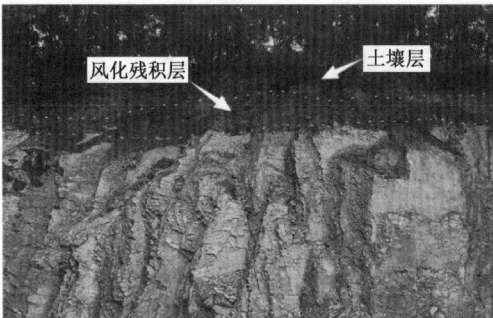

图1-3-5 坡面残积物

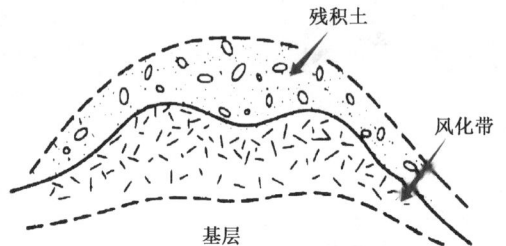

图1-3-6 残积层示意图

图1-3-5

残积层一般由黏土、砂土及具棱角状的碎石组成,其粒度从地表向深处由小变大,孔隙、裂隙发育,无层理。残积层的厚度变化较大,在山坡上较薄,在坡脚等低的地方较厚。残积层与下伏母岩无明显的界限,二者呈逐渐过渡关系。残积层的成分与母岩成分与其所受风化作用的类型密切相关,但由于气候、岩石性质及地形等条件存在差异,残积物在不同地区成分是不同的,详见表1-3-4。

不同地区残积物的成分 表 1-3-4

序号	地区	残积物的主要成分
1	干旱及半干旱气候区	碎石夹细砂及黏性土
2	潮湿的温带	黏性土夹碎石、砂
3	花岗岩地区	由长石分解的黏土,夹有大量的石英砂
4	砂岩、页岩地区	以黏土、砂为主
5	石灰岩地区	含石灰岩碎块的红色、褐色黏土及粉质黏土
6	酸性岩浆岩地区	黏土矿物、富含石英颗粒的土

由于残积层的孔隙很多,成分及厚度很不均匀,若以黏性土组成的残积层作为地基,应考虑可能产生的不均匀沉降问题。残积层的工程性质详见表 1-3-5。

残积层的工程性质 表 1-3-5

残积物所在位置	物质成分	工程性质
残积物表层	土壤层	孔隙率大、强度低、压缩性高
残积物下部	夹碎石或砂粒的黏性土,或是孔隙为黏性土所充填的碎石土、砂砾土	强度较高,透水性较强,在一定条件下可储存地下水

2. 坡积物

坡积物是指雨水或雪水的片流将高处的风化碎屑物冲洗下来,顺坡向下搬运,或由于自身的重力作用,在较平缓的山坡或坡脚处堆积形成的堆积物,如图 1-3-7 所示。由坡积物组成的地层称为坡积层,如图 1-3-8 所示。

图 1-3-7 坡积物

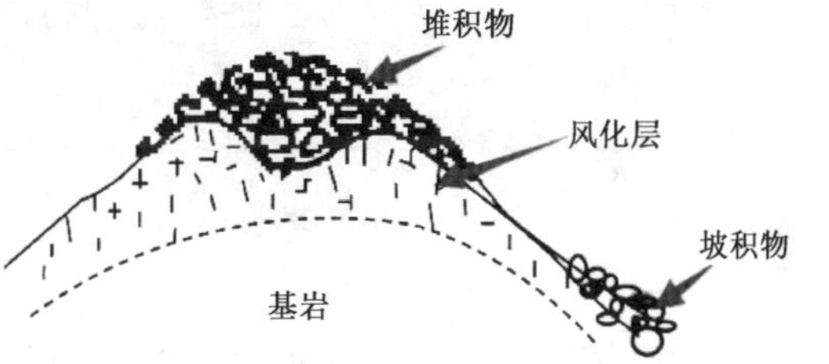

图 1-3-8 坡积层示意图

坡积物的物质组成以片流搬运的砂、粉砂和亚黏土为主,通常基岩斜坡的坡积物中含有短距离搬运的角砾(甚至含有坡上老阶地的冲积砾石),其岩性与斜坡上基岩一致。坡积物往坡下移动,使岩屑在混合过程中,角砾被磨损、风化和破碎,可再次释出重矿物。混合移动中轻重矿物在重力与介质阻力作用下分异,轻粒在上层,运动较快;重粒下沉且运动较慢并滞后。结果形成轻重矿物在水平方向和垂直方向上的分异,即重矿物沉底滞后现象,使重矿物在地层基岩凹地聚集成坡积砂。山坡上方的岩石风化产物在重力作用下被缓慢流动的雨水、雪水向下搬运,沉积在较平缓山坡表面形成堆积物。

图 1-3-7

坡积层的工程性质详见表 1-3-6。

坡积层的工程性质 表1-3-6

坡积物所在位置	物质成分	工程性质
坡积物上部	常与残积物相接,堆积的厚度不大	坡积形成的黄土,湿陷性很高
坡积物下部	颗粒自上而下呈现由粗到细的分选现象,其矿物成分与其下部的基岩无关	有垂直孔隙,结构比较疏松,具有较高的压缩性,易产生不均匀沉降,且极易沿下卧岩层面产生滑动面失稳

3. 洪积物

洪积物是指由洪流形成的沉积物,如图1-3-9所示。

洪积物一般发育于干旱、半干旱地区,这些地区植被不发育,岩层裸露,易风化破碎,是洪积土的物质来源;同时,干旱、半干旱地区雨量集中,易形成暂时性洪流。

(1)洪积扇。

洪积扇是干旱、半干旱地区洪流形成的主要堆积地貌,如图1-3-10所示。洪积扇顶端物质由砾石及粗砂组成,颗粒大、孔隙多、干燥。洪积扇外缘物质由泥、粉砂和黏土组成,如图1-3-11所示,扇缘渗水性差、土地湿润。例如,天山脚下的绿洲就是在这样湿润的土壤上形成了洪积扇剖面景观。

图1-3-9 洪积物

图1-3-10 洪积扇

(2)干三角洲与洪积平原。

在干旱区,由于降水少、蒸发强烈,河流沿程水量不断蒸发与渗漏,搬运能力不断减弱,在河流下游地表形成扇形砂砾堆积体,称为干三角洲堆积;在山前地带,由一系列洪积扇不断扩大伸展组合而成的平原,称为洪积平原,如图1-3-12所示。

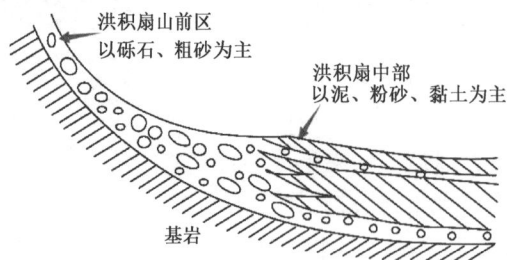

图1-3-11 洪积扇的物质组成

图1-3-12 山前洪积平原

（3）洪积层的工程性质。

洪积层具有良好的工程性质,但在洪积层中下部过渡地带及黏性土分布地带,常有泉水出露,形成沼泽。沼泽地带的泥炭层强度低、压缩性高,在工程应用时,要注意其稳定性和透水性,确保建筑和基础设施的安全与稳定。洪积层的工程性质详见表 1-3-7。

图 1-3-9 ~ 图 1-3-12

洪积层的工程性质　　　　　　表 1-3-7

洪积物所在位置	物质成分	工程性质
洪积扇的山前区	粉细砂、粉土、黏性土等细粒土	①此区域洪积土颗粒较粗,压缩性低,地下水位埋藏较深,具有较高的承载力,是良好的建筑物地基; ②当该处地下水位浅、地势较低时,在排水不畅处很容易形成盐碱地或沼泽地,其承载力低、压缩性高,属不良地基地层
洪积扇离山前远的地带		此地带洪积物的颗粒较细、成分均匀、厚度较大,一般是良好的天然地基
洪积扇中部区域		①此区域扇形展开得较宽阔,沉积有砾石、砂粒、粉粒和黏土颗粒,地层呈交互层理构造,一般属于较好的地基地层; ②当有泉水发育时,往往形成宽广的沼泽地带,为不良地基地层

4. 冲积物

冲积物是由河流的流水作用将碎屑物质搬运到河床坡度平缓的地段或河口处堆积而成的。冲积物碎屑来自上游集水区、河底及河岸基岩、谷坡上的重力堆积物、坡积物、老冲积物和冰碛物,图 1-3-13 所示为片流冲积物、图 1-3-14 所示为河流冲积物。陆地上大规模的砂矿床大都产于冲积物,冲积物也是平原区地下主要含水层系和工程建筑的基础。

图 1-3-13、图 1-3-14

图 1-3-13　片流冲积物

图 1-3-14　河流冲积物

（1）冲积物的类型及基本特性。

根据河流冲积物的形成条件,冲积物主要分为古河床相、河漫滩相、牛轭湖相及三角洲相。它们具有一些共同的基本特性:因受河流长期搬运,碎屑物质的磨圆度高,分选性好;具有清晰的层理构造;具有良好的韵律性,即剖面上两种或两种以上沉积物交替、重复出现,例如,由卵石层、粗砂层构成的组合多次重复出现;除水平层理外,冲击物中交错层理往往较发育。

（2）冲积层的工程性质。

冲积物因其形成条件不同,具有不同的工程地质特性。冲积层的工程性质详见表1-3-8。

冲积层的工程性质 表1-3-8

冲积物分类	物质成分	工程性质
古河床相冲积物	含砂的卵石、砾石	冲积物压缩性低、强度较高,是工业与民用建筑的良好地基
河漫滩相冲积物		冲积物覆盖于古河床相冲积物之上,形成具有双层结构的冲积土体,常被用作建筑物的地基,但应注意其中的软弱土层夹层
牛轭湖相冲积物		冲积物压缩性很高,承载力很低,不宜作为建筑物的天然地基
三角洲相冲积物		①冲积物常常是饱和的软黏土,承载力低,压缩性高,若作为建筑物地基,应慎重对待; ②在三角洲相冲积物的最上层,经过长期的压实和干燥,形成所谓的"硬壳层",承载力较下层高,有时可用作低层建筑物的地基

5.崩积物

崩滑后于坡脚堆积的岩土层称为崩积层,崩积层强度低、变形性高且稳定性差,故经常造成各类工程或土地利用之困扰。

崩积层按山崩形态与堆积材料特性分为三类:岩块堆积崩积层、土石混合堆积崩积层和岩层滑动崩积层。崩积层工程性质详见表1-3-9。

崩积层的工程性质 表1-3-9

崩积物分类	物质成分	工程性质
岩块堆积崩积层	岩块、少量土	岩石坠落或倾覆型山崩形成的崩积层规模一般较小,泥质含量低,岩块多呈颗粒状
土石混合堆积崩积层	岩石、土	土石崩移或滑动易形成土石混合堆积崩积层
岩层滑动崩积层	岩层	岩层滑动的崩积层常与顺向坡滑动有极高的关联度

6.其他第四纪沉积物

其他第四纪沉积物特征详见表1-3-10。

其他第四纪沉积物特征 表1-3-10

沉积物	概念	基本特征
风积物	风积物是指在干旱的气候条件下,岩石的风化碎屑物被风吹扬,搬运一段距离后,在有利的条件下堆积起来的一类土。风积物中最常见的是风成砂及风成黄土 风成砂、风成黄土	风成砂主要由砂、粉砂及少量黏土组成,分选性好,磨圆度一般较高,具有大型交错层理。风成黄土具有垂直节理,均匀无层理,孔隙大,具有湿陷性

续上表

沉积物		概念	基本特征
湖积物	湖边沉积物	湖浪冲蚀湖岸的碎屑物质在湖边沉积形成湖边沉积物。湖边沉积物中近岸带沉积的多是粗颗粒的卵石、圆砾和砂土,远岸带沉积的则是细颗粒的砂土和黏性土	具有明显的斜层理构造,近岸带土的承载力高,远岸带的则较低。若湖泊逐渐淤塞,表层含水量大,喜湿性植物大量生长,则可演变为沼泽,沼泽沉积物又称为沼泽土,主要由泥炭、有机质淤泥和泥砂组成。泥炭是沼泽堆积物中的主要成分,它的含水量极高,承载力极低,一般不宜作天然地基 沼泽土
	湖心沉积物	由河流和湖流挟带的细小悬浮颗粒到达湖心后沉积形成,主要是黏土和淤泥,常夹有细砂、粉砂薄层,土的压缩性高,强度很低	
冰碛		冰川融化,其搬运物就地堆积,未经其他外力特别是未经冰融水明显改造的沉积物,称为冰碛	粒级范围很广,粒度相差悬殊,巨大的石块和泥质混合在一起,极不均匀,分选性差。冰碛中的砾石磨圆度低,棱角分明;砾石表面常有磨光面或冰川擦痕。冰雪融化后形成的水流可冲刷和搬运冰碛物进行再沉积,形成冰水沉积物。冰水沉积物分选性较好,具有良好的层理
海积物	滨海沉积物	在海水运动强烈的近岸水域,受波浪、潮汐及激浪流的作用,在潮间带及激浪带附近形成的沉积物,同时引起海岸带物质的搬运与沉积	滨海沉积物主要由卵石、圆砾和砂组成,磨圆度高,分选性好,有时含有大量生物碎屑。滨海沉积物承载力较高,透水性较强
	浅海区沉积物	大陆架主体上,受较强的波浪影响,海水较为动荡。浅海区沉积碎屑物主要来自大陆,由细粒砂土、黏性土、淤泥和生物化学沉积物(硅质和石灰质)组成	水平层理和交错层理十分发育,较滨海沉积物疏松、含水量高、压缩性高而强度低
	陆坡和深海区沉积物	主要是生物有机质软泥、黏土及粉细砂,成分均一,沉积比较连续,陆源物质带入很少,而且颗粒微细,几乎呈胶体性质	海洋沉积物中在海底表层沉积的砂砾层很不稳定,随着海浪不断移动变化。选择海洋平台等构筑物地基时,应慎重对待

✎ **工程案例**

工 程 概 况

在香港宝城路附近约 2 万 m³ 残积土从山坡上滑下,如图 1-3-15 所示,巨大滑动体正好冲向一栋高层住宅——宝城大厦,如图 1-3-16 所示。顷刻间宝城大厦被冲毁后倒塌,并砸毁相邻一栋大楼一角约五层住宅,造成严重的人员伤亡事故。

图 1-3-15 滑坡现场

图 1-3-16 冲毁的宝城大厦

图 1-3-15、图 1-3-16

工 程 分 析

(1)山前残积土具有孔隙率大、强度低、压缩性高等特性,同时香港宝城路残积土堆积较厚,自重很大,且不稳定。

(2)事故发生当年,香港 5—6 月降雨量达 1658.6mm,雨水渗入残积土使其强度大大降低,土体滑动力超过土体抵抗滑动的能力,同时雨水又起到润滑的作用,引发了本次山坡土体滑动,冲毁宝城大厦,造成严重的人员伤亡事故。

工 程 措 施

在残积土地区开展工程活动时,必须对残积土进行处理,本事故处理措施如下:

(1)如果残积层较薄,可挖除,将基础建在基岩上;

(2)当残积层厚度较大时,应尽量将残积层作为地基;

(3)残积层较厚,强度和变形不满足要求时,考虑采取加固措施。

任务 2 工程土分类

📖 理论知识

一、土的工程分类

《公路工程地质勘察规范》(JTG C20—2011)中,根据土颗粒成分将工程土分为碎石土、砂土、粉土和黏性土,其划分应符合以下规定:

1. 碎石土

(1)粒径大于 2mm 的颗粒质量超过总质量 50% 的土,定名为碎石土,并按表 1-3-11 进一步分类。

土的工程分类

碎石土分类　　　　　　　　　　　　　　　　　表 1-3-11

土的名称	颗粒形状	颗粒级配
漂石	圆形及亚圆形为主	粒径大于 200mm 的颗粒质量超过总质量的 50%
块石	棱角形为主	
卵石	圆形及亚圆形为主	粒径大于 20mm 的颗粒质量超过总质量的 50%
碎石	棱角形为主	
圆砾	圆形及亚圆形为主	粒径大于 2mm 的颗粒质量超过总质量的 50%
角砾	棱角形为主	

注:定名时,应根据颗粒级配由大到小以最先符合者确定。

（2）碎石土的密实度宜根据圆锥动力触探锤击数按表 1-3-12 和表 1-3-13 确定。表中 $N_{63.5}$ 和 N_{120} 应按圆锥动力触探修正。

碎石土密实度划分（一）　　　　　　　　　　　表 1-3-12

重型圆锥动力触探锤击数 $N_{63.5}$	$N_{63.5} > 20$	$10 < N_{63.5} \leq 20$	$5 < N_{63.5} \leq 10$	$N_{63.5} \leq 5$
密实度	密实	中密	稍密	松散

注:本表适用于平均粒径小于或等于 50mm,且最大粒径不超过 100mm 的碎石土。

碎石土密实度划分（二）　　　　　　　　　　　表 1-3-13

超重型圆锥动力触探锤击数 N_{120}	$N_{120} > 11$	$6 < N_{120} \leq 11$	$3 < N_{120} \leq 6$	$N_{120} \leq 3$
密实度	密实	中密	稍密	松散

注:本表适用于平均粒径大于 50mm,或最大粒径大于 100mm 的碎石土。

（3）圆锥动力触探修正。

①当采用重型圆锥动力触探确定碎石土密实度时,锤击数 $N_{63.5}$ 应按式（1-3-1）修正:

$$N_{63.5} = \alpha_1 N'_{63.5} \tag{1-3-1}$$

式中:$N_{63.5}$——修正后的重型圆锥动力触探锤击数;

　　α_1——修正系数,按表 1-3-14 取值;

　　$N'_{63.5}$——实测重型圆锥动力触探锤击数。

重型圆锥动力触探锤击数修正系数 α_1　　　　　　表 1-3-14

L/m	$N'_{63.5}$								
	5	10	15	20	25	30	35	40	≥50
2	1.00	1.00	1.00	1.00	1.00	1.00	1.00	1.00	—
4	0.96	0.95	0.93	0.92	0.90	0.89	0.87	0.86	0.84
6	0.93	0.90	0.88	0.85	0.83	0.81	0.79	0.78	0.75
8	0.90	0.86	0.83	0.80	0.77	0.75	0.73	0.71	0.67
10	0.88	0.83	0.79	0.75	0.72	0.69	0.67	0.64	0.61
12	0.85	0.79	0.75	0.70	0.67	0.64	0.61	0.59	0.55
14	0.82	0.76	0.71	0.66	0.62	0.58	0.56	0.53	0.50

续上表

L/m	$N'_{63.5}$								
	5	10	15	20	25	30	35	40	≥50
16	0.79	0.73	0.67	0.62	0.57	0.54	0.51	0.48	0.45
18	0.77	0.70	0.63	0.57	0.53	0.49	0.46	0.43	0.40
20	0.75	0.67	0.59	0.53	0.48	0.44	0.41	0.39	0.36

注:表中 L 为杆长。

②当采用超重型圆锥动力触探确定碎石土密实度时,锤击数 N_{120} 应按式(1-3-2)修正:

$$N_{120} = \alpha_2 N'_{120} \tag{1-3-2}$$

式中: N_{120}——修正后的超重型圆锥动力触探锤击数;

α_2——修正系数,按表1-3-15取值;

N'_{120}——实测超重型圆锥动力触探锤击数。

超重型圆锥动力触探锤击数修正系数 α_2　　　　表 1-3-15

L/m	N'_{120}											
	1	3	5	7	9	10	15	20	25	30	35	40
1	1.00	1.00	1.00	1.00	1.00	1.00	1.00	1.00	1.00	1.00	1.00	1.00
2	0.96	0.92	0.91	0.90	0.90	0.90	0.90	0.89	0.89	0.88	0.88	0.88
3	0.94	0.88	0.86	0.85	0.84	0.84	0.84	0.83	0.82	0.82	0.81	0.81
5	0.92	0.82	0.79	0.78	0.77	0.77	0.76	0.75	0.74	0.73	0.72	0.72
7	0.90	0.78	0.75	0.74	0.73	0.72	0.71	0.70	0.68	0.68	0.67	0.66
9	0.88	0.75	0.72	0.70	0.69	0.68	0.67	0.66	0.64	0.63	0.62	0.62
11	0.87	0.73	0.69	0.67	0.66	0.66	0.64	0.62	0.61	0.60	0.59	0.58
13	0.86	0.71	0.67	0.65	0.63	0.63	0.61	0.60	0.58	0.57	0.56	0.55
15	0.85	0.69	0.65	0.63	0.62	0.61	0.59	0.58	0.56	0.55	0.54	0.53
17	0.84	0.68	0.63	0.61	0.60	0.60	0.57	0.56	0.54	0.53	0.52	0.50
19	0.84	0.66	0.62	0.60	0.58	0.58	0.56	0.54	0.52	0.51	0.50	0.48

注:表中 L 为杆长。

(4)碎石土的密实度可根据其野外特征按表1-3-16鉴别。

碎石土密实度野外鉴别　　　　表 1-3-16

密实度	骨架颗粒含量和排列	可挖性	可钻性
密实	骨架颗粒质量大于总质量的70%,呈交错排列,连续接触	锹镐挖掘困难,用撬棍方能松动,井壁较稳定	钻进极困难,冲击钻探时,钻杆、吊锤跳动剧烈,孔壁较稳定
中密	骨架颗粒质量为总质量的60%~70%,呈交错排列,大部分接触	锹镐可挖掘,井壁有掉块现象,从井壁取出大颗粒处,能保持颗粒凹面形状	钻进较困难,冲击钻探时,钻杆、吊锤跳动不剧烈,孔壁有坍塌现象
稍密	骨架颗粒质量为总质量的55%~60%,排列混乱,大部分不接触	锹镐可挖掘,井壁易坍塌,从井壁取出大颗粒后,立即塌落	钻进较容易,冲击钻探时,钻杆稍有跳动,孔壁易坍塌

密实度	骨架颗粒含量和排列	可挖性	可钻性
松散	骨架颗粒质量小于总质量的55%，排列十分混乱，绝大部分不接触	锹镐可挖掘，井壁极易坍塌	钻进很容易，冲击钻探时，钻杆无跳动，孔壁极易坍塌

注：密实度应按表中所列各项特征综合确定。

2. 砂土

（1）粒径大于 2mm 的颗粒质量不超过总质量的 50%，且粒径大于 0.075mm 的颗粒质量超过总质量 50% 的土，定名为砂土，并按表 1-3-17 进一步分类。

砂土分类 表 1-3-17

土的名称	颗粒级配
砾砂	粒径大于 2mm 的颗粒质量占总质量的 25% ~ 50%
粗砂	粒径大于 0.5mm 的颗粒质量超过总质量的 50%
中砂	粒径大于 0.25mm 的颗粒质量超过总质量的 50%
细砂	粒径大于 0.075mm 的颗粒质量超过总质量的 85%
粉砂	粒径大于 0.075mm 的颗粒质量超过总质量的 50%

注：定名时，应根据颗粒级配由大到小以最先符合者确定。

（2）砂土的密实度应按表 1-3-18 划分。

砂土密实度划分 表 1-3-18

标准贯入试验锤击数实测值 N	$N > 30$	$15 < N \leqslant 30$	$10 < N \leqslant 15$	$N \leqslant 10$
密实度	密实	中密	稍密	松散

（3）砂土的湿度应按表 1-3-19 划分。

砂土湿度划分 表 1-3-19

湿度	饱和度 S_r/%	湿度	饱和度 S_r/%
稍湿	$S_r \leqslant 50$	饱和	$S_r > 80$
潮湿	$50 < S_r \leqslant 80$		

3. 粉土

（1）塑性指数 $I_p \leqslant 10$，且粒径大于 0.075mm 的颗粒质量不超过总质量 50% 的土，定名为粉土。

（2）粉土的密实度应按表 1-3-20 划分。

粉土密实度划分 表 1-3-20

密实度	孔隙比 e	密实度	孔隙比 e
密实	$e < 0.75$	稍密	$e > 0.90$
中密	$0.75 \leqslant e \leqslant 0.90$		

（3）粉土的湿度应按表 1-3-21 划分。

粉土的湿度划分 表 1-3-21

湿度	天然含水率 $w/\%$	湿度	天然含水率 $w/\%$
稍湿	$w < 20$	很湿	$w > 30$
湿	$20 \leqslant w \leqslant 30$		

4.黏性土

（1）塑性指数 $I_P > 10$，且粒径大于 0.075mm 的颗粒质量不超过总质量 50% 的土，定名为黏性土，并按表 1-3-22 进一步分类。

黏性土分类 表 1-3-22

土的名称	粉质黏土	黏土
塑性指数 I_P	$10 < I_P \leqslant 17$	$I_P > 17$

注:液限、塑限分别采用 76g 锥试验(中职阶段已经学习)确定。

（2）黏性土的压缩性应按表 1-3-23 划分。

黏性土压缩性划分 表 1-3-23

压缩性	压缩系数 $a_{0.1\text{-}0.2}/\text{MPa}^{-1}$	压缩性	压缩系数 $a_{0.1\text{-}0.2}/\text{MPa}^{-1}$
低压缩性	$a_{0.1\text{-}0.2} < 0.1$	高压缩性	$a_{0.1\text{-}0.2} \geqslant 0.5$
中压缩性	$0.1 \leqslant a_{0.1\text{-}0.2} < 0.5$		

注:表中 $a_{0.1\text{-}0.2}$ 为 0.1～0.2MPa 压力范围内的压缩系数。

（3）黏性土的状态应按表 1-3-24 划分。

黏性土的状态划分 表 1-3-24

状态	液性指数 I_L	状态	液性指数 I_L
坚硬	$I_L \leqslant 0$	软塑	$0.75 < I_L \leqslant 1.0$
硬塑	$0 < I_L \leqslant 0.25$	流塑	$I_L > 1.0$
可塑	$0.25 < I_L \leqslant 0.75$		

（4）黏性土产生的地质年代可按表 1-3-25 划分。

黏性土产生的地质年代划分 表 1-3-25

黏性土分类	地质年代
老黏性土	第四纪晚更新世（Q_3）及以前
一般黏性土	第四纪全新世（Q_4）文化期以前
新近沉积黏性土	第四纪全新世（Q_4）文化期以来

土壤形成

二、土、石的工程分级

依据《公路工程地质勘察规范》（JTG C20—2011），工程用土、石分为松土、普通土、硬土、软石、次坚石、坚石六类，详见表 1-3-26。

土、石工程分级表

表 1-3-26

土、石等级	土、石类别	土、石名称	钻1m 所需的净钻时间/min			爆破1m³ 所需炮眼长度/m		开挖方法
			湿式凿岩一字合金钻头	湿式凿岩普通淬火钻头	双人打眼（工日）	路堑	隧道导坑	
I	松土	砂土、腐殖土、种植土，可塑、硬塑状的黏性土及粉土，松散的、水分不大的黏土，含有 30mm 以下树根或灌木根的泥炭土						用铁锹挖，脚蹬一下到底的松散土层
II	普通土	水分较大的黏土，半坚硬、硬塑状的粉土、黏性土、黄土，含有 30mm 以上的树根或灌木根的泥炭土、碎石土（不包括块石土或漂石土）						部分用镐刨松，再用锹挖，以脚蹬锹需连蹬数次才能挖动
III	硬土	坚硬粉土、黏性土、黄土，含有较多的块石土及漂石土，各种风化成土块的岩石						必须用镐整个刨过才能用锹挖
IV	软石	各种松软岩石、盐岩，胶结不紧的砾岩、泥质页岩、砂岩、煤，较坚实的泥灰岩、块石土及漂石土，软的、节理多的石灰岩		7 以内	0.2 以内	0.2 以内	2.0 以内	部分用撬棍或十字镐及大锤开挖，部分用爆破法开挖
V	次坚石	硅质页岩、砂岩、白云岩、石灰岩，坚实的泥灰岩、软玄武岩、片麻岩、正长岩、花岗岩	15 以内	7～20	0.2～1.0	0.2～0.4	2.0～3.5	用爆破法开挖
VI	坚石	硬玄武岩，坚实的石灰岩、白云岩、大理岩、石英岩、闪长岩、粗粒花岗岩、正长岩	15 以上	20 以上	1.0 以上	0.4 以上	3.5 以上	用爆破法开挖

技能训练

根据以上学习内容完成技能训练,详见《道路工程地质(第 3 版)技能训练与测评活页手册》任务单 1-3-1 土的分类标准。

任务3 特殊性岩土认知

理论知识

《公路工程地质勘察规范》(JTG C20—2011)中,根据土所具有的工程地质特性将其分为黄土、冻土、盐渍土、软土、膨胀土、红黏土和填土等。

一、黄土

黄土

(一)黄土与黄土状土

第四纪以来在干旱和半干旱地区,由风力搬运形成的黄色粉土沉积物,并具有以下特征的土称为黄土(图 1-3-17):

(1)颜色为淡黄、灰黄、黄褐、棕褐或棕红色。

(2)颗粒组成以粉粒(直径为 0.075~0.005mm)为主,一般不含粗颗粒,富含 $CaCO_3$,常形成钙质结核。

(3)具多孔性,一般肉眼可见大孔隙、虫孔等,孔隙比一般为 0.7~1.2。

(4)土质均匀、无层理,有堆积间断的剥蚀面和埋藏的古土壤层。

(5)具垂直节理,边坡在天然状态下能保持直立。

(6)表层多具湿陷性,易产生潜蚀形成陷穴或落水洞。

图 1-3-17、图 1-3-18　具有上述黄土大部分特征,含层理、颗粒组成比较复杂(含砾石、砂等)的土称为黄土状土,如图 1-3-18 所示。

图 1-3-17　黄土

图 1-3-18　黄土状土

(二)黄土、黄土状土的区别

黄土、黄土状土虽然有很多相同的特征,但在外部特征、物质成分、物理性质、成岩作用程度、成因等方面不同,详见表 1-3-27。

黄土和黄土状土的区别

表 1-3-27

名称特征		黄土	黄土状土
外部特征	颜色	淡黄色为主,还有灰黄色、褐黄色	黄色、浅棕黄色或暗灰褐黄色
	结构构造	无层理,有肉眼可见之大孔隙及由生物根茎遗迹形成之管状孔隙,常被钙质或泥填充,质地均一,松散易碎	有层理构造、粗粒(砂粒或细砾)形成的夹层成透镜体,黏土组成微薄层理,可见大孔隙较少,质地不均一
	产状	垂直节理发育,常呈现大于 70° 的边坡	有垂直节理但延伸较小,垂直陡壁不稳定,常成缓坡
物质成分	粒度成分	粉粒(直径为 0.005~0.075mm)为主,含量一般大于 60%;直径大于 0.25mm 的颗粒几乎没有;直径大于 0.075mm 的粗粉粒占 50% 以上,颗粒较粗	粉粒含量一般大于 60%,但其中粗粉粒小于 50%;含少量直径大于 0.25mm 或小于 0.005mm 的颗粒,有时可达 20% 以上;颗粒较细
	矿物成分	粗粒矿物以石英、长石、云母为主,含量大于 60%;黏土矿物有蒙脱石、伊利石、高岭石等;矿物成分复杂	粗粒矿物以石英、长石、云母为主,含量小于 50%;黏土矿物含量较高,以蒙脱石、伊利石、高岭石为主
	化学成分	以 SiO_2 为主,其次为 Al_2O_3、Fe_2O_3,富含 $CaCO_3$,并有少量 $MgCO_3$ 及少量易溶盐如 NaCl 等,常见钙质结核	以 SiO_2 为主,Al_2O_3、Fe_2O_3 次之,含 $CaCO_3$、$MgCO_3$ 及少量易溶盐如 NaCl 等,时代老的含碳酸盐多,时代新的含碳酸盐少
物理性质	孔隙度	高,一般大于 50%	较低,一般大于 40%
	干密度	较低,一般为 $1.4\ g/cm^3$ 或更低	较高,一般为 $1.4\ g/cm^3$ 以上,可达 $1.8\ g/cm^3$
	渗透系数	一般为 0.6~0.8m/d,有时可达 1 m/d	透水性小,有时可视为不透水层
	塑性指数	10~12	一般大于 12
	湿陷性	显著	不显著,或无湿陷性
	含水率	较小,一般小于 25%	较大,一般大于 25%
成岩作用程度		一般固结较差,时代老的黄土较坚固,称为石质黄土	松散沉积物,或有局部固结
成因		多为风成,少量水成	多为水成

(三)黄土地层划分

根据《公路工程地质勘察规范》(JTG C20—2011),黄土按地层的地质年代划分见表 1-3-28。

黄土地层按地质年代划分

表1-3-28

地质年代		地层名称		湿陷性特征
全新世 Q_4	近期 Q_4^2	—	新近堆积黄土	具有湿陷性,常具有高压缩性
	早期 Q_4^1	新黄土	湿陷性黄土	一般具有湿陷性
晚更新世 Q_3	马兰黄土			
中更新世 Q_2	离石黄土	老黄土	—	上部部分土层具有湿陷性
早更新世 Q_1	午城黄土		—	不具有湿陷性

(四)黄土的工程地质问题

1. 黄土的湿陷性

天然黄土在一定压力作用下,受水浸湿后结构遭到破坏发生突然下沉的现象,称为黄土湿陷,如图1-3-19所示。黄土湿陷又分在自重压力下发生的自重湿陷和在外荷载作用下发生的非自重湿陷。非自重湿陷比较普遍,对工程建筑具有重要影响。

并非所有黄土都具有湿陷性,一般老黄土(午城黄土及大部分离石黄土)无湿陷性,如图1-3-20所示;而新黄土(马兰黄土及新近堆积黄土)及离石黄土的上部具有湿陷性。因此,湿陷性黄土多位于地表以下数米至十余米处,厚度很少超过20m。黄土的湿陷性与许多因素有关,通常黄土的天然含水率越小,所含可溶盐特别是易溶盐越多,孔隙比越大,干容重越小,则湿陷性越强。

图1-3-19、图1-3-20

图1-3-19 湿陷性黄土

图1-3-20 老黄土

湿陷性黄土作为路堤填料或作为建筑物地基,严重影响工程建筑物的正常使用和安全,能使建筑物开裂甚至破坏。因此,必须查清建筑地区黄土是否具有湿陷性及湿陷性的强弱,以便有针对性地采取相应措施。

2. 黄土陷穴

黄土地区地下常有各种洞穴,由黄土自重湿陷和地下水潜蚀作用形成的天然洞穴,如图1-3-21所示。也有人工洞穴,这些洞穴容易使上覆土层陷落,故称为黄土陷穴,如图1-3-22所示。黄土陷穴能对黄土地区工程建筑造成严重影响。

图 1-3-21 黄土天然洞穴

图 1-3-22 黄土陷穴

防治黄土陷穴的措施涉及两方面:一是针对已查明的陷穴可采用开挖回填、夯实等方法,洞穴较小也可用灌注砂或水泥砂浆充填;二是针对地下水,要在工程建筑物附近做好地表排水工程,不许地表水流入建筑场地或渗入建筑物地下,以防止潜蚀作用继续发展。

图 1-3-21、图 1-3-22

❋ 技能任务

黄土的湿陷性评价

一方面,要评价黄土的湿陷程度。

根据《公路工程地质勘察规范》(JTG C20—2011),黄土的湿陷性按室内浸水饱和(压缩)试验在一定压力下测定的湿陷系数 δ_s 值判定。

第一步:计算湿陷系数 δ_s

湿陷系数 δ_s 值,按式(1-3-3)计算:

$$\delta_s = \frac{h_p - h_p'}{h_0} \qquad (1-3-3)$$

式中: h_p ——保持天然湿度和结构的土样,加压至一定程度时,下沉稳定后的高度,mm;

h_p' ——上述加压稳定后的土样在浸水(饱和)作用下,附加下沉稳定后的高度,mm;

h_0 ——土样的原始高度,mm。

第二步:判断黄土的湿陷性

(1)当湿陷系数 δ_s 的值小于 0.015 时,定为非湿陷性黄土。

(2)当湿陷系数 δ_s 的值大于或等于 0.015 时,定为湿陷性黄土。

第三步:测定湿陷系数 δ_s 的试验压力

按以下步骤测定湿陷系数 δ_s 的试验压力:

(1)在初步设计阶段应自地面以下 1.5m 算起;

(2)在施工图设计阶段应自基础底面算起;

(3)基底以下 10m 以内的土层应采用 200kPa 压力,10m 以下至非湿陷性黄土层顶面,应

用其上覆土的饱和自重压力(当大于300kPa压力时,应采用300kPa压力);

(4)桥梁及重要建筑物的基底压力大于300kPa时,宜采用实际压力;

(5)对于压缩性较高的新近堆积黄土,基底下5m以内的土层,宜采用100~150kPa压力,5~10m和10m以下至非湿陷性黄土层顶面,应分别采用200kPa压力和上覆土的饱和自重压力。

第四步:判断湿陷性黄土的湿陷程度

湿陷性黄土的湿陷程度按表1-3-29进行划分。

湿陷性黄土的湿陷程度划分 表1-3-29

湿陷系数 δ_s	$0.015 \leqslant \delta_s \leqslant 0.03$	$0.03 < \delta_s \leqslant 0.07$	$\delta_s > 0.07$
湿陷程度	湿陷性轻微	湿陷性中等	湿陷性强烈

另一方面,要评价黄土的自重湿陷性。

第一步:计算自重湿陷系数

自重湿陷系数 δ_{ZS} 的值按式(1-3-4)计算:

$$\delta_{ZS} = \frac{h_Z - h'_Z}{h_0} \tag{1-3-4}$$

式中: h_Z——保持天然湿度和结构的土样,加压至该土样上覆土的饱和自重压力时,下沉稳定后的高度,mm;

h'_Z——上述加压稳定后的土样,在浸水(饱和)作用下,附加下沉稳定后的高度,mm;

h_0——土样的原始高度,mm。

第二步:计算自重湿陷量

湿陷性黄土场地自重湿陷量 Δ_{ZS} 的值,按式(1-3-5)计算:

$$\Delta_{ZS} = \beta_0 \sum_{i=1}^{n} \delta_{ZSi} h_i \tag{1-3-5}$$

式中: δ_{ZSi}——第 i 层土的自重湿陷系数;

h_i——第 i 层土的厚度,mm;

β_0——因地区土质而异的修正系数,在缺乏实测资料时,不同地区土质修正系数取值参考表1-3-30。

不同地区土质修正系数 (β_0) 取值 表1-3-30

地区	修正系数
陇西地区	1.50
陇东、陕北、晋西地区	1.20
关中地区	0.90
其他地区	0.50

　　自重湿陷量的计算值 Δ_{zs}，应自天然地面算起；当挖、填方的厚度和面积较大时，应自设计地面算起，至其下非湿陷性黄土层的顶面，其中自重湿陷系数 δ_{zs} 小于 0.015 的土层不应累计计算。

　　第三步：计算总湿陷量

　　湿陷性黄土地基受水浸湿饱和，其总湿陷量 Δ_S 的值按式（1-3-6）计算：

$$\Delta_S = \sum_{i=1}^{n} \beta \delta_{Si} h_i \qquad (1\text{-}3\text{-}6)$$

式中：δ_{Si}——第 i 层土的湿陷系数；

　　　　h_i——第 i 层土的厚度，mm；

　　　　β——考虑基底以下地基土受水浸湿可能性和侧向挤出等因素的修正系数，在缺乏实测资料时，不同地区地基土受水浸湿修正系数取值参考表 1-3-31。

不同地区地基土受水浸湿修正系数（β）取值　　　　表 1-3-31

地区	修正系数
基底以下 0～5.0m 深度范围内	1.50
基底以下 5.0～10.0m 深度范围内	1.00
基底以下 10m 至非湿陷性黄土层顶面，在自重湿陷性黄土场地	取工程所在地区的 β_0 值

　　第四步：判定湿陷性黄土场地的湿陷类型

　　湿陷性黄土场地的湿陷类型按实测或计算自重湿陷量 Δ_{ZS} 判定，详见表 1-3-32。

湿陷性黄土场地的湿陷类型判定　　　　表 1-3-32

自重湿陷量的实测值或计算值/mm	湿陷类型判定
$\Delta_{ZS} \leqslant 70$	非自重湿陷性黄土场地
$\Delta_{ZS} > 70$	自重湿陷性黄土场地
实测值和计算值出现矛盾	按自重湿陷量的实测值判定

　　第五步：判定湿陷性黄土场地的湿陷等级

　　黄土场地的湿陷等级应按表 1-3-33 判定。

黄土场地的湿陷等级　　　　表 1-3-33

湿陷类型		非自重湿陷场地	自重湿陷场地	
Δ_{ZS}/mm		$\Delta_{ZS} \leqslant 70$	$70 < \Delta_{ZS} \leqslant 350$	$\Delta_{ZS} > 350$
总湿陷量 Δ_S/mm	$\Delta_S \leqslant 300$	Ⅰ（轻微）	Ⅱ（中等）	—
	$300 < \Delta_S \leqslant 700$	Ⅱ（中等）	Ⅱ（中等）或Ⅲ（严重）*	Ⅲ（严重）
	$\Delta_S > 700$	Ⅱ（中等）	Ⅲ（严重）	Ⅳ（很严重）

　　注：* 表示当总湿陷量的计算值 $\Delta_S > 600$mm、自重湿陷量的计算值 $\Delta_{ZS} > 300$mm 时，可判为Ⅲ级，其他情况可判为Ⅱ级。

工程案例

工程概况

某冶金工厂建于西北黄土高原的沟谷地带,距黄河3km,该地区最大黄土层覆盖厚度达40m,湿陷层厚度为7~12m,最大湿陷系数为0.136,最大自重湿陷系数为0.110。

工程分析

冶金工厂在秋天完成了主体工程建筑,年底设备安装完毕,试车后即投产。

①在试车过程中发现3号车间出现湿陷事故,柱基3d下沉103mm。

②投产后的4年中,厂区所有建(构)筑物中,共20个单项工程的基础均出现了同步的急速下沉,最大累计下沉量达1231mm,平均累计下沉量为608.8mm,建(构)筑物之间的最大差异沉陷量为625mm。

③不均匀沉降引起建筑物变形,墙面、地面到处是裂口,墙面裂缝最大宽度达15.0mm,地裂延伸长达400m,缝宽达100mm;屋面起伏不平,引起渗漏;框架梁、柱歪斜,梁头碎裂,致使桥式吊车无法运行;各种管线接头扭损,设备底座沉没到地平线以下,工厂被迫停产整治。

工程措施

处理措施以井桩支承为主,硅化加固为辅;个别厂房破坏严重,拆除重建。

整个处理整治工作持续了3年多,耗资甚巨。

二、冻土

冻土

(一)冻土概述

冻土是指温度低于或等于0℃,并含有冰的土(岩)。

《公路工程地质勘察规范》(JTG C20—2011)规定,根据冻结状态的持续时间,将冻土分为季节冻土、隔年冻土、多年冻土,详见表1-3-34。

冻土按冻结状态的持续时间分类　　　　　　　表1-3-34

冻结状态持续时间	不到1年	1~2年	2年及以上
冻土分类	季节冻土	隔年冻土	多年冻土

1.季节冻土

(1)分布。

我国季节冻土主要分布在华北、西北和东北地区。自长江流域以北向东北及西北方向,随着纬度及地面高度的增加,冬季气温越来越低,冬季延续时间越来越长,因此季节冻土厚度自南向北越来越大。

（2）季节冻土的冻胀性。

季节性冻土冻胀性分为不冻胀、弱冻胀、冻胀、强冻胀、特强冻胀、极强冻胀，详见表 1-3-35。

季节性冻土冻胀性划分　　　　表 1-3-35

土的名称	冻前天然含水率 $w/\%$	冻前地下水位至地表的距离 h_w/m	平均冻胀率 $\eta/\%$	冻胀等级	冻胀类别
碎石土、砾砂、粗砂、中砂（粉黏粒含量≤15%）	不考虑	不考虑	$\eta\leq1$	I	不冻胀
碎石土、砾砂、粗砂、中砂（粉黏粒含量>15%）	$w\leq12$	>1.5	$\eta\leq1$	I	不冻胀
		≤1.5	$1<\eta\leq3.5$	II	弱冻胀
	$12<w\leq18$	>1.5			
		≤1.5	$3.5<\eta\leq6$	III	冻胀
	$w>18$	>1.5			
		≤1.5	$6<\eta\leq12$	IV	强冻胀
粉砂、细砂	$w\leq14$	>1.0	$\eta\leq1$	I	不冻胀
		≤1.0	$1<\eta\leq3.5$	II	弱冻胀
	$14<w\leq19$	>1.0			
		$1.0>h_w\geq0.25$	$3.5<\eta\leq6$	III	冻胀
		≤0.25	$6<\eta\leq12$	IV	强冻胀
	$19<w\leq23$	>1.0	$3.5<\eta\leq6$	III	冻胀
		$1.0>h_w\geq0.25$	$6<\eta\leq12$	IV	强冻胀
		≤0.25	$12<\eta\leq18$	V	特强冻胀
	$w>23$	>1.0	$6<\eta\leq12$	IV	强冻胀
		≤1.0	$12<\eta\leq18$	V	特强冻胀
粉土	$w\leq19$	>1.5	$\eta\leq1$	I	不冻胀
		≤1.5	$1<\eta\leq3.5$	II	弱冻胀
	$19<w\leq22$	>1.5			
		≤1.5	$3.5<\eta\leq6$	III	冻胀
	$22<w\leq26$	>1.5			
		≤1.5	$6<\eta\leq12$	IV	强冻胀
	$26<w\leq30$	>1.5			
		≤1.5	$\eta>12$	V	特强冻胀
	$w>30$	不考虑			

续上表

土的名称	冻前天然含水率 $w/\%$	冻前地下水位至地表的距离 h_w/m	平均冻胀率 $\eta/\%$	冻胀等级	冻胀类别
黏性土	$w \leq w_P + 2$	>2.0	$\eta \leq 1$	I	不冻胀
		≤2.0	$1 < \eta \leq 3.5$	II	弱冻胀
	$w_P + 2 < w \leq w_P + 5$	>2.0			
		$2.0 > h_w \geq 1.0$	$3.5 < \eta \leq 6$	III	冻胀
		$1.0 > h_w \geq 0.5$	$6 < \eta \leq 12$	IV	强冻胀
		≤0.5	$12 < \eta \leq 18$	V	特强冻胀
	$w_P + 5 < w \leq w_P + 9$	>2.0	$3.5 < \eta \leq 6$	III	冻胀
		$2.0 > h_w \geq 0.5$	$6 < \eta \leq 12$	IV	强冻胀
		$0.5 > h_w \geq 0.25$	$12 < \eta \leq 18$	V	特强冻胀
		≤0.25	$\eta > 18$	VI	极强冻胀
	$w_P + 9 < w \leq w_P + 15$	>2.0	$6 < \eta \leq 12$	IV	强冻胀
		$2.0 > h_w \geq 0.25$	$12 < \eta \leq 18$	V	特强冻胀
		≤0.25	$\eta > 18$	VI	极强冻胀
	$w_P + 15 < w \leq w_P + 23$	>2.0	$12 < \eta \leq 18$	V	特强冻胀
		≤2.0	$\eta > 18$	VI	极强冻胀
	$w > w_P + 23$	不考虑			

注:1. w 为冻土层内冻前天然含水率的平均值。

2. 盐渍化冻土不在表列。

由表 1-3-35 可知,土层粉粒、黏粒越多,含水率越大,冻胀越严重。特别是当土层中的水冻结成冰时,其体积将比原来增大 1/11 左右,因此,含水率是造成土层冻胀的主要因素。

【案例】东北某地区一冻土层厚 1m,当含水量占土总体积的 30% 时,按理论计算其冻胀量为:$100cm \times 30\% \times 1/11 \approx 2.7cm$。然而实际测出,该冻土层冻胀量比 2.7cm 大得多。

实测冻土层冻胀量比计算冻胀量大的原因:①当地下水埋藏较浅时,若地下水沿冻土裂隙冲出地表冻结成冰,则形成冰锥,如图 1-3-23 所示;②若有地下水源源不断地向冻结区转移补充,引起局部地区冻胀隆起,则形成冻胀土丘(冰丘),如图 1-3-24 所示。

图 1-3-23、图 1-3-24

图 1-3-23　冰锥

图 1-3-24　冰丘

一般情况下,如果冻土中的水主要由地表下渗补给,则其冻胀隆起高 30~40mm;如果冻土中的水主要来自地下水,则冻胀隆起高可达 100~200mm。

本案例中"实测冻土层冻胀量比计算冻胀量大很多",说明该冻土层冻胀形成的原因属于以上第二种情况。

(3)季节冻土的工程地质问题。

在冻土地区,随着土中水的冻结和融化,会产生冻胀现象和融陷现象。季节冻土对工程的影响有:

①冻胀时,路基隆起。柔性路面鼓包、开裂;刚性路面错缝或折断。

②对于修建在冻土上的建筑物,冻胀引起建筑物的开裂、倾斜甚至导致轻型构筑物倒塌。

③发生融陷后,路基土经车辆反复碾压,轻者路面变得松软,重者路面翻浆。

④土层解冻融化后,土层软化,强度显著降低,使得房屋、桥梁和涵管等发生过量沉降和不均匀沉降,引起建筑物的开裂破坏。

2. 多年冻土

(1)我国多年冻土分布。

在平面上呈岛状分布的多年冻土称为岛状多年冻土,在平面上呈大片连续分布的多年冻土称为连续多年冻土。我国多年冻土可分为高原冻土和高纬度冻土,主要分布详见表 1-3-36。

我国多年冻土分布 表 1-3-36

多年冻土类型	分布
高原冻土	青藏高原及西部高山(天山、阿尔泰山、祁连山等)地区
高纬度冻土	大、小兴安岭,满洲里—牙克石—黑河以北地区

多年冻土埋藏在地表以下一定深度,如图 1-3-25 所示。地表与多年冻土之间常有季节冻土分布。高纬度冻土由北向南厚度逐渐变小,从连续多年冻土区到岛状多年冻土区,最后尖灭于非多年冻土区,其分布剖面如图 1-3-26 所示。

图 1-3-25　多年冻土

图 1-3-25

(2)多年冻土的工程地质问题。

①多年冻土地区路基基底稳定问题。

由于在地表修筑路堤,多年冻土上限上升,在路堤内形成冻土结核,产生冻胀,夏季融化后可能沿冻土上限局部滑塌。在多年冻土地区开挖路堑,则使多年冻土上限下降,若此多年冻土为融沉或强融沉,则可能造成严重下沉,路堑边坡会产生滑动。因此,在路基基底表面设置保温层是一项重要措施,可以尽量防止多年冻土上限上下波动。

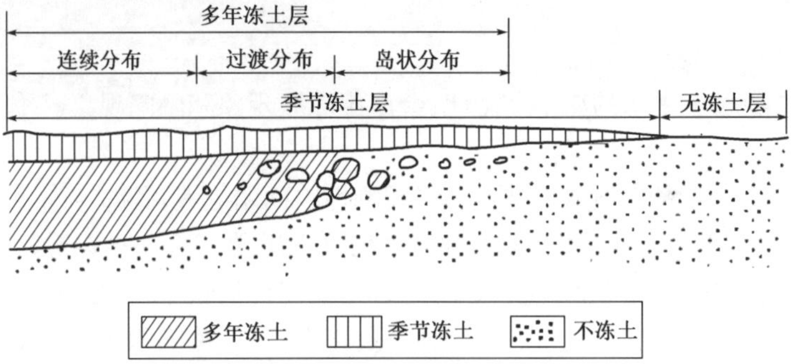

图 1-3-26　多年冻土分布剖面示意图

②多年冻土地区的冰丘和冰锥。

多年冻土地区冰丘和冰锥的形成与季节冻土区相似,只是规模更大,有的冰冻延续时间很长,可达几年以上。例如,我国已知最大的冰丘在青藏公路沿线,它底部直径为40～50m,高达20m,如图1-3-27所示。冰丘和冰锥对路基及其他铁路建筑物危害严重(图1-3-28),特别是对路堑工程危害更大,容易导致大量地下水涌进路堑,掩埋线路。因此,在选线时应尽量避开这些不良地质现象。

图 1-3-27　冰丘剖面

图 1-3-28　冰丘、冰锥对桥梁的破坏

③多年冻土地区的建筑物地基问题。

以多年冻土作为建筑物地基时,应以土的年平均地温的稳定性、冻土组成及冻胶结作用、融化后的下沉性和冻土的不良地质现象作为冻土地基评价的依据。冻土具有瞬时的高强度,但更重要的是确定在长期外压力作用下冻土的流变性及人为活动下热流作用造成的冻土下沉性。因此,选择建筑物场地时,应尽量避开冰丘、冰锥发育地区,选择坚硬岩石或粗碎屑颗粒土分布地段、地下水埋藏较深、冰融时工程性质变化较小的地基。

(二)冻土地区公路主要病害

1. 融沉

融沉是岛状多年冻土地区路基的主要病害之一,一般多发生在含冰量大的黏性土地段。

当路基基底的多年冻土上部或路堑边坡上分布有较厚的地下冰层时,由于地下冰层埋藏较浅,在施工及运营过程中受各种人为因素的影响,多年冻土局部融化,上覆土层在土体自重和外力作用下产生沉陷,造成路基、桥梁的严重变形和下沉。图 1-3-29 所示为路面融沉,图 1-3-30 为桥基开裂。

图 1-3-27 ~ 图 1-3-30

图 1-3-29　路面融沉

图 1-3-30　桥基开裂

多年冻土的融沉类型分为不融沉、弱融沉、融沉、强融沉、强融陷,可按表 1-3-37 在现场进行初步判定。

多年冻土融沉类型的现场初步判定　　　　　　　　　　　　　　表 1-3-37

冻土分类	融沉类型	粗粒土		细粒土	
		冻土状态特征	融化过程特征	冻土状态特征	融化过程特征
少冰冻土	不融沉	结构较为紧密,仅在空隙中有冰晶存在	融化过程中土的结构没有变化,不发生颗粒重分布现象	整体状冻土构造,肉眼看不见冰层,多数小冰晶在放大镜下可见	融化过程中土的状态没有发生变化,不发生颗粒重分布现象,没有渗水现象
多冰冻土	弱融沉	有较多冰晶充填在空隙中,偶尔可见薄冰层及冰包裹体	融化后产生小的密实作用,但结构外形基本保持不变,有明显的渗水现象	以整体状冻土构造为主,偶尔可见微冰透镜体或小的粒状冰	融化过程中土的结构形态基本保持不变,但有体积缩小现象并有少量渗水
富冰冻土	融沉	除空隙被冰充填外,可见冰晶将颗粒包裹,使卵砾石相互隔离或存在较多的土冰透镜体	融化过程中发生明显的颗粒重分布(密实)现象,并有大量水分渗出,土表面可见冰层	以网状、层状冻土构造为主,冻土中可见分布不均匀的冰透镜体和薄冰层	融化过程中发生明显的颗粒重分布(密实)现象,并有较多水分渗出
饱冰冻土	强融沉	卵砾石颗粒基本为冰晶所包裹或存在大量的土冰透镜体和冰透镜体	融化过程使土的结构破坏,土(石)发生密实作用,最后水土(石)界限分明	以网状、层状冻土构造为主,在空间上冰、土普遍相间分布	融化中发生崩塌现象,融化后呈流动状态,在容器中融化,最后水土界限分明
含土冰层	强融陷	冰体积大于土颗粒体积	融化后水土(石)分高,上部可见水层	以中厚层状为主,冰体积大于土体积	融化后完全呈流动体

2. 冻胀

冻胀的发生需要满足两个必要条件:①有充足的水分补给源;②有水分补给的通道。冻胀不仅会引起道路破坏(图1-3-31),还可引起桥梁、涵洞基础的冻害,这种病害在冻土地区早期修建的桥梁、涵洞工程中尤为突出。主要表现为基础上抬、倾斜造成桥梁拱起,涵洞断裂,甚至失效等破坏,如图1-3-32所示。

图1-3-31 路基冻胀破坏

图1-3-32 涵洞冻胀破坏

图1-3-33 路基冻胀翻浆

图1-3-31~图1-3-33

3. 翻浆

春融时,多年冻土地区的解冻速度缓慢,解冻时间长,而且在解冻期内冷暖交替、气候异常,在某一解冻深度停滞的时间可达数天,加之积雪量大,融化后大量雪水下渗,这样就可能在解冻层和未解冻层之间形成类似于冻结层的自由水,土基与地表土的含水率会迅速增大而接近甚至超过液限含水率,使其失去承载能力,从而导致路基发生严重的翻浆,如图1-3-33所示。

工程案例

工程概况

青藏高原,平均海拔4000m以上的"世界屋脊",高海拔多年冻土区域面积达150万km²,如图1-3-34所示。如何基于多年冻土施工是青藏高原建设高速公路面临的最大技术难题。2021年,全球首条多年冻土区高速公路——共(和)玉(树)高速公路通车5年,如图1-3-35所示。共玉高速全长635km、设计时速80km,多年冻土区路段达227km。运营5年,青海省交通运输厅评价该高速公路"首次将多年冻土地区道路工程病害率控制在国际1/5以下"。

工程分析

2010年,青海省玉树藏族自治州震后生命线——共玉高速公路紧急开工。普通公路病害整治技术已无法满足大尺度高速公路工程结构50年设计要求。共玉高速公路全线穿越冻土区路段占路线总长的 36%；桥梁和隧道（单幅）总计 39.2km，其中姜路岭隧道是我国首次设计建设的多年冻土区公路隧道，该隧道平均海拔 4300m，围岩地质情况非常复杂，其高海拔、高寒、缺氧环境下多年冻土及软弱大变形围岩公路隧道施工技术更属国内首例。施工中的姜路岭隧道如图 1-3-36 所示。

共玉高速沿线分布大量全球独特的极不稳定高温多年冻土，工程地质和水文地质条件复杂。沿线具有多年冻土区情况复杂、高温高含冰量路段占比大、热稳定性差等特点，致使在其基础上建设的道路结构尺度为一般等级公路和铁路的 3~5 倍，面临着极大的冻土热融风险。

图 1-3-34 ~ 图 1-3-39

图 1-3-34 青藏高原多年冻土

图 1-3-35 建成的共玉高速

工程措施

共玉高速建设人员采用"导冷"（热棒路基，图 1-3-37）、"阻热"（黑色防护网遮盖工艺、XPS 隔热板路基）、"调温"[通风管路基、片（块）石路基]等技术手段，攻克工程作用下冻土消融这一世界性技术难题，使冻土区高速公路沥青路面吸热减少 12%、裂缝减少 30%，并在海拔 4300m 的青藏高原成功铺筑 830km 沥青路面。

图 1-3-36 姜路岭隧道

图 1-3-37 热棒施工

共玉高速公路历时 6 年建成通车后，从西宁至玉树通行时间从原来的 16h 缩短至 8h。共玉高速是一条集文化遗迹、自然风光等于一体的绝美风景线，更是青藏高原多年冻土区建设的首条高速公路，被称为"高海拔、高寒、高速"三高公路，如图 1-3-38、图 1-3-39 所示。

图1-3-38　春季的共玉高速

图1-3-39　冬季的共玉高速

三、盐渍土

图1-3-40、图1-3-41

(一)盐渍土概述

当地表下1m深度范围内土层的易溶盐平均含量大于0.3%,具有融陷、盐胀等特性时,其应被判定为盐渍土。盐渍土是盐土和碱土以及各种盐化、碱化土壤的总称,如图1-3-40、图1-3-41所示。

图1-3-40　盐渍土

图1-3-41　盐渍土纵剖面

盐渍土

盐渍土分布在内陆干旱、半干旱地区及滨海地区。其在我国分布较广,如江苏北部、渤海沿岸、松辽平原、河南、山西、内蒙古、甘肃、青海、新疆等地均有所分布。

由于地层母质含有过量可溶盐,在较高气温和较高地下水位的作用下,通过毛细水将地层母质的盐分带至土壤表面,土壤表层盐渍化,从而形成盐渍土。土壤中的盐分随水和温度的变化,不断经历结晶—溶解—转移—吸湿的变化过程,自然物理特性极不稳定,常常给地面构筑物带来许多工程病害,给工程建设带来巨大经济损失。例如,在新疆塔里木盆地盐渍土严重区域,公路两侧植物不能成活,公路生态环境长期得不到改善。因此每年都需投入大量的人力、物力、资金,用于处理盐渍土引发的病害,对公路的正常建设、管理和养护造成很大影响。

(二)盐渍土分类

《公路工程地质勘察规范》(JTG C20—2011)按含盐化学成分和含盐量对盐渍土进行分类。

1.根据含盐化学成分分类

盐渍土按含盐化学成分分为氯盐渍土、亚氯盐渍土、亚硫酸盐渍土、硫酸盐渍土、碱性盐渍土5类,详见表1-3-38。

盐渍土按含盐化学成分分类 表1-3-38

盐渍土名称	离子含量比值	
	Cl^-/SO_4^{2-}	$CO_3^{2-}+HCO_3^-/Cl^-+SO_4^{2-}$
氯盐渍土	>2	—
亚氯盐渍土	1~2	—
亚硫酸盐渍土	0.3~1.0	—
硫酸盐渍土	<0.3	—
碱性盐渍土	—	>0.3

注:离子含量以1kg土中离子的毫摩尔数计(mmol/kg)。

2.根据含盐量分类

盐渍土按含盐量分为弱盐渍土、中盐渍土、强盐渍土、过盐渍土4类,详见表1-3-39。

盐渍土按含盐量分类 表1-3-39

盐渍土名称	细粒土土层的平均含盐量(以质量百分数计)		粗粒土通过10mm筛孔土的平均含盐量(以质量百分数计)	
	氯盐渍土、亚氯盐渍土	硫酸盐渍土、亚硫酸盐渍土	氯盐渍土、亚氯盐渍土	硫酸盐渍土、亚硫酸盐渍土
弱盐渍土	0.3~1.0	0.3~0.5	2.0~5.0	0.5~1.5
中盐渍土	1.0~5.0	0.5~2.0	5.0~8.0	1.5~3.0
强盐渍土	5.0~8.0	2.0~5.0	8.0~10.0	3.0~6.0
过盐渍土	>8.0	>5.0	>10.0	>6.0

注:离子含量以100g干土内的含盐总量计。

(三)盐渍土的工程力学性质

1.盐渍土的盐胀性和腐蚀性

盐渍土的盐胀性是指土壤中的 Na_2SO_4 在特定环境条件下吸水结晶后体积膨胀的现象,这对公路工程建设和交通运输有着显著的影响。

盐渍土的腐蚀性是指盐渍土中的盐分对建筑材料的腐蚀作用,影响结构的耐久性。

2.盐渍土的塑性

盐渍土具有相对不稳定的塑性(液限、塑限、塑性指数及液性指数)。盐渍土遇水后,当含水率相同时,盐渍土比非盐渍土更容易达到塑限或流塑状态(不太稳定的状态),对路基的稳定性十分不利。

3.盐渍土的夯实性和压缩性

盐渍土中氯盐对土的细粒分散部分具有脱水作用,使土的含水率降低,压实性提高;同时氯盐有极强的吸湿性和保湿性,可使土体长期保持在最佳含水率的状态。经过汽车反复碾压,土体进一步压实,这一性质对干旱缺水地区施工有利。

4.盐渍土的强度和溶陷性

含有不同盐类的盐渍土具有不同的工程特性,在干旱缺水的情况下,可以用超氯盐渍土修筑路基。但路基土体中硫酸盐和碳酸盐的含量不能过高,否则松胀作用和膨胀作用会破坏土体结构,降低其密度和强度。此外,氯盐渍土易溶于水,含盐量高时,会产生湿陷、塌陷等路基病害。

(四)盐渍土对公路工程的危害

盐渍土对公路工程的危害是多方面的,包括公路盐胀、沉陷、翻浆以及边坡冲刷和桥涵侵蚀,因此,在盐渍土地区进行公路工程建设时,需要采取相应的措施来确保公路的安全性和稳定性。

1.公路盐胀

盐渍土在降温时都会吸水结晶,体积增大,使路基土体膨胀,导致路面凸起,产生盐胀现象。气温升高时盐类脱水,体积缩小,导致路基疏松、下凹。路面变形较大部分在车辆重力作用下出现开裂、松散,如不及时处理很快形成坑槽,如图 1-3-42 所示。

图 1-3-42、图 1-3-43

2.公路沉陷

在水位的变化过程中,地表水或地下水溶解盐渍土中的可溶盐类随着水流而转移,引起路基疏松下沉,路面塌陷,如图 1-3-43 所示。

图 1-3-42　路面破坏(坑槽)

图 1-3-43　路基疏松下沉

3.路面翻浆

黏性盐渍土路段经冬天冻胀后,在春天由上而下逐步消融,在消融过程中产生路面翻浆。其形成原因主要是黏性盐渍土颗粒小、渗透性差,含水量过高时,路基内形成泥浆,在车辆的碾压下,泥浆被挤出路面,产生翻浆现象。

4.边坡冲刷

由于盐碱具有表聚性,公路边坡表面受盐分侵蚀形成膨胀、松散、干状的粉性土质,很容易被风吹走,造成边坡土流失和空气污染。遇有小雨,边坡冲刷强烈,造成边坡土大量流失,中、大雨经常造成冲毁路基的严重事件。每年要进行大量的边坡补土工作,给公路养护带来很大困难。

5. 桥涵侵蚀

混凝土表面受盐分侵蚀逐渐松散、剥落,盐分逐层向桥涵内侵蚀,大大缩短了工程使用寿命,并产生较大的安全隐患。

(五)盐渍土作路基填料的可用性

当盐渍土作路基填料时,其可用性详见表 1-3-40。

盐渍土作路基填料的可用性

表 1-3-40

填料的盐渍化程度		高速公路、一级公路			二级公路			三、四级公路	
		0~0.8m	0.8~1.5m	1.5m以下	0~0.8m	0.8~1.5m	1.5m以下	0~0.8m	0.8~1.5m
粗粒土	弱盐渍土	x	O	O	Δ¹	O	O	O	O
	中盐渍土	x	x	O	Δ¹	O	O	Δ³	O
	强盐渍土	x	x	Δ¹	x	Δ²	Δ³	x	Δ¹
	过盐渍土	x	x	x	x	x	Δ²	x	Δ²
细粒土	弱盐渍土	x	Δ¹	O	Δ¹	O	O	Δ¹	O
	中盐渍土	x	x	Δ¹	x	Δ¹	O	x	Δ⁴
	强盐渍土	x	x	x	x	x	Δ²	x	Δ²
	过盐渍土	x	x	x	x	x	Δ²	x	x

注:O-可用;Δ¹-氯盐渍土及亚氯盐渍土可用;Δ²-强烈干旱地区的氯盐渍土及亚氯盐渍土经过论证可用;Δ³-粉土质(砂)、黏土质(砂)不可用;Δ⁴-水文地质条件差时的硫酸盐渍土及亚硫酸盐渍土不可用;x-不可用。

四、软土

(一)软土概述

在静水或缓慢流水环境中沉积,呈软塑～流塑状,具有压缩性高、强度低、透水性差、灵敏度高等特点,同时具有如表 1-3-41 所示的工程地质特性的黏性土,称为软土。

软土

软土工程地质特性

表 1-3-41

特性	指标	特性	指标
天然含水率 w	$\geq w_L$	标准贯入试验锤击数 N	<3 击
天然孔隙比 e	≥ 1.0	静力触探比贯入阻力 P_s	≤ 750kPa
压缩系数 $a_{0.1-0.2}$	>0.5MPa^{-1}	十字板抗剪强度 C_u	<35kPa

1. 分类

《公路工程地质勘察规范》(JTG C20—2011)根据土的天然孔隙比和有机质含量,将软土分为淤泥质土、淤泥、泥炭质土、泥炭 4 类,详见表 1-3-42。

软土按天然孔隙比和有机质含量分类　　　　　表 1-3-42

土类指标	淤泥质土	淤泥	泥炭质土	泥炭
天然孔隙比 e	$1 \leq e \leq 1.5$	$e > 1.5$	$e > 3$	$e > 10$
有机质含量/%	$3 \sim 10$	$3 \sim 10$	$10 \sim 60$	> 60

2. 软土的成因及分布

我国沿海地区、平原地带、内陆湖盆和洼地、河流两岸地区及山前谷地广泛分布各种软土。沿海地区、平原地带软土多位于大河下游的入海三角洲或冲积平原处,例如,长江三角洲、珠江三角洲地带,塘沽、温州、闽江口平原等地带;内陆湖盆、洼地软土多分布于以洞庭湖、洪泽湖、太湖、滇池等为代表的软土发育地区;山间盆地及河流中下游两岸漫滩、阶地、废弃河道等处也常有软土分布;沼泽地带分布着富含有机质的软土和泥炭。

根据软土成因类型,可将软土划分为海洋沿岸沉积、内陆湖盆沉积、河滩沉积三大类,详见表 1-3-43。

软土按成因类型分类　　　　　表 1-3-43

类型		特征	分布
海洋沿岸沉积	潟湖相沉积	颗粒细,孔隙比大,强度低,常夹有薄层泥炭	浙江温州、宁波等地区
	溺谷相沉积	孔隙比大,结构疏松,含水率高,分布范围窄	福州市闽江口地区
	滨海相沉积	面积广,厚度大,夹有粉砂透镜体,孔隙比大	天津的塘沽新港和江苏连云港等地区
	三角洲相沉积	分选性差,夹粉砂薄层,具有交错层理,结构疏松	长江三角洲、珠江三角洲等地区
内陆湖盆沉积	湖相沉积	粉土颗粒成分高,层理均匀清晰,表层多具贝壳	滇池、洞庭湖、洪泽湖、太湖等地区
	丘陵谷地相沉积	沿沟谷呈带状分布,沟口和谷中心深,靠山边浅	高原山区的古代内湖或沼泽地区
河滩沉积	河漫滩相沉积	成层情况较不均一,以淤泥和软黏土为主,含中、细砂交错层,呈透镜体分布	长江、松花江中下游河谷附近
	牛轭湖相沉积		长江中下游平原和东北平原

(二)软土的工程性质

1. 软土的孔隙比和含水率

软土的颗粒分散性高,黏结弱,孔隙比大,含水率高,孔隙比一般大于 1,可高达 5.8,如云南滇池淤泥,含水率大于液限,达 50% ~ 70%,最大可达 300%。沉积年代久、埋深大的软土孔隙比和含水率相对较低。

2. 软土的透水性和压缩性

软土孔隙比大,孔隙细小,黏粒亲水性强,土中有机质多,分解出的气体封闭在孔隙中,使软土的透水性变差,渗透系数 $K < 10^{-6} \text{cm/s}$。荷载作用下排水不畅,固结慢,压缩性高,压缩系

数 $a = 0.7 \sim 2.0 \, \text{MPa}^{-1}$，压缩模量 $E_s = 1 \sim 6 \text{MPa}$。软土在建筑物荷载作用下容易发生不均匀下沉和大量沉降，而且下沉缓慢，完成下沉的时间很长。

3. 软土的强度

软土强度低，无侧限抗压强度在 $10 \sim 40 \, \text{kPa}$ 之间。不排水直剪试验测得的内摩擦角 $\varphi = 2° \sim 5°$，黏聚力 $c = 10 \sim 15 \text{kPa}$；排水条件下 $\varphi = 10° \sim 15°$，$c = 20 \text{kPa}$。所以在确定软土抗剪强度时，应据建筑物加载情况选择不同的试验方法。

4. 软土的触变性

软土受到振动，颗粒黏结破坏，土体强度降低，呈流动状态，该现象称为触变，也称振动液化。触变可以使地基土大面积失效，导致建筑物破坏。触变的机理是吸附在土颗粒周围的水分子的定向排列被破坏，使土粒悬浮在水中，呈流动状态。当振动停止，土粒与水分子相互作用的定向排列恢复，土体强度可慢慢恢复。

5. 软土的流变性

在长期荷载作用下，软土变形可持续很长时间，最终引起破坏，这种性质称为流变性。破坏时，软土强度低于常规试验测得的标准强度。软土的长期强度只有其短期强度的 $40\% \sim 80\%$。

✎ 工程案例

工 程 概 况

某施工场地为新近填土，如图 1-3-44 所示。地质勘察资料显示，地面绝对标高为 $3.5 \sim 3.8\text{m}$，场地下卧有深厚的淤泥层，厚 $18 \sim 35\text{m}$，局部达 45m，淤泥性质很差，天然含水率 82.3%，孔隙比 2.43，压缩系数 1.84MPa^{-1}，黏聚力只有 4.1kPa，属于高压缩性、低强度和低渗透性软弱土层。

图 1-3-44　新近填土场地

图 1-3-44

工 程 分 析

本次软基处理范围包含地块一和地块二之间宽 12m 的市政道路以及东西两侧各 4m 范围内的市政道路，总面积约为 99294m^2。地质勘察资料和地质勘察报告结果显示场地主要地层特征见表 1-3-44。

场地主要地层特征　　　　　　　　　　　　　　　　表1-3-44

自地面依次向下	岩土层	岩土层组成物质	厚度
第一层	人工填土层	冲填土,黄褐色,成分以砂为主,松散装,见植物根系	0.4~2.8m
第二层	淤泥层	灰黑色,有腐臭味,湿度饱和,以流塑状为主,含少量腐殖质、砂和贝壳碎片	平均为18~35m
第三层	黏土	褐黄色,黄红色,湿,硬塑状,黏性较强,韧性很高,含少量砂粒	平均为10m
第四层	全风化花岗岩	黄红色带褐黄色,湿,坚硬状,原岩结构尚存	—
第五层	强风化花岗岩	黄红色带褐黄色,湿,原岩结构清晰,矿物成分以石英和长石为主	—

工 程 措 施

全场软基处理措施:地下室范围以外(包含塔楼地下室)的排水板打入地面以下土层及淤泥层深度为25m,地下室范围以内(不包含塔楼地下室)的排水板打入深度为10m。

本设计方案中,施工工艺成熟,处理时间较短(需4~5个月),经过处理后的场地整体沉降相对稳定,能较大减少后期施工沉降,对后期桩基础施工、室外附属工程及管道等有较好的稳定保护作用,软基处理使沉降量控制在2m左右,减少后期基础土方开挖工程量,同时,开挖后的淤泥固结土晒干后可作为回填土使用,减少后期工程外购土方工程量。

五、膨胀土

(一)膨胀土概述

膨胀土是一种富含亲水性矿物,吸水显著膨胀、软化,失水急剧收缩、开裂,强度可大幅衰减的土,如图1-3-45所示。膨胀土是随含水率增减,体积发生显著胀缩变形的高塑性黏土,其黏土矿物成分主要是蒙脱石和伊利石,二者吸水后强烈膨胀,失水后收缩,长期反复多次胀缩,强度衰减,可能导致工程建筑物开裂、下沉、失稳破坏。

膨胀土

图1-3-45　膨胀土

图1-3-45

(二)膨胀土的野外判断

在野外,膨胀土按地层、地貌、颜色、黏性、结构、裂隙、崩解性、不良地质等进行初步判断,详见表 1-3-45。

膨胀土的初判标准 表 1-3-45

项目	特征	项目	特征
地层	以第四系中、上更新统为主,少量为全新统及新第三系	结构	结构致密,易风化成碎块状,更细小的呈鳞片状
地貌	地形平缓开阔,具垄岗式地貌,垄岗与沟谷相间,无明显的天然陡坎,自然坡度平缓,坡面沟槽发育	裂隙	裂隙发育,呈网纹状,裂面光滑,具蜡状光泽,或有擦痕,或有铁锰质薄膜覆盖。常由灰白、灰绿色黏土充填
颜色	以褐黄、棕黄、棕红色为主,间夹灰白、灰绿色条带或薄膜,灰白、灰绿色多呈透镜体或夹层出现	崩解性	遇水易沿裂隙崩解成碎块状
黏性	土质细腻,手触摸有滑感,旱季呈坚硬状,雨季黏滑,液限大于 40%	不良地质	常见浅层溜塌、滑坡、地裂,新开挖的路堑、边坡、基坑易产生坍塌
含有物	含有较多的钙质结核,并有豆状铁锰质结核	自由膨胀率	$F_s \geq 40\%$

(三)膨胀土的分级

膨胀土可分为非膨胀土、弱膨胀土、中等膨胀土、强膨胀土 4 级,详见表 1-3-46。

膨胀土分级 表 1-3-46

分级指标	非膨胀土	弱膨胀土	中等膨胀土	强膨胀土
自由膨胀率 $F_s/\%$	$F_s < 40$	$40 \leq F_s < 60$	$60 \leq F_s < 90$	$F_s \geq 90$
塑性指数 I_P	$I_P < 15$	$15 \leq I_P < 28$	$28 \leq I_P < 40$	$I_P \geq 40$
标准吸湿含水率 $w_f/\%$	$w_f < 2.5$	$2.5 \leq w_f < 4.8$	$4.8 \leq w_f < 6.8$	$w_f \geq 6.8$

注:标准吸湿含水率指在标准温度(通常为 25℃)和标准相对湿度下(通常为 60%),膨胀土试样恒重后的含水率。

(四)膨胀土的工程性质

(1)膨胀土多为灰白色(图 1-3-46)、棕黄色、棕红色、褐色等,颗粒成分以黏粒为主,含量在 35% ~50%,粉粒次之,砂粒很少。黏粒的矿物成分多为蒙脱石和伊利石,这些黏土颗粒比表面积大,有较强的表面能,在水溶液中能吸引极性水分子和离子,呈现强亲水性。

(2)天然状态下,膨胀土结构致密、孔隙比小,干密度达 1.6 ~1.8g/cm³;塑性指数为 18 ~23,天然含水率接近塑限,一般为 18% ~26%,土体处于坚硬或硬塑状态。

(3)膨胀土中裂隙发育是其不同于其他土的典型特征,膨胀土裂隙可分为原生裂隙和次生裂隙两类。原生裂隙多闭合,裂面光滑,常有蜡状光泽,次生裂隙以风化裂隙为主,在水的淋滤作用下,裂面附近蒙脱石含量增加,呈灰白色,构成膨胀土中的软弱面,如图 1-3-47 所示,膨胀土边坡失稳滑动常沿灰白色软弱面发生。

图 1-3-46　灰白色膨胀土

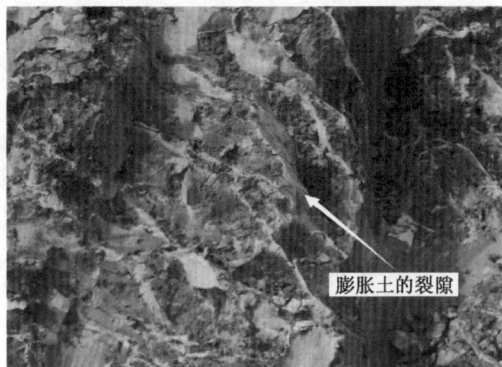

图 1-3-47　膨胀土的裂隙

图 1-3-46、图 1-3-47

(4)天然状态下,膨胀土抗剪强度和弹性模量较高,但遇水后强度显著降低,黏聚力一般小于 0.05MPa,有的黏聚力接近于零,内摩擦角从几度到十几度不等。

(5)超固结性。超固结性是指膨胀土在历史上曾受到过比现在的上覆自重压力更大的压力作用,因而膨胀土孔隙比小,压缩性低,一旦被开挖外露,卸荷回弹,则会产生裂隙,后遇水膨胀,强度降低,造成破坏。

(6)强烈胀缩性。膨胀土对水极其敏感,表现为遇水急剧膨胀,失水明显收缩。在天然状态下,膨胀土吸水膨胀率大于 23%;在干燥状态下,吸水膨胀率大于 40%;失水收缩率大于 50%。

(五)膨胀土对公路工程的危害

1.膨胀土用作路基填料

(1)膨胀土具有很高的黏聚性。

①当含水率较高时,一经施工机械搅动,膨胀土将黏结成塑性很高的巨大团块,很难晾干。

②随着水分的逐渐散失,土块的可塑性降低;由于其固有的黏聚力,土块的力学强度逐步提高,从而使土块变得坚硬,难以击碎、压实。

③如果含水率高的膨胀土直接被用作路基填料,施工难度会增加,工期会延长,并且质量难以保证。

(2)膨胀土具有很大的膨胀性。

①当膨胀土路基遇雨水浸泡后,土体膨胀,轻则表面出现厚 10cm 左右的蓬松层,如图 1-3-48 所示,重则在地下 50~80cm 深度范围内形成"橡皮泥"。

②在干燥季节,随着水分的散失,土体将严重干缩龟裂,其裂缝宽度为 1~2cm,缝深可达 30~50cm,如图 1-3-49 所示。雨水可通过裂缝直接灌入土体深处,使土体膨胀湿软,从而丧失承载能力。

图 1-3-48　膨胀土吸水膨胀崩解

图 1-3-49　膨胀土失水干缩龟裂

（3）膨胀土具有极强的亲水性。

膨胀土土体越干燥密实，其亲水性越强，膨胀率越高。当膨胀受到约束时，土体中会产生膨胀力。当这种膨胀力超过上部荷载或临界荷载时，路基出现严重的崩解，从而造成路基局部坍塌（图 1-3-50）、隆起或出现裂缝以及边坡剥落（图 1-3-51）。

图 1-3-48 ~ 图 1-3-51

图 1-3-50　路基局部坍塌

图 1-3-51　边坡剥落

2. 膨胀土用作稳定土基层材料

膨胀土用作稳定土基层材料时，随着时间的推移、水分的散失，稳定土将严重干缩、龟裂成 20 ~ 25cm 的碎块。经过车辆荷载的重复作用，这些龟裂碎块逐渐松动，并进一步将基层裂缝反射到面层，使面层产生相应的龟裂。若遇雨雪天气，路面积水通过这些裂缝灌入土基，土基表面将迅速膨胀、崩解，形成松软层，从而丧失承载能力，再经过车辆碾压，路面就会出现翻浆沉陷，最终导致路面崩溃。

工程案例

工程概况

陕南十天高速公路西略段是连接我国中南与西北地区的便捷公路通道之一，沿线膨胀土分布广泛，如图 1-3-52 所示。汉中地区雨水丰沛，强降雨天气频发，经常造成滑坡、泥石流等地质灾害，如图 1-3-53 所示，造成巨大经济损失。

图 1-3-52　公路沿线膨胀土　　　　　　　　图 1-3-53　公路沿线地质灾害

图 1-3-52、图 1-3-53

针对十天高速公路的膨胀土滑坡问题,开展滑坡滑动监测分析,结合野外钻孔资料和滑坡剖面图分析,采用钻孔深部位移监测技术,研究膨胀土滑坡发育特点。

工 程 分 析

监测区膨胀土多呈可塑~硬塑状,该边坡位于秦岭山脉南麓,海拔985.0~1193.0m,相对高差208m,地形坡度10°~38°,坡底较平缓,上部较陡,总体地势西高东低。

1. 滑坡体深部位移监测

在该监测区滑坡体上共布设了16个监测孔,详见表1-3-47。

监测区滑坡体布设监测孔和监测变形情况　　　　　　表 1-3-47

边坡层位	最大变形深度/m	最小变形深度/m
边坡浅层(与滑坡勘探剖面中浅层推测滑动面一致)	9.5	5.5
边坡深层(与滑坡勘探剖面中深层推测滑动面一致)	17.2	9

监测情况:路界范围内水平变形速率为0.07~0.38mm/d,滑坡后缘的ZK3、ZK4钻孔呈现出变形加速的迹象。

2. 滑坡体稳定性分析

滑坡体稳定性分析详见表1-3-48。

滑坡体稳定性分析　　　　　　表 1-3-48

滑坡位置	埋深	滑面位置	变形量	变形情况
深层滑面	17.2m	地下水位之下	累计变形量为16~19mm	滑动变形明显,变形处于加速阶段
滑坡体中部滑面	平均深度为12m	地下水位之下	累计变形量为6~10mm	变形虽未加速,但变形速率比较大
滑坡体前部滑动带	平均深度为9m	地下水位之下	变形不明显	变形速率较小
滑坡体两侧滑面	埋深较浅	地下水位之下	变形不明显	滑坡体滑面尚未完全贯通,滑坡体前缘剪出口尚未形成

工 程 措 施

根据监测情况分析,坡体后方出现了变形加速的趋势,整个潜在滑坡体尚处于挤压变形状态,属推移式滑坡形式。

通过采取坡面排水、加固支护、地面加固等措施,增强坡体的稳定性,减少滑坡发生的可能性。

六、红黏土

(一)红黏土概述

覆盖在碳酸盐岩系之上,经红土化作用形成,颜色为棕红色、褐黄色(图1-3-54),具有表面收缩、上硬下软、裂隙发育(图1-3-55)等特征的高塑性黏土为原生红黏土。原生红黏土经搬运、沉积后仍保留其基本特征。液限 $w_L > 45\%$ 的黏土为次生红黏土。

红黏土

图1-3-54 红黏土

图1-3-55 裂隙红黏土

图1-3-54、图1-3-55

(二)红黏土的坚硬状态

红黏土的坚硬状态分为坚硬、硬塑、可塑、软塑、流塑 5 类,详见表1-3-49。

红黏土坚硬状态划分　　　　　　　　　表 1-3-49

坚硬状态	含水比 a_w	坚硬状态	含水比 a_w
坚硬	$a_w \leq 0.55$	软塑	$0.85 < a_w \leq 1.00$
硬塑	$0.55 < a_w \leq 0.70$	流塑	$a_w > 1.00$
可塑	$0.70 < a_w \leq 0.85$		

注:含水比 $a_w = w/w_L$。

(三)红黏土的结构

红黏土的结构划分为致密状、巨块状、碎块状,详见表1-3-50。

红黏土结构划分 表1-3-50

土体结构	裂隙发育特征	土体结构	裂隙发育特征
致密状	偶见裂隙(<1条/m)	碎块状	富裂隙(>5条/m)
巨块状	较多裂隙(1~5条/m)		

(四)红黏土地基的均匀性

红黏土地基的均匀性划分为均匀和不均匀,详见表1-3-51。

红黏土地基均匀性划分 表1-3-51

均匀性	地基压缩层范围内的岩土组成
均匀	全部由红黏土组成
不均匀	由红黏土与岩石组成

(五)红黏土路基灾害类型

1. 冲蚀

坡面土中微裂隙反复胀缩,逐渐发育,终使土块破碎成为细粒,成为细粒的松散土层在降雨或地表径流的集中水流冲刷侵蚀作用下,沿坡面形成沟状冲蚀,冲蚀沟深一般在 0.05 ~ 0.5m,如图 1-3-56 所示。

2. 剥蚀

开挖土体卸荷,应力释放,边坡向临空面胀裂,再经风化,土层逐步散解成碎块剥落堆积于坡脚,如图 1-3-57 所示。

图 1-3-56、图 1-3-57

图 1-3-56　沟状冲蚀　　　　　图 1-3-57　碎块剥落堆积

3. 泥流

泥流是坡面松散土粒与坡脚剥落堆积物在雨季被水流裹带搬运形成的,一般在高液限土长大坡面、风化剥落严重且地表径流集中处最易形成。

4.溜塌

溜塌是红黏土边坡表层最普遍的一种病害,常发生在雨季,且稍滞后于降雨,可在边坡的任何部位发生,与边坡坡度无关。溜塌在降雨强度大的地区比较常见,裂隙比较发育的红黏土更容易出现这类病害。

5.滑坡

滑坡是由土体抗剪强度的过度降低(骤减或衰减)引起的,常发生在雨季,多以牵引式出现。

(六)红黏土地区选线问题

(1)路线应避开红黏土发育的山前斜坡地带,选择地形平缓、坡面完整、植被生长良好的地段通过。

(2)路线应避开中、强收缩土区及土层呈多元结构或有软弱夹层的地带。无法避开时,应以最短距离通过。

(3)路线应以浅挖、低填的方式通过。

(4)路线应避开地下水发育的地段。

(5)路线应避开地裂密集带及深、长地裂地段。

工程案例

工 程 概 况

云南某红黏土路堑边坡勘察资料显示:①野外描述特征:褐红色,硬塑,裂隙发育(碎裂结构),透水性较强,如图 1-3-58 所示;②主要物理力学指标(试验资料)见表 1-3-52。

红黏土的主要物理力学指标   表 1-3-52

指标	指标值	指标	指标值
自由膨胀率	40% ~60%	孔隙比	1.03
天然容重	1.82g/cm^3	液性指数	0.16
直剪剪切	$c=38kPa,\varphi=15°$	三轴剪切	$c=58kPa,\varphi=6.5°$

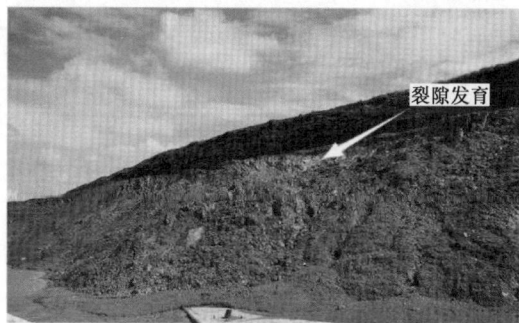

图 1-3-58 红黏土路堑边坡   图 1-3-58

工 程 分 析

(1)本工程红黏土路堑边坡设计按1:1放坡,总长约2km,坡高5~6m。但红黏土路堑边坡施工时未做边坡防护。

(2)施工完成后观察发现:

① 该边坡在旱季基本稳定,边坡土体无水,有局部小范围坍落;

②在经历第二年雨季后,边坡大范围失稳,5m高边坡土体大范围浅层溜塌破坏,如图1-3-59所示;

③坡高6m者多发展成牵引式滑坡,土体饱和,坡脚渗水,如图1-3-60所示。

图 1-3-59、图 1-3-60

(3)本路堑边坡施工时没有充分考虑以上情况,未做边坡防护,这是导致边坡病害(浅层溜塌和牵引式滑坡)的主要原因。

图1-3-59　浅层溜塌

图1-3-60　牵引式滑坡

工 程 措 施

(1)红黏土滑坡地段在采用抗滑桩支挡防护时,重点加强桩前水平地基承载力的核查,防止桩体锚固能力不足而造成抗滑桩变形。

(2)对于二元结构红黏土边坡,针对性地加强土岩界面处的工程加固,优先采用锚杆挡墙等轻型支挡结构。

(3)红黏土滑坡治理贯彻"治坡先治水"的理念,积极采取边坡渗沟、支撑渗沟等工程措施,有效提高坡体的自身稳定性。

技能训练

根据以上学习内容及工程案例完成技能训练,详见《道路工程地质(第3版)技能训练与测评活页手册》任务单1-3-2 特殊性岩土。

知 识 测 评

对本模块所学知识和技能进行测评,详见《道路工程地质(第3版)技能训练与测评活页手册》项目3第四纪沉积物与特殊性岩土认知的【知识测评】和模块1工程地质条件认知的【知识测评】。

目 标 评 价

通过本模块学习,对三大目标完成情况进行评价,详见《道路工程地质(第3版)技能训练与测评活页手册》模块1工程地质条件认知的【目标评价】。

模块1项目3
在线测试题

模块2

道路工程地质评价

学习目标

1. 能力目标

(1)具备对公路沿线工程地质条件进行评价的能力；

(2)具备评估地质病害对公路工程危害程度的能力。

2. 知识目标

(1)掌握工程地质环境评价的内容及方法；

(2)掌握工程岩土稳定性评价的内容及方法。

3. 素质目标

(1)培养地质勘察员顺应自然、爱护环境、保护生态的工程建设职业行为习惯；

(2)培养地质勘察员提供的评价建议能确保公路工程建设经济、合理的职业素养。

学习指南

本课程学习的技能任务是编制公路工程地质勘察报告，对应工作岗位是公路工程地质勘察员。《公路工程地质勘察报告编制规程》(T/CECS G:H24—2018)规定：工程地质勘察报告总说明应包括前言、自然地理概况、工程地质条件、总体工程地质评价、路线工程地质评价、结论与建议等内容。

在模块1我们已经学习了"道路工程地质条件"，因此，本模块将学习"道路工程地质评价"。

道路工程地质评价是依据规范规程、理论原理和工程经验，通过全面分析工程地质条件，对特定工程对象涉及的工程地质问题进行系统分析、论证、预测。

本模块学习任务：道路工程地质环境评价(包含工程地质环境和道路不良地质评价)和道路工程稳定性评价(包含工程稳定性与工程地质环境稳定性、道路路基稳定性评价、道路边坡稳定性评价以及水和土的腐蚀性评价)。

项目 1　道路工程地质环境评价与不良地质评价

◎ 任务引入

拟建某高速公路第 TJ1 段起讫里程桩号为 K0 + 000 ~ K8 + 400,长度为 8.40km。设置的主要构筑物有冯家庄互通枢纽、马鞍山大桥、凉风坪 1 号大桥、凉风坪 2 号大桥、长田坡四座大桥,路堑边坡 4 段,高填路堤 5 段。

本项目任务:完成本标段特殊性土段工程地质评价。

根据路外调绘资料,得出的 TJ1 段特殊性土段工程地质评价表,见表 2-1-1。

高速公路 TJ1 段特殊性土段工程地质评价表　　　　　　　　　　　表 2-1-1

路段范围	规模			工程地质特征描述	评价及处理措施建议	路线通过形式
	长度/m	层厚/m	埋深/m			
K1 + 440 ~ K1 + 800	360	2.4 ~ 9.0	0 ~ 9.0	地表为旱地,覆盖层为红黏土,灰褐色,土质均匀,天然含水量大,可塑状,底部一般呈软塑状	①红黏土厚度大、不稳定,工程地质性质差; ②路基位于斜坡上,直接填筑易产生侧向滑移或不均匀沉降。 建议对地基土进行加固处理,左侧设置支挡	路基通过

要完成工程地质环境评价这个任务,需要具备哪些知识和技能?

📖 学习内容

道路工程地质环境评价与不良地质评价 ⎨ 道路工程地质环境评价
道路不良地质评价

温故知识

地下水概述

温故知识

地下水分类

温故知识

地下水对工程的不良影响

温故知识

地下水

任务1　道路工程地质环境评价

📖 **理论知识**

一、工程地质环境

人口问题、环境问题及能源问题已成为当今世界最为突出和急需解决的三大问题,尤其是环境问题,已成为国际社会普遍关注的重大问题。随着人类工程活动的规模和范围不断扩大,人类与环境之间的矛盾日益突出。各国政府高度重视环境问题,并正在采取一系列措施来保护和治理日趋恶化的环境。

环境是指人类赖以生存的一定范围内的客观实体,它的空间范围可以从地球的大气圈、水圈、生物圈和岩石圈,一直扩展到宇宙空间。

工程地质环境是指岩石圈与大气圈、水圈、生物圈相互作用形成的环境空间,包括岩石、土、地表水、地下水、地质构造、地质作用及人类工程活动所带来的对以上各种因素的可能影响等。道路工程地质环境是指与道路工程建设和道路工程安全紧密相关的地质环境。

图 2-1-1

工程地质环境可分为原生工程地质环境和次生工程地质环境,如图 2-1-1 所示。由各种自然地质作用所形成的自然工程地质环境称为原生工程地质环境,由人类工程活动形成的工程地质环境称为次生工程地质环境。

a)原生工程地质环境　　　　　　　　　　b)次生工程地质环境

图 2-1-1　工程地质环境

人类的生存环境就其本质而言主要是地质环境,特别是工程地质环境。为了减轻地质灾害给人类带来的危害,减少人类工程活动对自然地质环境的破坏,应研究和预测人类工程活动造成的环境破坏,采取有效的预防措施,对地质环境进行合理的利用与保护,保证人类的可持续发展。

二、工程地质环境评价类型

工程地质环境直接影响工程设计方案的确定及造价等多个方面,因此,工程地质环境评价是工程项目投资决策过程中必不可少的基础工作之一。工程地质环境评价包括工程地质环境的适宜性评价和工程地质环境的适应性评价。工程地质环境的适宜性评价是指工程地质环境要素对工程兴建及运行的满足程度评价,工程地质环境的适应性评价是指工程建设对工程地质环境的影响程度评价。

工程地质环境评价

1. 工程地质环境的适宜性评价

工程地质环境的适宜性评价的主要目的是根据原生地质环境中的地形、地貌、地层岩土、地质构造、地下水、不良地质现象等对工程建设活动的制约程度作出评价,也就是对公路工程建设场地的工程地质条件能否满足拟建工程施工和运行安全的需要进行定性或定量的分析。一般应对工程建设场地及其周围可能影响工程安全的因素进行说明或分析,详见表 2-1-2。

影响工程安全的因素 表 2-1-2

影响工程安全因素	具体内容
地形、地貌	地形、地貌特征
地层岩土	地层的岩土类别、性质、物理力学性质指标及空间分布情况
地质构造	地质构造的规模、密集程度、空间分布规律及组合情况
地下水	地下水的埋藏情况、类型,对建筑材料的腐蚀性,水位及水位变化情况
不良地质现象	不良地质作用及其对工程的危害程度
地震	区域地震活动情况
地基承载力	地基承载力等其他工程项目建设所需要的参数
其他	地应力、地下有害气体等其他需要说明的情况

注:工程地质环境的适宜性评价工作的深度要视工程项目建设的具体阶段而定,以满足具体工程项目建设阶段的要求为准。

2. 工程地质环境的适应性评价

工程地质环境的适应性评价的主要目的是确定工程活动对地质环境产生的影响,即对工程活动可能引起的岩土变形、破坏、污染等后果进行分析和评价。进行工程地质环境的适应性评价时,应关注岩土物理力学性质和应力状态、地下水的水位和水质的变化,通过对这些变化的分析和预测进一步分析和判断其可能带来的危害。

工程地质环境评价已引起国内外的普遍关注,其发展趋势由过去的具体的某个方面或单个要素的简单评价,逐步转向系统性、综合性评价,既要全面考虑各种因素,又要突出重点,如多因素敏感性分析法等。通过模拟不同工程状态,观察和分析工程活动可能产生的工程地质环境问题,为工程决策和地质环境保护提供依据。

三、人类工程活动对工程地质环境的影响

随着科学技术的不断发展,人类拥有的现代化设备的机械动力越来越强,工程爆破的规模也越来越大。这些进步和发展在增强人类的工程能力和扩大活动范围的同时,也使人类工程

活动对工程地质环境的影响力日益增强,这种影响力已经远远超出了自然界的地质营力,甚至是物理风化作用和化学风化作用影响力的成百上千倍,足以影响区域的工程地质环境。人类的工程活动对工程地质环境的影响主要表现为大量地质灾害及其引起的次生灾害的发生。

常见的由道路工程建设引起的地质灾害主要有以下几种类型,详见表2-1-3。

由道路工程建设引起的地质灾害类型　　　　　　　　　　表2-1-3

序号	地质灾害类型	形成的原因
1	滑坡、崩塌	①公路工程修建过程中,开挖山体造成原山体中部分岩土体力学平衡被破坏; ②工程爆破引起的岩土体强度降低和爆破产生的动力荷载
2	泥石流	当遇有暴雨、山洪等形成的大量水流流入时,在地下水的静水压力、动水压力以及岩土强度降低等多方面因素的影响下,工程建设过程中堆积的大量废弃岩石被水流冲刷
3	地面沉降、塌陷	①地下工程的修建形成的地下空区引起的局部岩土变形; ②开挖引起的岩土体侧向变形; ③工程事故引起的岩土流失
4	突水、突涌、管涌	当人类的工程活动使地下承压水层、饱和土层及富水的断层破碎带周围岩土承压能力减弱,无法承受原有压力时,水土就会突然涌出,从而造成突水、管涌与突涌事故 突水、突涌、管涌
5	振动	人类的生产和施工越来越多地依赖于各种各样的机械和动力设备及工程爆破。设备的运转和工程爆破过程都会产生大量的振动。振动荷载会直接诱发多种地质灾害以及砂土液化,从而引发多种次生地质灾害
6	生态问题	人类的活动范围越来越大,生产和生活设施的覆盖范围也越来越广,使得地球表面的原生自然环境越来越少,对自然生态环境造成了极大的破坏。特别是高原、极地、干旱、荒漠等地区的生态极其脆弱,环境容量极小,轻微的扰动就能造成不可逆转的破坏,并可能对更大区域的环境产生影响。例如,我国北方近几年发生的沙尘暴就是西北内陆地区生态破坏的直接后果,它对人的身体健康、交通安全等诸多方面造成了不利影响,使得国家不得不花费大量的人力、物力进行治理
7	地下管线破坏	现代化的城市地下埋藏了大量的地下管线,例如水管、通信光缆等。这些地下管线的埋深一般较小,工程施工时极易被触及,如不提前采取保护措施很容易受到损坏。此外,各类工程建设所引起的地面沉降和塌陷等也会造成地下管线的破坏
8	水土流失、土地沙化	人类的工程活动过程中的滥伐、滥垦、过度放牧等会引起水土流失、土地沙化
9	资源破坏	不合理规划或工程建设占地造成的耕地面积减少
10	其他次生灾害	人类工程活动会引起前述各类工程地质环境的直接变化,变化后的地质环境又会引发一些其他的次生灾害。例如基坑的变形、坍塌和坑内降水、涌水、流砂等引起的周围建筑物的倾斜、开裂、倒塌等

任务 2　道路不良地质评价

理论知识

道路不良地质是由各种地质作用或人类活动造成的岩溶、滑坡、崩塌、危岩、岩堆、泥石流、积雪、雪崩、风沙、采空区、水库坍岸和地震液化等对工程可能产生危害的地质现象的总称。我国公路施工中常见的不良地质主要是岩溶、滑坡、崩塌、危岩、岩堆、泥石流等,它们既影响场地稳定性,也对路基基础、边坡工程、隧道、桥梁等具体工程的修建、使用和运维不利。

一、岩溶

(一)岩溶概述

岩溶

岩溶是水对可溶性岩石(碳酸盐岩、石膏、岩盐等)进行以化学溶蚀作用为主,流水的冲蚀、潜蚀和崩塌等机械作用为辅的地质作用及其所产生的现象的总称。由此作用形成的地貌,称为岩溶地貌,如图 2-1-2 所示。

在岩溶地区,地上、地下的岩溶形态复杂多变(图 2-1-3),给公路测设定位带来相当大的困难。现有的公路路基会因地下水的涌出、地面水的消水洞被阻塞而损毁;或溶洞的坍顶,引起地面路基坍陷下沉或开裂。但有时可利用某些岩溶形态,如利用"天生桥"跨越河道、沟谷、洼地;利用暗河、溶洞以扩建隧道。因此,在岩溶区修建公路,应认真勘察岩溶发育的程度和岩溶形态的空间分布规律,以便充分利用某些岩溶形态,防止岩溶病害影响路线布局和路基稳定性。

图 2-1-2、图 2-1-3

图 2-1-2　岩溶地貌

图 2-1-3　岩溶形态

(二)岩溶分类

根据埋藏条件,岩溶可分为裸露型、浅覆盖型、深覆盖型、埋藏型 4 类,详见表 2-1-4。

岩溶防治措施

岩溶按埋藏条件分类

表 2-1-4

类型	主要特征
裸露型	可溶性岩层大部分出露地表,低洼地带分布有厚度一般不超过 10m 的第四纪覆盖层,地表岩溶景观显露,地表水与地下水连通密切
浅覆盖型	可溶性岩层大部分被第四系土层覆盖,厚度一般不超过 30m,少部分岩溶景观显露地表,地表水与地下水连通较密切
深覆盖型	可溶性岩层基本被第四系土层覆盖,厚度一般超过 30m,几乎没有岩溶景观显露地表,地表水与地下水连通不密切
埋藏型	可溶性岩层被非可溶性岩层(如泥岩、砂岩、页岩等)覆盖,没有岩溶景观显露地表,地表水与地下水连通不密切

(三)岩溶地区的主要工程地质问题

岩溶对建(构)筑物稳定性和安全性有很大影响。

1. 被溶蚀的岩石强度大幅降低

岩溶水溶蚀可溶岩层,使岩层产生孔洞,最常见的是岩层中的溶孔或小洞。溶孔是指可溶岩层内部孔径不超过 30cm(一般为 1~3cm 的微溶蚀)的空隙,如图 2-1-4 所示。岩石遭溶蚀后,产生孔洞,结构松散,强度降低。

图 2-1-4~图 2-1-9

2. 基岩面不均匀起伏

石芽、溶沟(槽)的存在使地表基岩面参差不齐、起伏不均匀,如图 2-1-5 所示。如利用石芽或溶沟(槽)发育的场地作为地基,则须作地基处理。

图 2-1-4 被溶蚀的石灰岩

图 2-1-5 基岩面不均匀起伏

3. 降低地基承载力

建筑物地基中若有岩溶洞穴,将大大降低地基岩体的承载力,容易引起洞穴顶板塌陷,造成建筑物破坏。

4. 施工困难

在基坑开挖和隧道施工过程,岩溶水可能突然大量涌出,给施工带来困难。溶洞溶蚀严重(图 2-1-6),顶板突然塌陷(图 2-1-7)造成建筑物破坏或影响施工的进度,严重者迫使路线局部改线。

图 2-1-6 溶洞溶蚀

图 2-1-7 洞穴顶板塌陷

【案例】西南隧道沿茅口灰岩与峨眉山玄武岩交接处仅 600 余米长,就有大小洞穴 80 余处,洞大部分被充填。施工过程中,洞穴充填物大量坍塌,总塌方量超过 10000m³,12 处塌到洞顶地表。在开挖过程中还遇到岩溶水,如图 2-1-8 所示,当风钻打到溶洞时,岩溶水立刻向外喷射,射程达 18m,水量为 2800m³/h,给施工带来很大的困难,如图 2-1-9 所示。

图 2-1-8 岩溶水渗出

图 2-1-9 岩溶水喷出

工程案例

工 程 概 况

花山隧道位于崇左市龙州县上金乡境内,隧道全长 4206m,最大埋深约 225m。2022 年 3 月 19 日,随着花山隧道垭口的一次爆破工作完成,崇凭铁路 2 标岩溶隧道施工里程累计突破 1000m,隧道施工按下加速键。该施工区域属于典型岩溶地貌区,如图 2-1-10 所示。

图 2-1-10

图 2-1-10   建设中的花山隧道外貌

工 程 分 析

新建崇凭铁路位于广西壮族自治区的西南部,为南宁至崇左铁路的延伸,线路东起崇左市,向西经龙州县至凭祥市。花山隧道为一级风险岩溶隧道,施工时易引发落石、涌水、突泥等灾害,安全风险高,技术难度大,是崇凭铁路全线的重难点工程。在掘进中已发现的隧道大小溶洞 30 余处,其中大型溶洞 5 处,超大型溶洞 1 处,如图 2-1-11 所示。自开工以来,崇凭铁路全线隧道出现的大型或超大型溶洞多集中在 2 标,这对保证项目安全、质量、进度提出了更高要求。

工 程 措 施

由于地质和地形条件复杂,项目部邀请专家多次进行专题研究、施工方案论证,于 2021 年 10 月底启动进洞掘进施工。施工过程中,项目部坚持做好超前预报、加强监控监测,提前探明工程地质、水文地质等情况,坚定"岩变我变"的原则,先后克服了洞顶岩堆、岩体破碎、危岩落石、超大溶洞等施工难点,确保施工安全顺利进行。2022 年 3 月 17 日,崇凭 2 标第一板隧道二次衬砌在花山隧道横洞浇筑完成,项目将严格管控隧道施工过程,确保安全、质量、进度协调并重。此次崇凭 2 标隧道里程突破 1000m 大关,标志着项目隧道施工进入了新的攻坚阶段。图 2-1-12 为建设中的花山隧道。

图 2-1-11、图 2-1-12

图 2-1-11   隧道出现超大型溶洞

图 2-1-12   建设中的花山隧道

(四)岩溶工程地质勘察内容

路线通过可溶岩地区,存在影响或潜在影响公路工程的安全的岩溶地质灾害时,应进行岩溶工程地质勘察。根据《公路工程地质勘察规范》(JTG C20—2011),对岩溶工程地质勘察内容归纳如下,详见表2-1-5。

岩溶工程地质勘察内容　　　　　　　　表 2-1-5

序号	勘察内容
1	岩溶地貌的成因、类型、规模、形态特征、分布范围
2	岩溶发育与地层岩性、地质构造、水文地质条件及新构造运动的关系
3	覆盖层的成因、类型、分布、厚度、土质名称、地层结构
4	基岩的岩性、地质年代、地层层序、分布范围、埋深和岩面起伏变化情况
5	褶皱、断裂、节理的类型、规模、性质、分布范围和产状
6	土洞、岩溶洞隙、暗河的分布范围、规模及稳定性
7	地下水的类型、分布、富水程度、埋藏条件、水位变化及运动规律
8	地下水与地表水的水力联系,地表水的消水位置和洪水痕迹的分布高程
9	土洞、岩溶水害、岩溶塌陷的成因、分布和发育规律
10	当地治理岩溶、土洞和地面塌陷的工程经验

注:1. 覆盖层是指覆盖在基岩之上的各种成因的松散堆积、沉积物;

2. 覆盖层厚度是指从地表到地下基岩面的距离。

(五)岩溶区选线原则

(1)路线应避开岩溶发育强烈地带,选择从岩溶发育较弱、洞穴层数少、顶板稳固、受岩溶水影响小或非岩溶化地带通过。

(2)路线应避免沿断裂带、可溶岩与非可溶岩的接触带、有利于岩溶发育的褶皱轴部布线,避开断裂的交会处、岩溶水富集区及岩溶水排泄区。

(3)路线通过孤峰平原区,应选择覆盖层较厚、地下水埋藏较深的地段通过,避开多元土层结构、地表水位与地下水位变化幅度较大、地下水埋藏较浅及抽取地下水后可能形成下降漏斗的地段。

(4)路线通过峰林谷地、峰丛洼地及溶丘洼地地区,路线设计高程应高于岩溶水的最高洪水位,避开断裂通过的垭口。

(5)路线通过河谷区,路线宜在岩溶发育较弱的一岸布设,避开谷坡上的岩溶负地形和无水溶洞群,避免路线设计高程处于岩溶发育强烈的水平径流带内。

(6)越岭线应避开岩溶负地形和岩溶水排泄区。

(7)路线应避开土洞、地面塌陷发育的不良地质地段。

二、滑坡

滑坡是指斜坡上的土体或者岩体,受河流冲刷、地下水活动、雨水浸泡、地震及人工切坡等因素影响,在重力作用下,沿着一定的软弱面或者软弱带,整体地或者分散地顺坡向下滑动的自然现象。

滑坡

(一)滑坡的特征

1.滑坡地表形态的特征

滑坡地表形态的特征,有助于识别新、老滑坡,如图 2-1-13 所示。

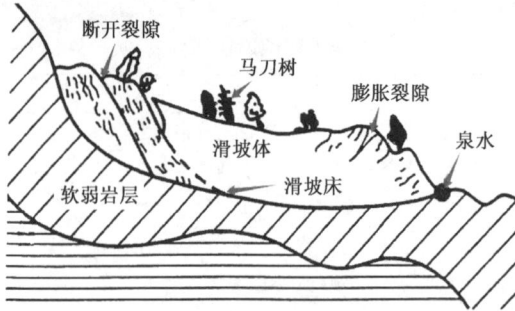

图 2-1-13 滑坡地表形态的特征示意图

以堆积层滑坡(图 2-1-14)和岩层滑坡(图 2-1-15)为例,其主要特征详见表 2-1-6。

图 2-1-14 ~ 图 2-1-16

图 2-1-14 堆积层滑坡

图 2-1-15 岩层滑坡

堆积层滑坡和岩层滑坡的特征 表 2-1-6

特征	堆积层滑坡	岩层滑坡
滑坡形状	多呈扁平的簸箕形	顺层滑坡中,滑动床的对面多呈平面或多级台阶状,多呈"U"形或平板状
滑坡壁	斜坡上有错距不大的台阶,上部滑壁明显,有封闭洼地,下部则常见隆起	滑坡壁多上陡下缓,它与其两侧有互相平行的擦痕和岩石粉末
滑坡体	滑坡体上有弧形裂缝,并随滑坡的发展而逐渐增多,滑坡体两侧和滑动面上常出现裂缝,其方向与滑动方向一致	在滑坡体的上、中部有横向拉张裂缝,大体上与滑动方向正交,而在滑坡床部位则有扇形张裂缝

续上表

特征	堆积层滑坡	岩层滑坡
滑动面	滑动面在均质土中常呈圆筒面,在非均质土中则多呈一个或几个相连的平面	滑动面光滑,有明显的擦痕
滑动床	在黏性土层中,由于滑动时摩擦剧烈,滑动面光滑如镜,并有明显的擦痕,呈一明一暗的条纹;在黏土夹碎石层中,滑动面粗糙不平,擦痕尤为明显	滑动床多为具有一定倾角的软弱夹层
外部特征	滑坡体上树木歪斜,成为醉林	发生在破碎的风化岩层中的切层滑坡,常与崩塌现象相似

2.停止滑动的滑坡特征

当滑坡停止滑动并经过较长时间后,具有以下特征:

(1)台阶后壁较高,长满了草木,找不到擦痕。

(2)滑坡平台宽大且已夷平,土体密实,地表无明显的裂缝。

(3)滑坡前缘的斜坡较缓,土体密实,长满树木,无松散坍塌现象,前缘迎河部分多出露含大孤石的密实土层。

(4)滑坡两侧的自然沟割切很深,已达基岩。

(5)滑坡舌部的坡脚有清澈泉水出现。

(6)原来的醉林重新竖向生长,树干下部弯曲而上部竖直,形成"马刀树",如图 2-1-16 所示。

稳定的山坡

图 2-1-16 马刀树

这些特征表明滑坡已基本稳定。滑坡稳定后,如触发滑动的因素已经消失,滑坡将长期稳定,否则,还可能重新滑动或复活。

(二)滑坡的形成条件

1.滑坡发育的内部条件

滑坡发育的内部条件与组成边坡的岩土的性质、结构、构造和产状等有关,详见表 2-1-7。

滑坡发育的内部条件   表 2-1-7

序号	滑坡发育的内部条件
1	当较陡的边坡上堆积有较厚的土层,其中有遇水软化的软弱夹层或结构面时
2	当斜坡上有松散的堆积层,而下伏基岩是不透水的,并且层面的倾角大于 20°时
3	当松散堆积层下的基岩是易于风化或遇水软化时
4	当地质构造复杂,岩层风化破碎严重,软弱结构面与边坡的倾向一致或交角小于 45°时
5	当黏土层中网状裂隙发育,并有亲水性较强的软弱夹层(如伊利土、蒙脱土)时
6	原古滑坡、老滑坡地带可能因工程活动而复活时

2.滑坡发育的外部条件

滑坡发育的外部条件主要是水的作用。水的来源不外乎大气降水、地表水、地下水、农田灌溉的渗水、高位水池和排水管道漏水等。水一旦进入斜坡岩(土)体内,将增加岩土的容重并使岩石软化,降低岩土的抗剪强度,产生静水压力和动水力,冲刷或潜蚀坡脚,对不透水层土的上覆岩(土)层起到润滑作用。当地下水在不透水层顶面汇集成层时,它还对上覆岩(土)层产生浮力等。

振动对滑坡的发生和发展也有一定的影响,如大地震时往往伴有大滑坡发生,大爆破有时也会触发滑坡。山区建设中还常不合理地开挖坡脚或在边坡上填置弃土、建造房屋或堆置材料,以致破坏斜坡的平衡而使边坡发生滑动。

(三)滑坡的工程地质勘察内容

当公路路线及其附近存在对公路工程及其附属设施的安全有影响的滑坡或有滑坡的可能时,应进行滑坡工程地质勘察。根据《公路工程地质勘察规范》(JTG C20—2011),滑坡工程地质勘察应查明的内容见表2-1-8。

滑坡工程地质勘察内容 表2-1-8

序号	勘察内容
1	地形地貌、地层岩性、地质构造、水文地质条件、地震动参数及当地气象资料
2	滑坡的成因、类型、规模、分布范围、发育规律及诱发因素
3	滑坡周界、滑坡裂缝、滑坡擦痕、滑坡台阶、滑坡壁、滑坡鼓丘、滑坡洼地等滑坡要素的分布位置和发育情况
4	滑动面(带)的分布位置、层数、厚度、形态特征、物质组成、含水状态及其物理力学性质
5	滑坡体的物质组成及其分级、分块和分层情况
6	滑床的形态特征、物质组成、物理力学性质和地质结构
7	沟系、洼地、陡坎等微地貌特征和植被情况
8	地下水的类型、分布、埋藏条件、成因、水质、水量
9	滑坡的稳定性
10	当地滑坡的勘察、设计资料和治理经验

(四)滑坡发育地段选线原则

滑坡发育地段根据地质条件选线应符合下列原则:

(1)路线应避开规模大、工程地质性质复杂、稳定性差、处治困难的滑坡及滑坡群地段。

(2)当滑坡的规模较小,整治方案技术可行、经济合理时,路线应选择在有利于滑坡稳定的安全部位通过。

(3)路线通过滑坡地段时,不得开挖坡脚,且不应在滑坡体的上方以填方形式通过。

滑坡防治
原则及措施

🖋️ 工程案例

工 程 概 况

2018 年 9 月 13 日 16 时 10 分,贵州德江小尖山发生特大型滑坡地质灾害,滑坡体量约 160 万 m³,造成 9 栋房屋倒塌,S303公路严重变形破坏,破坏长度约 160m,阻断交通。由于预警及时,未造成人员伤亡,目前滑坡处于欠稳定状态。

经现场踏勘,滑坡整体形态近似长舌状,出露志留系韩家店组厚层状~中厚层状泥岩与薄层状泥质粉砂岩;上覆第四系碎石土,岩体浅层结构松散碎裂;具有贯通地表与滑床的水文地质条件。确定该滑坡为古滑坡复活形成的中层岩土体混合顺向滑坡,如图 2-1-17所示。

图 2-1-17　小尖山复合型滑坡

工程分析

滑坡形成的内因和外因详见表 2-1-9。

滑坡形成的内因、外因　表 2-1-9

	滑坡形成因素	滑坡形成条件
内因	滑坡性质	古滑坡
	地质地貌	山高坡陡
	岩体	岩体破碎
	岩性	厚层状~中厚层状泥岩、薄层状泥质粉砂岩,上覆第四系碎石土,自重大
外因	水	持续强降雨,同时具有贯通地表与滑床的水文地质条件
	人类工程活动	公路建设——工程开挖形成了有效的临空面

因此,本次滑坡形成的原因:①持续强降雨是滑坡裂缝形成及扩张的必要因素;②工程开挖形成的有效临空面是诱发顺向坡滑动的直接原因;③本次滑体具有先牵引后推移的复合型滑坡特征。以上因素共同作用引发古滑坡复活,导致本次滑坡。

工程措施

本次滑坡属于先牵引后推移的复合型滑坡,其上部为"牵引式"滑源区、下部为"推移式"滑流堆积区。由于"牵引—推移"模式具有缓冲机制,延缓了滑坡的时间,故本次滑坡没有发生在公路建设期间,但工程活动已经留下了滑坡隐患。

经勘察,目前滑坡区两侧有一定规模的变形体,还存在潜在隐患,因此,公路建设要特别注意勘察古滑坡,并要及时采取防治措施,避免古滑坡复活。

(案例来自李伟等《贵州德江小尖山复合型滑坡时空特征及成因机制》,《地质灾害与环境保护》)

三、崩塌、危岩与岩堆

崩塌是指陡斜坡上的岩土体在重力作用下突然脱离母体崩落、堆积在坡脚(或沟谷)的地质现象,如图 2-1-18 所示。

图 2-1-18 ~ 图 2-1-20

图 2-1-18　崩塌

危岩是指已开裂变形,可能发生崩塌或滑坡的危险岩体,如图 2-1-19 所示。岩堆是指陡峻山坡上,岩体崩坍物质经重力搬运,堆积在山坡坡脚或平缓山坡上的松散堆积体,如图 2-1-20所示。

图 2-1-19　危岩

图 2-1-20　岩堆

在道路建设中,崩塌比危岩和岩堆的危害更大,它可毁坏建筑物、掩埋道路、中断交通,甚至堵塞河流形成"堰塞湖"。

(一)崩塌发生条件

(1)岩性。崩塌一般发生在厚层硬脆性岩体中(如砂岩、灰岩、石英岩、花岗岩等),这类岩体容易形成高、陡斜坡,斜坡前缘由于应力重分布和卸荷等,会产生长而深的拉张裂缝,裂缝与其他结构面组合,逐渐形成连续贯通的分离面,在触发因素作用下发生崩塌,如图 2-1-21所示。

(2)构造。软硬相间岩层组成的陡坡,由于软弱岩层经风化、剥蚀形成凹龛或蠕变,会形成局部崩塌,构造节理和成岩节理,如图 2-1-22 所示。当节理密度较低,但延展性、穿切性较好时,常能形成较大体积的崩塌体。

(3)地形。崩塌一般发生在高、陡斜坡(坡角大于 45°,尤其是大于 60°)的前缘。地形切割越强、高差越大,形成崩塌的可能性越大,破坏也越严重。

(4)风化。风化作用能使斜坡前缘各种成因的岩石裂隙加深、加宽,对崩塌的发生起催化作用。在干旱、半干旱地区,由于物理风化强,岩石机械破碎而发生崩塌;高寒山地区的冰劈作用也易导致崩塌的发生。

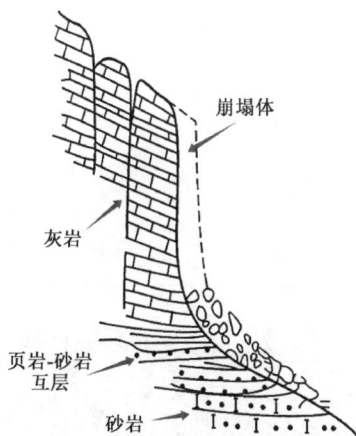

图 2-1-21　坚硬岩石组成的斜坡前缘
卸荷裂隙导致崩塌示意图

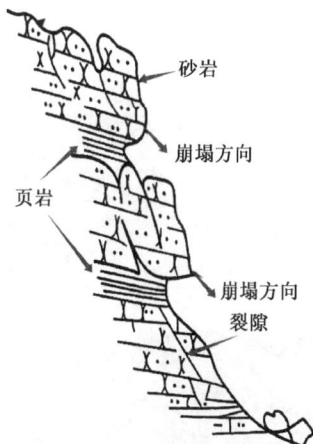

图 2-1-22　软硬岩互层的陡坡
局部崩塌示意图

（二）崩塌分类

根据《公路工程地质勘察规范》（JTG C20—2011），崩塌可按规模、产生的机理、发生的地层进行分类。

（1）根据崩塌的规模，崩塌可分为小型崩塌、中型崩塌、大型崩塌三类，详见表 2-1-10。

崩塌按规模分类　　　　　　　　　　　　　　　表 2-1-10

类型	小型崩塌	中型崩塌	大型崩塌
崩塌体体积 V/m^3	$V \leqslant 500$	$500 < V \leqslant 5000$	$V > 5000$

（2）根据崩塌产生的机理，崩塌分为倾倒式崩塌、滑移式崩塌、膨胀式崩塌、拉裂式崩塌、错断式崩塌五类，详见表 2-1-11。

崩塌按形成机理分类　　　　　　　　　　　　表 2-1-11

类型	倾倒式崩塌	滑移式崩塌	膨胀式崩塌	拉裂式崩塌	错断式崩塌
形成机理	倾倒	滑移	膨胀、下沉	拉裂	错断

（3）根据发生崩塌的地层，崩塌可分为岩石崩塌、黄土崩塌和黏性土崩塌等。

（三）危岩、崩塌与岩堆工程地质勘察内容

路线通过陡峭的斜坡，构成斜坡的岩土体节理裂隙发育，呈张开状（图 2-1-23），坡脚有崩积物堆积（图 2-1-24），或存在崩塌的可能时，应进行危岩、崩塌与岩堆工程地质勘察。

危岩、崩塌与岩堆工程地质勘察内容详见表 2-1-12。

危岩、崩塌与岩堆工程地质勘察内容　　　　　表 2-1-12

序号	勘察内容
1	地形地貌的类型及形态特征，气象、水文地质条件及地震动参数
2	地层岩性、软质岩与硬质岩的分布情况、岩石的风化程度

续上表

序号	勘察内容
3	地质构造特征,节理、层理、断裂等结构面的产状、规模、结合程度,边坡岩体的结构类型和完整性
4	地表水和地下水类型、分布、成因、水质、水量
5	危岩的分布、规模及稳定性
6	崩塌的类型、规模、分布范围及落石情况
7	岩堆的类型、分布范围、物质组成及稳定性

图 2-1-23　斜坡岩土体节理裂隙发育

图 2-1-24　坡脚有崩积物堆积

(四)危岩、崩塌与岩堆地段选线原则

(1)路线应避开高陡斜坡,节理裂隙切割严重,危岩、崩塌发育地段。

(2)路线应避开结构松散、稳定性差、补给源丰富、正处于发展阶段的大型岩堆。

图 2-1-23、图 2-1-24

(3)当崩塌的规模小,危岩、落石的边界条件或个体清晰,防治方案技术、经济可行时,路线可选择在有利部位通过。

(4)路线通过规模小、趋于稳定或停止发展的古岩堆时,应结合岩堆的地质结构,采取适当的工程措施后通过。

工程案例

工　程　概　况

某市一在建工程二期项目施工过程中发生一起导致施工人员伤亡的严重边坡坍塌事故。事发区域位于二期工程挡土墙西侧的边坡位置,如图 2-1-25 所示。

事发前,建设单位委托省工程勘察院对项目进行了地质灾害危险性评估,地质灾害危险性评估情况如下:

(1)经评审,地质灾害危险性评估结论如下:

场地挖方边坡在强降雨条件下处于不稳定状态,边坡失稳的可能性大,天然状态下边坡处于较不稳定状态,其潜在危害性和危险性均较大。

图 2-1-25　坍塌事故现场

图 2-1-25

（2）评估报告中的地质灾害治理措施建议如下：

①边坡采用分级放坡。

②平台种植树木绿化。

③采用锚索格构梁＋桩锚支护。

④挖方边坡坡顶设置横向截水沟，边坡坡面设置排水系统，与周边自然排水系统相连。

⑤填方边坡采用扶壁式挡土墙结合放坡方式进行防护。

工 程 分 析

（1）事发后，经勘察鉴定情况如下：

①坍塌边坡从挡土墙底面到边坡顶部最高点竖直距离约 22.05m。

②坍塌部位岩体脱落边界东西方向约 17m，高度约 14m。

③边坡坍塌后暴露出坍塌体顶部为含块石的崩积层，层厚约 8m。

④坍塌边坡底部为坡积层，平均层厚在 3m 左右，厚度不均匀。

⑤坍塌边坡底部以下为凝灰岩层，具有一定承载能力，其高程与挡土墙设计底面高程相当。

⑥坍塌部位最东边界至挡土墙端部距离约 14m。

⑦坍塌部位挡土墙顶部，有长约 25m、高 1.6m、底边宽 3m 左右的堆载，堆载边缘与坍塌部位顶部边缘几乎重合，如图 2-1-26 所示。该堆载系顶部平台开挖、西部边坡处理等产出的弃土，最高荷载达 30kPa，对边坡稳定性存在一定影响。

图 2-1-26

（2）导致边坡坍塌的原因如下：

①在山体开挖过程中，未按照施工图要求和专项方案，采取从上至下、分层分段的开挖顺序。

②未采取削坡、放坡、支护等安全技术措施。

③违规作业，形成重大安全隐患。

④未根据安全专项施工方案要求做好施工前准备。

⑤未对边坡进行支护，采用冒险作业，继续掏挖山体并开挖基槽，最终导致坍塌。

图 2-1-26　坍塌区域现场环境

工 程 措 施

根据坍塌现场的勘察资料,对边坡坍塌采取削坡、放坡、支护等措施进行加固处理。事后,相关涉事人员被追究刑事责任。

四、泥石流

泥石流

泥石流是指在山区或者其他沟谷深壑,地形险峻的地区,由暴雨、暴雪或其他自然灾害引发的山体滑坡并携带有大量泥沙以及石块的特殊洪流。泥石流具有突然性以及流速快、流量大、物质容量大和破坏力强等特点。

泥石流的形成,必须有一定量的松散土、石参与,因此沟谷两侧山体破碎、疏散物质数量较多,沟谷两边滑坡、垮塌现象明显,植被不发育,水土流失、坡面侵蚀作用强烈的沟谷,易发生泥石流。泥石流区域地形地貌特征如图 2-1-27 所示。在山地环境下,泥石流虽然不可避免,但可通过采取积极的防治措施减轻其带来的危害。

图 2-1-27

图 2-1-27　泥石流区域地形地貌特征

(一)泥石流发生的时间规律

(1)季节性。

泥石流主要受连续降雨、暴雨,尤其是特大暴雨等集中降雨的激发。因此,泥石流发生的时间规律与集中降雨时间规律一致,具有明显的季节性。泥石流一般发生于多雨的夏秋季节。四川、云南、贵州等西南地区的降雨多集中在 5—10 月,因此,西南地区的泥石流多发生在 5—10 月;而西北地区降雨多集中在 6 月、7 月、8 月,尤其是 7 月、8 月两个月降雨集中,暴雨强度大,因此西北地区的泥石流多发生在 7 月、8 月。

(2)周期性。

泥石流的发生受降雨、洪流、地震的影响,而降雨、洪流、地震总是周期性地出现。因此,泥石流的发生和发展也具有一定的周期性,且其活动周期与降雨、洪流、地震的活动周期大体一致。降雨、洪流、地震三者的活动周期相叠加,常常形成一个泥石流活动周期的高峰。

(3)泥石流的发生,一般是在一次降雨的高峰期,或是在连续降雨之后。

（二）泥石流分类

根据《公路工程地质勘察规范》(JTG C20—2011)，泥石流可按不同方式分为以下几类。
(1)根据泥石流的固体物质组成，泥石流分为泥流、泥石流、水石流，详见表 2-1-13。

泥石流按固体物质组成分类　　　　　　　　表 2-1-13

类型	流体中固体物质成分
泥流	以黏粒、粉粒为主，含有少量砂砾、碎石
泥石流	黏粒、粉粒、砂粒、碎石、块石、漂石等
水石流	以碎石、块石为主，含少量黏粒、粉粒

(2)根据泥石流发生的频率，泥石流分为高频率泥石流和低频率泥石流，详见表 2-1-14。

泥石流按发生频率分类　　　　　　　　表 2-1-14

类型	特征
高频率泥石流	多位于地壳强烈上升区，岩层破碎，风化强烈，山体稳定性差。泥石流基本上每年发生，泥石流暴发雨强不大于 4mm/10min。固体物质主要来源于沟谷内滑坡、崩塌堆积物。沟床和扇形地上泥石流堆积物新鲜，几乎无植被发育
低频率泥石流	分布于各类山地，山体稳定性较好，无大型活动性崩塌、滑坡。泥石流暴发周期一般在 10 年以上。固体物质主要来源于沟床内的松散堆积物。泥石流暴发雨强大于 4mm/10min。规模一般较大。沟床和扇形地上巨石遍布，植被较好

(3)根据泥石流的规模，泥石流分为小型、中型、大型、特大型，详见表 2-1-15。

泥石流按规模分类　　　　　　　　表 2-1-15

类型	固体物质储量 V_v/（m³/km²）	固体物质一次最大冲出量 V_c/m³
小型	$V_v \leq 5 \times 10^4$	$V_c \leq 1 \times 10^4$
中型	$5 \times 10^4 < V_v \leq 1 \times 10^5$	$1 \times 10^4 < V_c \leq 5 \times 10^4$
大型	$1 \times 10^5 < V_v \leq 1 \times 10^6$	$5 \times 10^4 < V_c \leq 1 \times 10^5$
特大型	$V_v > 1 \times 10^6$	$V_c > 1 \times 10^5$

(4)根据泥石流的流域形态特征，泥石流分为沟谷型和山坡型，详见表 2-1-16。

泥石流按流域形态特征分类　　　　　　　　表 2-1-16

类型	流域面积 S/km²	主沟长度 L/km	形态特征	沟床纵坡	不良地质	沟口堆积物
沟谷型	$S>1$	$L>2$	沟谷形态明显，支沟发育	一般在 15°以下，有跌坎	沟内常发育有崩塌、滑坡	呈扇形或带状，颗粒略有磨圆
山坡型	$S \leq 1$	$L \leq 2$	沟谷短、浅、陡，一般无支沟	与山坡坡度基本一致	常产生坡面侵蚀和崩塌	呈锥形，颗粒较粗大，棱角明显

(5)根据泥石流的流体性质,泥石流分为稀性和黏性,详见表2-1-17。

泥石流按流体性质分类 表2-1-17

特征		稀性			黏性	
		泥流	水石流	泥石流	泥流	泥石流
流体特征	流体密度/ (t/m³)	1.3~1.5	1.3~1.6	1.3~1.8	1.5~1.9	1.8~2.3
	运动特征	由稀性浆体与砂砾石块组成,浆体起搬运介质作用,流体中的石块等粗碎屑物质的运动速度小于浆体运动速度,石块沉底被推移滚动前进,有明显垂直交换,呈连续紊动流,无阵流现象			由黏性浆体与砂砾组成,石块等粗碎屑物质被束缚于黏稠的浆体中,无垂直交换,近似层流,整体匀速前进,运动过程发生断流,有明显阵流现象	
	沉积特征	流体停积后,水与固体物质很快离析,沉积过程有分选性,堆积物细颗粒含量少,空隙大,结构松散。常以垄岗或扇状的松散石质堆积体分布,表面碎块石密集,起伏不平			流体停积后保持运动时的结构特征,堆积过程无分选性,堆积物细颗粒含量多,大小混杂,空隙小,结构较密集。常以扇状或舌状的泥石质堆积体分布,表面起伏不平,但较平坦	
	冲淤特征	比一般洪水破坏力强,有冲,有淤,以冲刷危害为主			比稀性泥石流破坏力强,大冲,大淤,以淤积危害为主	

(三)泥石流工程地质勘察内容

路线通过沟谷,当沟口或沟谷中存在大量无分选性的堆积物,沟谷两侧或源头坡面有较厚的松散堆积层,并存在崩塌、滑坡等不良地质现象时,应进行泥石流工程地质勘察。泥石流工程地质勘察内容详见表2-1-18。

泥石流工程地质勘察内容 表2-1-18

序号	勘察内容
1	地形地貌、地层岩性、地质构造、水文地质条件、地震、气象
2	泥石流的类型、分布、规模、成因、发生的时间及频率
3	泥石流沟谷的横断面形态、沟槽宽度、纵坡和汇水面积
4	泥石流形成区、流通区不良地质的发育情况及固体的物质来源与储量
5	泥石流的冲淤情况、流动痕迹,沟谷转弯及沟道狭窄处最高泥痕的位置
6	泥石流堆积物的分布范围、物质成分、数量和粒径组成
7	泥石流堆积扇的扇面坡度、漫流和沟槽发育情况以及植被情况
8	当地泥石流防治经验与工程类型

(四)泥石流地区选线原则

(1)路线应避开处于发育旺盛期的特大型、大型泥石流、泥石流群和大面积分布的山坡型泥石流地段。

(2)路线通过泥石流沟时,应避开沟谷纵坡由陡变缓和沟谷急弯部位,避免压缩沟谷断面,并应依据设计年限内泥石流的淤积高度留足净空,在有利位置以架桥的方式通过。

(3)路线通过泥石流堆积区,应避开淤积严重的堆积扇区,远离泥石流堵河范围内的河段。无法避开时,不得在泥石流扇上挖沟设桥或做路堑,并应根据堆积作用的强烈程度确定路线设计高程。

工程案例

工程概况

绵茂公路项目起于绵竹市汉旺镇,止于茂县光明镇,与茂北公路相接,是连接德阳与阿坝、绵竹与茂县的纽带。其全长近 56km,绵竹段总长 47.49km,有 42 座桥梁,17 座隧道,桥隧比 73.96% ,是全国在建公路中地质条件最复杂、施工难度最大、危险性最高的公路之一。这条穿越龙门山天险的公路两侧是崇山峻岭,延绵不绝的青山使公路建设变得困难重重,如图 2-1-28 所示。

早在 20 世纪 90 年代,绵竹、茂县两地就提出修建绵茂公路的构想,并完成了《绵茂公路预可报告》编制工作。经 1993 年、1997 年、2005 年三次编制、调整,《绵茂公路工可研报告》得以发布。但因绵茂公路横穿龙门山脉,线路地形、地质条件极其复杂,工程投资巨大,受资金、建设难度和环境敏感等因素影响,项目停留在工可评审和审批环节,始终未能获得更大突破。

图 2-1-28 绵茂公路穿越的地形地貌

图 2-1-28

工程分析

2008 年,汶川地震发生,绵竹市和茂县都是汶川地震中受灾极为严重的地区,灾后恢复重建关系到灾区群众的切身利益和灾区长远发展。2009 年 9 月 8 日,连接成都平原与川西高原的二级公路——绵茂公路正式破土动工,进入实质性建设阶段。

在最初设计方案中,绵茂公路沿河滩行进,通过垫高河床修建路基,这一方案被称为“低线方案”。低线方案造价较低,但公路每年都会遭到洪水和泥石流的威胁。

2010 年 8 月 13 日,一场特大泥石流席卷绵竹清平镇,600 余万 m³ 泥石流倾泻而下,与绵茂路相邻的绵远河河床被大幅抬高,导致该段在建桥梁、隧道几乎被完全掩埋,如图 2-1-29 所示。项目建设成果付之一炬,工程被迫停止建设。

停工一年后,经研究,专家们对设计方案作出优化调整,并分为三期建设,确保“治山、治水、修路”三位一体同步推行。新方案改为在高山深谷中穿行,目的是避开汛期暴涨的河水以及地质灾害。

图 2-1-29 “8·13”特大山洪泥石流导致桥梁、隧道被埋

工 程 措 施

(1)设计调整与技术创新。

绵茂公路建设采用了国内外许多先进的技术与理念,如超前地质预报技术、防护网体系、港式项目管理等,并建立了风险评估模型,形成了一套科学、完整、实用的风险评估与管理体系,通过对风险因数进行识别和控制,优化公路设计方案,减少建设风险。

(2)应对自然灾害。

公路穿越龙门山地震断裂带,地质灾害多。专家们制定了防汛、涌水、坍塌、飞石、滑坡等应急处置预案,确保工程的安全和质量。

(3)严格的质量控制。

施工过程中,各单位技术人员、监理人员全程进行技术指导、质量检查,对混合料各阶段的温度、压实质量等关键指标进行严格控制,确保工程质量合格。

多年来,绵茂公路建设者们以求真务实、昂扬向上的工作态度和勇于担当、敢于奉献的创新精神,携手奋进,攻坚克难,强势推进项目建设,最终战胜了"天堑",2022年12月27日绵茂公路正式通车,从此连接起"相邻不相通"的德阳(绵竹)与阿坝(茂县),打通了两地发展"大动脉",曾经令人望而生畏的天堑就此变通途,建成后的绵茂公路如图2-1-30所示。

图 2-1-30　建成后的绵茂公路

(以上资料来源于红星新闻)

> **知识拓展**
>
> 　2024年2月28日,自然资源部发布的《2023年中国自然资源公报》显示,2023年,全国共发生地质灾害3668起,其中滑坡925起、崩塌2176起、泥石流374起、地面塌陷193起,地质灾害死亡失踪人数连年下降,总体保持低位。
>
> 　全年成功预报地质灾害427起,涉及可能伤亡人员5249人,避免直接经济损失5.0亿元;普适型监测预警设备成功预报26起,有效预警险情103起。

技能训练

根据以上学习内容完成技能训练,详见《道路工程地质(第 3 版)技能训练与测评活页手册》任务单 2-1-1 公路边坡防护措施。

知 识 测 评

对本项目所学知识和技能进行测评,详见《道路工程地质(第 3 版)技能训练与测评活页手册》项目 1 道路工程地质环境评价的【知识测评】。

模块 2 项目 1
在线测试题

项目2 道路工程稳定性评价

◎ 任务引入

某高速公路第三合同段,需要完成"×××大桥施工图设计阶段工程地质勘察报告",该桥为钢桁架悬索桥,如图2-2-1所示。

图 2-2-1 ~ 图 2-2-3

图 2-2-1 钢桁架悬索桥

该大桥工程地质勘察要求:在充分研究桥位区前期地质资料的基础上,根据选定的桥型方案,勘察地形地貌、地层岩性、地质构造、水文地质、不良环境工程地质等内容。

图2-2-2是此钢桁架悬索桥所处的地貌,其中东索塔锚碇区为山顶斜坡地带,西索塔锚碇区为缓坡地带。

本项目任务:对桥梁索塔附近边坡稳定性进行调绘和分析评价。

a)东索塔锚碇区地貌

b)西索塔锚碇区地貌

图 2-2-2 大桥两岸地貌

要完成这个调绘任务,需要具备道路工程稳定性评价的哪些知识和技能?

📖 学习内容

$$\text{道路工程稳定性评价} \begin{cases} \text{工程稳定性与工程地质环境稳定性认知} \\ \text{道路路基稳定性评价} \\ \text{道路边坡稳定性评价} \\ \text{水和土的腐蚀性评价} \end{cases}$$

任务 1　工程稳定性与工程地质环境稳定性认知

📖 **理论知识**

一、工程稳定性

评价工程建设方案优劣的标准包括安全可靠和经济合理两个方面,其中安全可靠是前提,经济合理是指在安全可靠的前提条件下追求工程活动经济效益的最大化。工程稳定性问题(即安全可靠问题)是工程建设中需解决的首要问题。

工程稳定性包括强度稳定性、刚度稳定性、整体稳定性和环境安全性 4 个方面的要求。

1. 强度稳定性要求

工程的强度稳定性是指在工程荷载作用下的稳定性。工程具有足够的强度是保证工程安全可靠的基础,因而工程稳定性对强度的要求是在未来工程荷载的作用下不发生任何影响人类生产和生活安全的破坏。

2. 刚度稳定性要求

任何结构在荷载的作用下都会发生变形,因此,变形是所有工程中不可避免的。当结构中所产生的变形超过材料和结构的承受极限时,材料和结构将会被破坏,从而影响工程的安全。所以,在工程设计中,除了要进行强度验算外,还要进行变形验算,将各种材料和结构的变形控制在合理的范围内。

3. 整体稳定性要求

工程的整体稳定性是指工程及其下部边坡的整体稳定性。对于一般的工程而言,当满足了强度稳定性和刚度稳定性两个方面的要求时,即可保证工程的安全。但对于修建于坡体附近的工程,满足强度稳定性和刚度稳定性要求后,并不能保证工程的安全。图 2-2-3 所示为修建于坡顶的工程,即使工程和地基本身的强度和刚度均满足工程稳定性的要求,工程下部的边坡发生滑坡,仍然会导致工程的破坏,所以,还必须进行工程的整体稳定性验算。

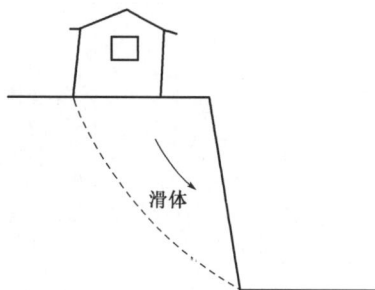

4. 环境安全性要求

环境的安全性是指工程周围环境的安全性。对工程进行了强度稳定性、刚度稳定性和整体稳定性 3 个方面的验算后还不一定能够保证其绝对安全,例如,图 2-2-4 所示的

图 2-2-3　工程的整体稳定性示意图

修建在坡脚处的工程,如果周围山体发生滑坡,工程仍然会被滑坡堆积物掩埋或砸毁。所以,环境的安全性也是工程建设中必须考虑的因素。

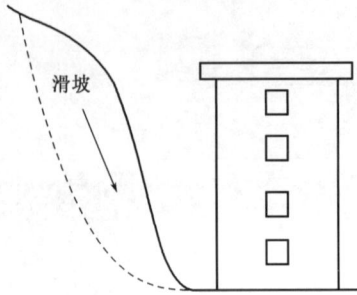

图 2-2-4　工程的环境安全性示意图

二、工程地质环境稳定性

一般工程分为工程结构自身和工程所依存的工程地质环境两个部分,因此,工程的稳定性包括工程结构自身的稳定性和工程地质环境的稳定性,只有这两部分均满足强度稳定性、刚度稳定性、整体稳定性和环境安全性4个方面的要求时,工程才是安全可靠的。工程结构自身的稳定性属于结构工程范畴,工程地质环境的稳定性属于工程地质范畴,后者是本任务的学习内容。

工程地质环境因素包括岩土的物理力学性质、地质结构、地应力、地下水、气候和人类活动等许多方面,详见表2-2-1。

工程地质环境因素　　　　　　　　　　　　　　　　　表 2-2-1

环境因素	影响情况
岩土的物理力学性质	直接决定了工程岩土的应力-应变和强度特征,对工程稳定性有着至关重要的影响
地质结构	工程岩土的地质结构是指岩土层和各类结构面的空间分布特征及相互组合关系。它对工程稳定性的影响主要表现在两个方面: ①软弱土层对土体变形和强度的控制作用; ②结构面对岩体破坏模式和破坏面的控制作用
地应力	地壳内在天然状态下所具有的应力,称为地应力,它分布在岩土体的每一个质点上。地应力分为自重应力和构造应力两种类型。在重力场作用下形成的应力为自重应力。地球自转、岩浆侵入等作用于地壳内形成的应力称为构造应力。构造应力以弹性应变能的形式储存在地壳内,构造应力逐渐增大并超过岩体强度或岩体中原有断裂的抵抗阻力,便可能引起地层变形、蠕滑、破坏,甚至有可能因构造应力的突然释放而引发地震。 构造应力的存在会对岩土的强度产生以下影响: ①构造应力的大小和方向决定工程岩土中的应力状态,从而影响工程岩土的强度; ②当人类的工程活动导致局部的地质环境发生改变时,地壳内的构造应力也会根据改变后的地质环境进行重新分布。这种应力重新分布又会导致工程岩土的应力环境发生变化,从而带来岩土强度的改变
地下水	地下水沿着孔隙、裂隙在岩土体内的流动会在工程岩土内产生动水压力,这种动水压力会打破岩土体内原有的应力平衡,从而影响工程岩土的稳定性。 岩土体内的孔隙、裂隙既是地下水的通道,又是地下水的赋存空间,地下水一方面改变工程岩土体内的重力分布;另一方面在孔隙、裂隙内产生静水压力。 两方面的作用都会打破岩土体内原有的应力平衡,影响工程岩土的稳定性,导致工程岩土强度的降低,具体表现在以下几个方面: ①土体中的水可以对土颗粒之间的相互移动起到润滑作用,减小土体的内摩擦角; ②土体含水量的变化会改变黏性土的稠度、体积,甚至导致黏性土的崩解; ③岩体内的水会导致岩体的软化。 【案例1】在暴雨情况下,渗入地质体内的地下水来不及排出,导致地质体内孔隙水压力(土体)或裂隙水压力(岩体)急剧增大,地质体内部结构之间的有效应力急剧降低,从而引起滑坡; 【案例2】承压水状态下,过量抽取地下水,地质体内部结构之间的有效应力增加,引起结构骨架压缩导致地面沉降; 【案例3】基坑开挖过程中的涌水、流砂事故,巷道掘进过程中的突水事故等

续上表

环境因素	影响情况
气候	不同的气候条件会对工程地质环境的稳定性有不同影响,特别是在四季分明的地区,这种影响尤其明显,具体影响如下: 　　①雨水比较集中的地区,在雨季常会发生洪水、滑坡、泥石流等自然灾害。对于这些地区的工程建设,除了应在工程设计过程中考虑地质灾害的影响外,还应制订好防护和应急措施; 　　②对中、高纬度或高原地区,在秋、冬和冬、春交替之际往往会发生冻胀和冻融现象。对这些地区的工程建设,就应在工程设计过程中考虑冻胀和冻融的影响,同时做好工程冬季施工过程中的防冻工作
人类活动	人类为了自身的生存和发展,不断地修建各种各样的工程设施。这些工程设施在给人类的生活和生产带来诸多便利的同时也对自然环境,特别是地质环境造成了巨大的破坏,对人类以后的生存和发展留下了诸多的安全隐患

✎ **工程案例**

工 程 概 况

2015 年 5 月 20 日,因连续降雨山体滑坡,×××市×××小区第 3、4 单元楼部分垮塌,滑坡现场如图 2-2-5 所示,楼体垮塌现场如图 2-2-6 所示。

图 2-2-5　滑坡现场

图 2-2-6　楼体垮塌现场

工 程 分 析

　　该小区第 3、4 单元楼紧邻滑坡山体,山体高约 30m,斜坡坡角超 45°,该单元楼属于典型的环境安全性不佳的工程。该工程受到近期强降雨,昼夜温差大,特殊的岩土组合、地质构造以及高陡的地形条件等综合因素的影响,形成了浅表层顺层滑坡。

图 2-2-5、图 2-2-6

工 程 措 施

　　"5·20"山体滑坡地质灾害发生后,勘察人员对小区受损的两栋楼进行安全评估,同时对山体稳定性进行分析、对地质灾害隐患进行排查,最后对安全性不好的山体,按建设程序进行勘察、设计和施工,确保灾后重建的小区环境安全。

任务2　道路路基稳定性评价

道路路基
稳定性评价

一、地基概念

1.建筑物(构筑物)地基

建(构)筑物地基是直接支承建(构)筑物重量的地层,有天然地基与人工地基之分。天然地基是基础直接砌置其上,未经加固的地基,会产生沉降 h,如图 2-2-7 所示;人工地基是经人工加固处理后的地基,如图 2-2-8 所示。基础埋置深度小于 5m 时称为浅基础,基础埋置深度等于或大于 5m 时称为深基础。

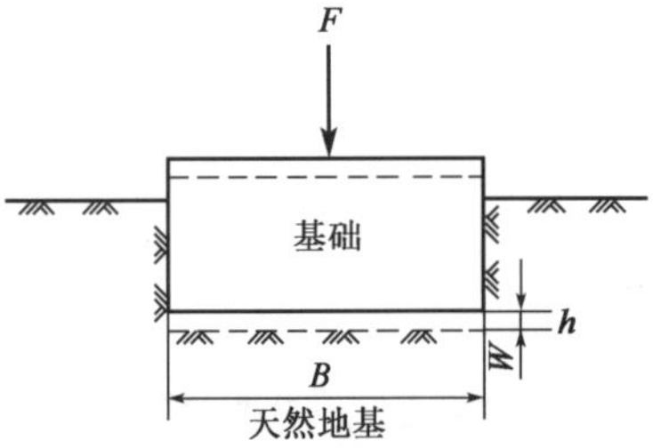

图 2-2-7　天然地基示意图

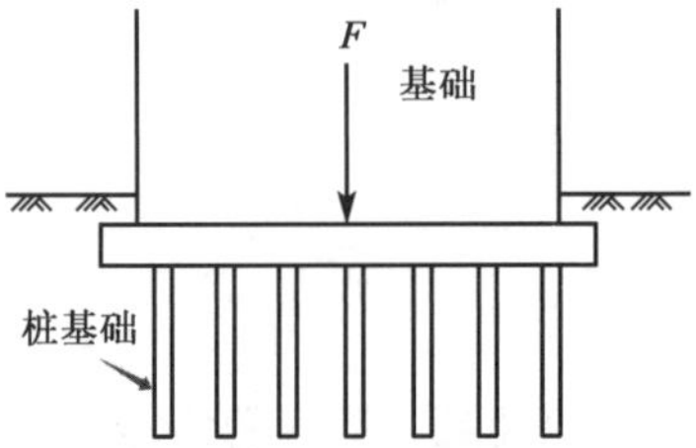

图 2-2-8　人工地基示意图

图 2-2-10

2.道路路基

道路路基是由土、石材料按照一定尺寸、结构要求构成的带状土工结构物。路基典型断面形式有路堤(填方)、路堑(挖方)和半堤半堑(半填半挖)路基。

(1)路堤(填方):高于原地面的填方路基。路堤横断面示意图及路堤施工图如图 2-2-9、图 2-2-10 所示。

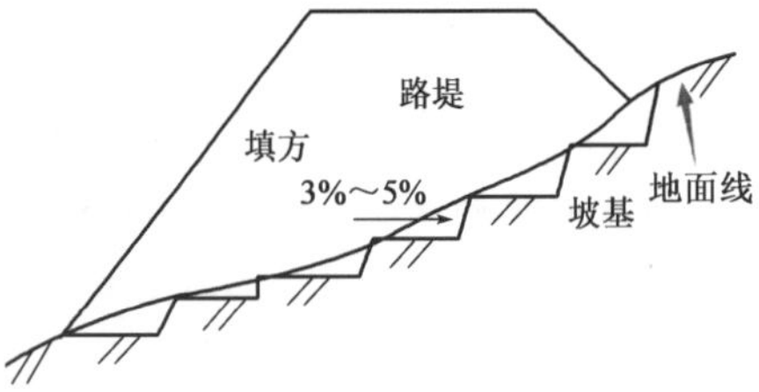

图 2-2-9　路堤横断面示意图

图 2-2-10　路堤施工图

（2）路堑（挖方）：低于原地面的挖方路基。路堑横断面示意图和路堑施工图如图 2-2-11、图 2-2-12 所示。

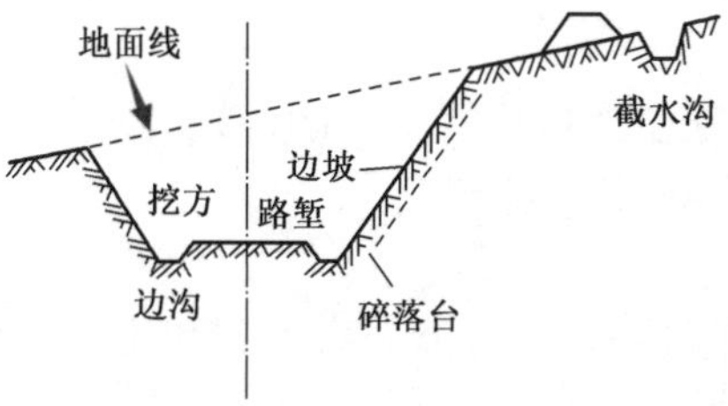

图 2-2-11　路堑横断面示意图

图 2-2-12　路堑施工图

（3）半堤半堑（半填半挖）路基：一部分在原地面开挖，一部分在原地面填筑的路基。其横断面示意图和实物图如图 2-2-13、图 2-2-14 所示。

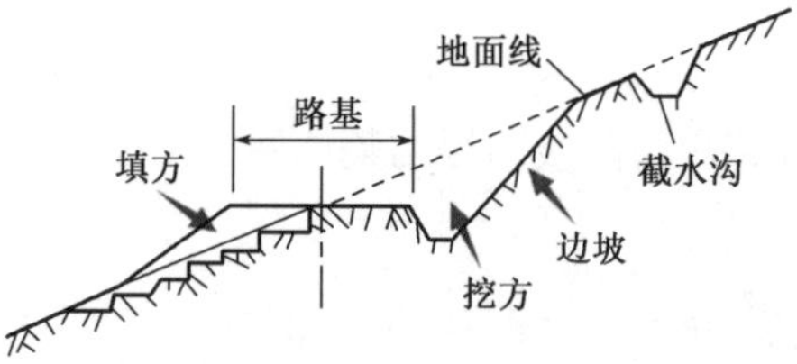

图 2-2-13　半填半挖路基横断面示意图

图 2-2-14　半填半挖路基实物图

图 2-2-12

图 2-2-14

二、影响地基稳定性的因素

影响地基稳定性的因素主要包括建筑物荷载的大小和性质、岩土体的类型及其空间分布、地下水的状况、地质灾害情况、土壤类型、工程设计和施工质量以及自然因素等。

（1）建筑物荷载的大小和性质。

建筑物荷载的大小和性质对地基稳定性有直接影响，如建筑物对地基施加的垂直荷载和倾斜荷载不同，其中垂直荷载对地基较为有利，而倾斜荷载则可能对地基稳定性构成威胁。

（2）岩土体的类型及其空间分布。

岩土体的类型及其空间分布是影响地基稳定性的重要因素。不同类型的岩土体具有不同的物理特性,如压缩性、膨胀性直接影响地基的承载能力和稳定性。

(3)地下水的状况。

地下水的状况对地基稳定性有显著影响。地下水位的变化可能导致土壤稳定性改变,如地下水位下降可能导致土壤收缩和地基沉降,而地下水位上升则可能使土壤变得松软和不稳定。

(4)地质灾害情况。

地质灾害如地震、洪水、地质滑坡等,可能对地基稳定性造成严重影响。地震可能导致地基倾斜、沉降或破坏,而洪水可能冲刷土壤和基础,导致地基不稳定。

(5)土壤类型。

土壤类型对地基稳定性有直接影响。松软的沉积物和填土可能导致沉陷和压缩,而坚固的土壤如岩石和黏土则具有更好的稳定性。

(6)工程设计和施工质量。

工程设计和施工质量是影响地基稳定性的重要因素。不合理的工程设计或施工质量问题,如地基设计不合理、基础不够坚固等,都可能导致地基不稳定。

(7)自然因素。

自然因素包括地理、地质、气候等,对地基稳定性也有影响。例如,气候条件可能导致土壤的冻融作用,影响地基的稳定性。

三、高路堤与陡坡路堤的稳定性计算

按照《公路路基设计规范》(JTG D30—2015),对高路堤与陡坡路堤的整体稳定性进行计算。

1. 工况分析

高路堤与陡坡路堤设计时,应进行路基稳定性计算分析。分析时,应考虑以下三种工况:

①正常工况:路基投入运营后经常发生或持续时间长的工况。

②非正常工况Ⅰ:路基处于暴雨或连续降雨状态下的工况。

③非正常工况Ⅱ:路基遭遇地震等荷载作用的工况。

2. 简化 Bishop 法

路堤堤身稳定性、路堤和地基的整体稳定性计算宜采用简化 Bishop 法(毕肖普法)。简化 Bishop 法是交通运输工程(道路工程)中对路基边坡稳定性进行定量分析的一种方法,是《公路路基设计规范》(JTG D30—2015)推荐采用的方法。计算图示见图 2-2-15。

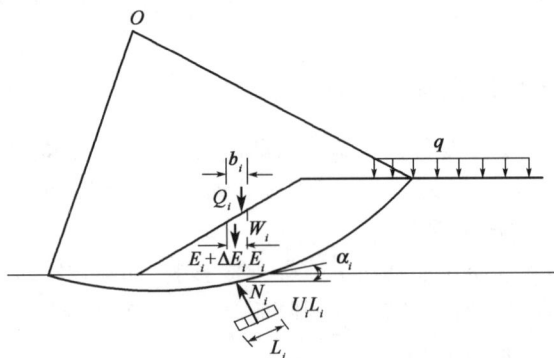

图 2-2-15　路堤堤身稳定性、路堤和地基的整体稳定性计算图示

稳定系数按式(2-2-1)计算:

$$F_s = \frac{\sum [c_i b_i + (W_i + Q_i)\tan\varphi_i] / m_{\alpha i}}{\sum (W_i + Q_i)\sin\alpha_i} \tag{2-2-1}$$

式中:F_s——路堤稳定系数;

b_i——第 i 个土条宽度,m;

α_i——第 i 个土条底滑面的倾角,(°);

c_i、φ_i——第 i 个土条滑弧所在土层的黏聚力和内摩擦角,依滑弧所在位置,取对应土层的黏聚力,kPa,内摩擦角,(°);

W_i——第 i 个土条重力,kN;

Q_i——第 i 个土条垂直方向外力,kN;

$m_{\alpha i}$——系数,按式(2-2-2)计算。

$$m_{\alpha i} = \cos\alpha_i + \frac{\sin\alpha_i \tan\varphi_i}{F_s} \tag{2-2-2}$$

式中各符号的意义同前。

3. 不平衡推力法

路堤沿斜坡地基或软弱层带滑动的稳定性分析可采用不平衡推力法,稳定系数 F_s,可按式(2-2-3)、式(2-2-4)计算,计算图示见图 2-2-16。

$$E_i = W_{Qi}\sin\alpha_i - \frac{1}{F_s}(c_i l_i + W_{Qi}\cos\alpha_i \tan\varphi_i) + E_{i-1}\psi_{i-1} \tag{2-2-3}$$

$$\psi_{i-1} = \cos(\alpha_{i-1} - \alpha_i) - \frac{\tan\varphi_i}{F_s}\sin(\alpha_{i-1} - \alpha_i) \tag{2-2-4}$$

式中:W_{Qi}——第 i 个土条的重力与外加竖向荷载之和,kN;

α_i——第 i 个土条底滑面的倾角,(°);

c_i、φ_i——第 i 个土条底的黏聚力,kPa,内摩擦角,(°);

l_i——第 i 个土条底滑面的长度,m;

α_{i-1}——第 $i-1$ 个土条底滑面的倾角,(°);

E_{i-1}——第 $i-1$ 个土条传递给第 i 个土条的下滑力,kN。

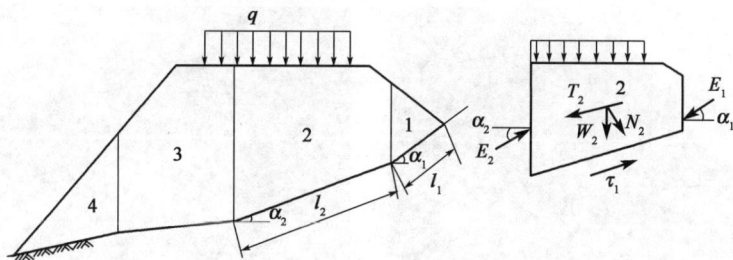

图 2-2-16 路堤沿斜坡地基或软弱层带滑动稳定性计算图示

用式(2-2-3)和式(2-2-4)逐条计算,直到第 n 条的剩余推力为零,由此确定稳定系数 F_s。

4. 高路堤与陡坡路堤稳定安全系数

各等级公路高路堤与陡坡路堤稳定安全系数不得小于表 2-2-2 所列稳定安全系数值。对于非正常工况Ⅱ,路基稳定性分析方法及稳定安全系数应符合现行《公路工程抗震规范》(JTG B02—2013)的规定。

高路堤与陡坡路堤稳定安全系数 表2-2-2

分析内容	地基强度指标	分析工况	稳定安全系数	
			二级及二级以上公路	三、四级公路
路堤的堤身稳定性、路堤和地基的整体稳定性	采用直剪的固结快剪或三轴固结不排水剪指标	正常工况	1.45	1.35
		非正常工况Ⅰ	1.35	1.25
	采用快剪指标	正常工况	1.35	1.30
		非正常工况Ⅰ	1.25	1.15
路堤沿斜坡地基或软弱层带滑动的稳定性	—	正常工况	1.30	1.25
		非正常工况Ⅰ	1.20	1.15

注:区域内唯一通道的三、四级公路重要路段,高路堤与陡坡路堤稳定安全系数可采用二级公路的标准。

任务3 道路边坡稳定性评价

边坡稳定性是指边坡岩、土体在一定坡高和坡角条件下的稳定程度。按照成因,边坡分为天然边坡(图2-2-17)和人工边坡(图2-2-18);按照物质组成,边坡分为岩体边坡(图2-2-19),土体边坡(图2-2-20)和岩、土体复合边坡(图2-2-21);按照稳定程度,边坡分为稳定边坡、不稳定边坡(图2-2-22)和极限平衡状态边坡。

边坡稳定性评价

道路边坡稳定性加固方法

图2-2-17 ~ 图2-2-22

图2-2-17 天然边坡

图2-2-18 人工边坡

图 2-2-19　岩体边坡

图 2-2-20　土体边坡

图 2-2-21　岩、土体复合边坡

图 2-2-22　不稳定边坡

一、影响边坡稳定性的因素

影响边坡稳定性的因素主要有岩土的性质、岩层结构及构造、地下水条件、地貌因素、风化作用、气候作用、地震作用和人为因素等,详见表 2-2-3。

影响边坡稳定性的因素　　　　　　　　　　　　　　　　表 2-2-3

影响因素	内容
岩土的性质	包括岩土的坚硬(密实)程度、抗风化和抗软化能力、抗剪强度、颗粒大小、形状以及透水性能等
岩层结构及构造	包括节理、劈理、裂隙的发育程度及分布规律,结构面胶结情况以及软弱面、破碎带的分布与边坡的相互关系,下伏岩土面的形态和坡向、坡度等
地下水条件	地下水埋藏条件,流动、潜蚀情况以及动态变化等
地貌因素	边坡的高度、坡度和形态是影响其稳定性的重要因素
风化作用	风化作用使岩土的强度减弱,裂隙数量增加,由此影响边坡的形状和坡度,使地面水易于侵入,从而改变地下水的动态等。同时,沿裂隙风化可造成岩土体脱落或沿边坡崩塌、堆积、滑移等
气候作用	岩土风化速度、风化层厚度以及岩石风化后的机械变化和化学变化,均与气候有关。气候引起的降水作用也是影响边坡稳定性的重要因素

续上表

影响因素	内容
地震作用	地震作用除了使岩土体受到地震加速度的作用而增加下滑力外,还会造成岩土中的孔隙水压力增加和岩土体强度降低,从而影响边坡的稳定性
人为因素	主要指工程施工不合理,如爆破开挖失控、路堤填筑不规范以及坡顶堆载等。另外,勘察设计不清晰,往往造成边坡坡形及坡度不适宜,出现失稳等问题

二、边坡失稳的机制

边坡主要依靠土体的抗滑能力来保持稳定。当土体下滑力超过抗滑力,边坡就会失稳而发生滑动。

1. 应力失衡

应力失衡是指外力的作用破坏了边坡岩土体内原来的应力平衡状态。例如,路堑或基坑的开挖,路堤的填筑或土坡顶面上作用外荷载,以及坡体内水的渗流力、地震力的作用,都会改变岩土体内原有的应力平衡状态,导致边坡坍塌。

2. 抗剪强度降低

岩土体的抗剪强度受到外界各种因素的影响而降低,会引发或促使边坡失稳破坏。造成抗剪强度降低的原因有:①外界气候等自然条件的变化,使土时干时湿、收缩膨胀、冻融等,导致土体变松,强度降低;②雨水浸入土坡内,使土易软化,强度降低;③土坡附近施工引起的震动(如打桩、爆破)及地震力的作用,可能引起土的液化,使土的强度降低。

三、深路堑边坡稳定性评价

按照《公路路基设计规范》(JTG D30—2015),对深路堑边坡稳定性进行评价。

1. 边坡稳定性评价原则

边坡稳定性评价应遵循"以定性分析为基础、定量计算为手段"的原则。

2. 边坡稳定性计算

进行边坡稳定性计算时,应根据边坡工程地质条件或已经出现的变形破坏迹象,定性判断边坡可能的破坏形式和边坡稳定性状态。

(1)对规模较大的碎裂结构岩质边坡和土质边坡宜采用简化 Bishop 法计算。

(2)对可能产生直线形破坏的边坡宜采用平面滑动面解析法进行计算。

(3)对可能产生折线形破坏的边坡宜采用不平衡推力法计算。

(4)对于结构复杂的岩质边坡,可采用赤平投影法和实体比例投影法进行分析,采用楔形滑动面法进行计算。

(5)若边坡破坏机制复杂,宜结合数值分析法进行分析。

> **📝 小贴士**
>
> 1. 简化 Bishop 法:黏性土填筑的路堤,坍塌时的破裂面形状为一曲面,通常近似地假设为一圆弧状滑动面进行边坡稳定性计算。
>
> 2. 平面滑动面解析法:根据滑裂面上的抗滑力和滑动力直接计算边坡安全系数。
>
> 3. 关于边坡稳定性计算,在土力学及相关课程中进行介绍。

边坡稳定性计算应考虑下列三种工况。对于季节冻土边坡,还应考虑冻融的影响。

(1)正常工况:边坡处于天然状态下的工况。

(2)非正常工况Ⅰ:边坡处于暴雨或连续降雨状态下的工况。

(3)非正常工况Ⅱ:边坡处于地震等荷载作用状态下的工况

3.路堑边坡稳定安全系数

各等级公路路堑边坡稳定安全系数不得小于表2-2-4所列稳定安全系数值。对于非正常工况Ⅱ,路堑边坡稳定安全系数应符合《公路工程抗震规范》(JTG B02—2013)的规定。

路堑边坡稳定安全系数 表 2-2-4

分析工况	路堑边坡稳定安全系数	
	高速公路、一级公路	二级及二级以下公路
正常工况	1.20 ~ 1.30	1.15 ~ 1.25
非正常工况Ⅰ	1.10 ~ 1.20	1.05 ~ 1.15

注:1.路堑边坡地质条件复杂或破坏后危害严重时,稳定安全系数取大值;地质条件简单或破坏后危害较轻时,稳定安全系数可取小值。

2.路堑边坡破坏后的影响区域内有重要建筑物(桥梁、隧道、高压输电塔、油气管道等)、村庄和学校时,稳定安全系数取大值。

3.施工边坡的临时稳定安全系数不应小于1.05。

> **✏️ 工程案例**

公路边坡失稳事故

受连续强降雨影响,2024年5月1日,某高速公路 K11 + 900m 附近发生自然地质灾害。路基边坡塌方,塌陷形成一个深17m,面积超过180m² 的巨坑,如图2-2-23、图2-2-24 所示。

填方路基高边坡稳定性评价　　图 2-2-23、图 2-2-24

图 2-2-23 事故现场

图 2-2-24 救援现场

事故原因分析

经过初步调查,此次事故的直接原因是路面下地基土的水平位移或侧向移动导致路基边坡发生破坏,另外地质因素、设计与施工问题以及养护管理不及时也是此次事故的导火索。

(1)地质因素。塌方路段地质条件复杂,地下水位高,岩层松软。持续强降雨导致地下水位升高,路基土壤含水率提高,承载能力下降,加剧了边坡失稳和路面塌陷的风险。

(2)设计与施工问题。塌方路段路基边坡底部的挡土墙完全翻倒,这与边坡设计、施工质量以及排水设施不足等因素有关。一般来讲,斜坡高填方路堤设计按规范要求应该考虑暴雨或连续降雨饱和工况(非正常工况Ⅰ)。

(3)养护不及时。塌方路段外侧是一个比较陡的山坡,边坡填方几乎都是松软的黄土,植被稀少,也未进行其他加固处理。在连续暴雨后,大量水浸入路基,增加了土体的自重,再加上未能及时采取有效措施进行维修加固,导致塌方事故。

事故反思与防范

(1)强化地质勘察与评价。

在高速公路设计和建设之前,应加强对地质条件的调查和评价。对于地质条件复杂、安全隐患较大的地段,应采用科学合理的设计方案和施工措施,确保路基的稳定性。

(2)提升设计与施工质量。

应加大高速公路设计与施工质量的监管力度,确保各项设计参数和施工标准符合规范要求。对于关键部位如边坡支护结构、挡土墙等,应采用更安全、更可靠的设计方案与施工措施。

(3)完善养护管理制度。

应加强高速公路日常检查养护工作,及时发现并处置可能存在的隐患。对于已发现的问题,应迅速采取有效措施进行维修加固,确保高速公路的安全通畅。

任务 4　水和土的腐蚀性评价

一、地下水对钢筋混凝土的腐蚀

硅酸盐水泥遇水硬化,并且形成 $Ca(OH)_2$、水化硅酸钙($CaO \cdot SiO_2 \cdot 12H_2O$)、水化铝酸钙等,这些物质往往会受到地下水的腐蚀。地下水对建筑材料的腐蚀类型分为以下 3 种。

土和水的
腐蚀性评价

1. 结晶类腐蚀

如果地下水中 SO_4^{2-} 的含量超过规定值,那么 SO_4^{2-} 将与混凝土中的 $Ca(OH)_2$ 发生反应,生成二水石膏结晶体。化学方程式如下:

$$CaSO_4 + 2H_2O \Longrightarrow CaSO_4 \cdot 2H_2O$$

（硬石膏）　　　　　　　　　（二水石膏）

硬石膏转化为二水石膏,体积增大 31%,产生 0.15MPa 的膨胀压力,破坏了钢筋混凝土。

石膏再与水化铝酸钙发生化学反应,生成水化硫铝酸钙,这是一种铝和钙的复合硫酸盐,被称为水泥杆菌。化学方程式如下:

$$3CaO \cdot Al_2O_3 \cdot 6H_2O + 3CaSO_4 + 25H_2O \Longrightarrow 3CaO \cdot Al_2O_3 \cdot 3CaSO_4 \cdot 31H_2O$$

（水化铝酸钙）　　　　　　（硬石膏）　　　　　　　　　　　　（水化硫铝酸钙）

水化硫铝酸钙结合了很多的化合水,体积可膨胀近 2.5 倍,破坏力很强。

2. 分解类腐蚀

分解类腐蚀是指由于地下水中的 pH 值低,HCO_3^- 及 CO_2（过多的游离）侵蚀等原因引起的分解破坏作用。地下水中侵蚀性 CO_2 和 HCO_3^- 与混凝土中的 $Ca(OH)_2$ 作用,生成 $CaCO_3$ 沉淀。由于 $CaCO_3$ 不溶于水,它可填充混凝土的孔隙,在混凝土周围形成一层保护膜,能防止 $Ca(OH)_2$ 的分解。化学方程式如下:

$$Ca(OH)_2 + Ca(HCO_3)_2 \Longrightarrow 2CaCO_3 \downarrow + 2H_2O$$
$$Ca(OH)_2 + CO_2 \Longrightarrow CaCO_3 \downarrow + H_2O$$

当地下水中的 CO_2 含量超过一定数值,而 HCO_3^- 浓度过低时,超量的 CO_2 与 $CaCO_3$ 反应,生成 $Ca(HCO_3)_2$,并溶于水。所以,当地下水中 CO_2 含量超过平衡所需的数量时,混凝土中的 $CaCO_3$ 就被溶解而受腐蚀。化学方程式如下:

$$CaCO_3 + CO_2 + H_2O \Longrightarrow Ca^{2+} + 2HCO_3^-$$

地下水中侵蚀性 CO_2 愈多,对混凝土的腐蚀性愈强。地下水流量、流速都很大时,CO_2 易补充,平衡难建立,因而腐蚀加快。地下水中 HCO_3^- 含量越高,对混凝土腐蚀性越弱。

3. 结晶分解复合类腐蚀

当地下水中 NH_4^+、NO_3^-、Cl^- 和 Mg^{2+} 的含量超过一定数量时,这些离子与混凝土中的 $Ca(OH)_2$ 发生反应,生成 $Mg(OH)_2$、$CaCl_2$ 和 $CaSO_4$,化学方程式如下: 水土腐蚀性评价

$$Ca(OH)_2 + MgSO_4 \Longrightarrow Mg(OH)_2 \downarrow + CaSO_4$$
$$Ca(OH)_2 + MgCl_2 \Longrightarrow Mg(OH)_2 \downarrow + CaCl_2$$

$Ca(OH)_2$ 与镁盐作用的生成物中,除 $Mg(OH)_2$ 不易溶解外,其他都易溶于水,生成物随地下水流失,属于分解类腐蚀;$MgSO_4$ 与 $Ca(OH)_2$ 反应,生成的 $CaSO_4$ 与 $Ca(OH)_2$ 反应生成二水石膏,属于结晶类腐蚀。$MgSO_4$ 对钢筋混凝土既有分解类腐蚀,又有结晶类腐蚀,故属于结晶分解复合类腐蚀。

二、腐蚀性测试

1. 水和土的腐蚀性测试条件

《公路工程地质勘察规范》(JTG C20—2011)规定,工程场地及其附近的土或水(地下水或地表水),只有在有足够经验或充分资料认定其对建筑材料不具腐蚀性时,才可以不取样进行腐蚀性评价。否则,需要取水试样或土试样进行试验,具体条件如下:

(1)混凝土结构处于地下水位以上时,需要取土试样做土的腐蚀性测试。

(2)混凝土结构处于地下水或地表水中时,需要取水试样做水的腐蚀性测试。

(3)混凝土结构部分处于地下水位以上、部分处于地下水位以下时,需要分别取土试样和水试样做腐蚀性测试。

(4)水试样和土试样应在混凝土结构所在的深度采取,每个场地不应少于 2 件,当土中盐类成分和含量分布不均匀时,应分区、分层取样,每区、每层不应少于 2 件。

2. 水和土的腐蚀性测试项目

(1)水对混凝土结构的腐蚀性的测试项目包括:pH 值、Ca^{2+}、Mg^{2+}、Cl^-、SO_4^{2-}、HCO_3^-、CO_3^{2-}、侵蚀性 CO_2、游离 CO_2、NH_4^+、OH^-、总矿化度。

(2)土对混凝土结构的腐蚀性的测试项目包括:pH 值、Ca^{2+}、Mg^{2+}、Cl^-、SO_4^{2-}、HCO_3^-、CO_3^{2-} 的易溶盐(土水比 1:5)的分析。

(3)土对钢结构的腐蚀性的测试项目包括:pH 值、氧化还原电位、极化电流密度、电阻率、质量损失。

三、腐蚀性评价

1. 水和土对混凝土结构的腐蚀性评价

(1)受环境类型影响,水和土对混凝土结构的腐蚀性评价详见表 2-2-5,环境类型的划分详见表 2-2-6。

水和土对混凝土结构的腐蚀性评价表(按环境类型)　　　　　　表 2-2-5

腐蚀等级	腐蚀介质	环境类型		
		I	II	III
微	硫酸盐含量 $SO_4^{2-}/(mg/L)$	< 200	< 300	< 500
弱		200 ~ 500	300 ~ 1500	500 ~ 3000
中		500 ~ 1500	1500 ~ 3000	3000 ~ 6000
强		> 1500	> 3000	> 6000

续上表

腐蚀等级	腐蚀介质	环境类型		
		Ⅰ	Ⅱ	Ⅲ
微	镁盐含量 Mg^{2+}/(mg/L)	<1000	<2000	<3000
弱		1000~2000	2000~3000	3000~4000
中		2000~3000	3000~4000	4000~5000
强		>3000	>4000	>5000
微	铵盐含量 NH_4^+/(mg/L)	<100	<500	<800
弱		100~500	500~800	800~1000
中		500~800	800~1000	1000~1500
强		>800	>1000	>1500
微	苛性碱含量 OH^-/(mg/L)	<35000	<43000	<57000
弱		35000~43000	43000~57000	57000~70000
中		43000~57000	57000~70000	70000~100000
强		>57000	>70000	>100000
微	总矿化度/ (mg/L)	<10000	<20000	<50000
弱		10000~20000	20000~50000	50000~60000
中		20000~50000	50000~60000	60000~70000
强		>50000	>60000	>70000

注:1. 表中数值适用于有干湿交替作用的情况,Ⅰ、Ⅱ类腐蚀环境无干湿交替作用时,表中硫酸盐含量数值应乘 1.3 的系数。

2. 表中数值适用于水的腐蚀性评价;对土的腐蚀性评价,应乘 1.5 的系数。单位以 mg/kg 表示。

3. 表中苛性碱(OH^-)含量(mg/L)应为 NaOH 和 KOH 中的 OH^- 含量(mg/L)。

场地环境分类 表 2-2-6

环境类别	场地环境地质条件
Ⅰ	高寒区、干旱区直接临水;高寒区、干旱区强透水层中的地下水
Ⅱ	高寒区、干旱区弱透水层中的地下水;各气候区湿、很湿的弱透水层;湿润区直接临水;湿润区强透水层中的地下水
Ⅲ	各气候区稍湿的弱透水层;各气候区地下水位以上的强透水层

注:1. 高寒区是指海拔大于或等于 3000m 的地区;干旱区是指海拔小于 3000m,干燥度指数 K 值大于或等于 1.5 的地区;湿润区是指干燥度指数 K 值小于 1.5 的地区。

2. 强透水层是指碎石土和砂土;弱透水层是粉土和黏性土。

3. 含水率 w < 3% 的土层,可视为干燥土层,不具有腐蚀环境条件。

4. 当混凝土结构一边接触地面水或地下水,一边暴露在大气中,水可以通过渗透或毛细作用在暴露大气中的一边蒸发时,应定为Ⅰ类。

5. 当有地区经验时,环境类型可根据地区经验划分;当同一场地出现两种环境类型时,应根据具体情况选定。

(2)受地层渗透性影响,水和土对混凝土结构的腐蚀性评价详见表2-2-7。

水和土对混凝土结构的腐蚀性评价(按地层渗透性)　　　表2-2-7

腐蚀等级	pH 值		侵蚀性 CO_2 /(mg/L)		HCO_3^- /(mmol/L)
	A	B	A	B	A
微	>6.5	>5.0	<15	<30	>1.0
弱	5.0~6.5	4.0~5.0	15~30	30~60	1.0~0.5
中	4.0~5.0	3.5~4.0	30~60	60~100	<0.5
强	<4.0	<3.5	>60	—	

注:1.表中 A 是指直接临水或强透水层中的地下水;B 是指弱透水层中的地下水;强透水层是指碎石土和砂土;弱透水层是指粉土和黏性土。

　　2. HCO_3^- 含量是指水的矿化度低于0.1g/L 的软水时,该类水质 HCO_3^- 的腐蚀性。

　　3.土的腐蚀性评价只考虑 pH 值指标;评价其腐蚀性时,A 是指强透水土层,B 是指弱透水土层。

(3)当按表2-2-5 和表2-2-7 评价的腐蚀等级不同时,按下列规定综合评定:

①腐蚀等级中,只出现弱腐蚀,无中等腐蚀或强腐蚀时,应综合评价为弱腐蚀。

②腐蚀等级中,无强腐蚀,最高为中等腐蚀时,应综合评价为中等腐蚀。

③腐蚀等级中,有一个或一个以上为强腐蚀,应综合评价为强腐蚀。

2.水和土对钢结构的腐蚀性评价

(1)水和土对钢筋混凝土结构中钢筋的腐蚀性评价详见表2-2-8。

水和土对钢筋混凝土结构中钢筋的腐蚀性评价　　　表2-2-8

腐蚀等级	水中的 Cl^- 含量/(mg/L)		土中的 Cl^- 含量/(mg/kg)	
	长期浸水	干湿交替	A	B
微	<10000	<100	<400	<250
弱	10000~20000	100~500	400~750	250~500
中	—	500~5000	750~7500	500~5000
强	—	>5000	>7500	>5000

注:A 是指地下水位以上的碎石土、砂土、坚硬、硬塑的黏性土;B 是指湿、很湿的粉土,可塑、软塑、流塑的黏性土。

(2)土对钢结构的腐蚀性评价详见表2-2-9。

土对钢结构腐蚀性评价　　　表2-2-9

腐蚀等级	pH 值	氧化还原电位/mV	电阻率/(Ω·m)	极化电流密度/(mA/cm²)	质量损失/g
微	>5.5	>400	>100	<0.02	<1
弱	4.5~5.5	200~400	50~100	0.02~0.05	1~2
中	3.5~4.5	100~200	20~50	0.05~0.20	2~3
强	<3.5	<100	<20	>0.20	>3

工程案例

工程概况

某高速公路大桥工程地质勘察任务,需要完成场地水、土腐蚀性评价。根据场地情况,按Ⅱ类场地环境及弱透水土层进行本次水、土腐蚀性评价,依据《公路工程地质勘察规范》(JTG C20—2011),开展对水、土的腐蚀性评价。

1. 取样

本次勘察在钻孔 ZK3、ZK11 中取地下水样各 1 件,在 ZK3、ZK22 中取地下水位以上的土样各 1 件。

2. 试验

分别在室内对所取试样进行腐蚀性试验分析,测试结果详见表 2-2-10 和表 2-2-11。

场地土腐蚀性试验　　　　　　　　　　　　　　　　表 2-2-10

取样孔号或地点			ZK3	ZK11
按环境类型	Ⅱ	硫酸盐含量 SO_4^{2-}/(mg/kg)	27.65	36.86
		镁盐含量 Mg^{2+}/(mg/kg)	7.68	4.61
按地层渗透性	B	pH 值	7.87	7.90

场地地下水腐蚀性试验　　　　　　　　　　　　　　表 2-2-11

取样孔号或地点			ZK3	ZK22
水样种类			地下水	地下水
按环境类型	Ⅱ	硫酸盐含量 SO_4^{2-}/(mg/L)	27.65	19.22
		镁盐含量 Mg^{2+}/(mg/L)	16.13	13.82
		铵盐含量 NH_4^+/(mg/L)	0.19	0.21
		苛性碱含量 OH^-/(mg/L)	16.13	13.82
		总矿化度/(mg/L)	776	949
按地层渗透性	弱透水性(B)	Cl^- 含量/(mg/L)	127.80	161.88
		pH 值	7.13	7.10
		侵蚀性 CO_2 含量/(mg/L)	0.00	1.65
		HCO_3^-/(mmol/L)	4.96	5.37

评价与结论

1. 土的腐蚀性评价与评定

土的腐蚀性评价与评定见表 2-2-12。

土的腐蚀性评价与评定　　　　　　　　　　　　　　表 2-2-12

腐蚀介质	第一步:查实测值	第二步:查规范值(评价标准)	第三步:综合评价
(1)按Ⅱ类环境类型考虑地下水以上土样分析评价			
SO_4^{2-} 含量	27.65mg/kg 和 36.86mg/kg	按表 2-2-5: $300 \times 1.5 = 450$(mg/kg)	均小于 450mg/kg,具弱腐蚀性

续上表

腐蚀介质	第一步:查实测值	第二步:查规范值(评价标准)	第三步:综合评价
Mg^{2+} 含量	7.68mg/kg 和 4.61mg/kg	按表 2-2-5: $2000 \times 1.5 = 3000$(mg/kg)	均小于 3000mg/kg, 具弱腐蚀性
(2)按地层渗透性弱透水层考虑地下水以上土样分析评价			
Cl^- 含量	127.80mg/L 和 161.88mg/L	按表 2-2-8 B 类考虑: <250mg/kg	均小于 250mg/kg, 具微腐蚀性
pH 值	7.87 和 7.90	按表 2-2-9: >5.5	均大于 5.5, 具微腐蚀性
综合评定	该土对混凝土结构和钢筋混凝土结构中钢筋均具微腐蚀性		

2. 地下水的腐蚀性评价与评定

地下水的腐蚀性评价与评定见表 2-2-13。

地下水的腐蚀性评价与评定
表 2-2-13

腐蚀介质	第一步:查实测值	第二步:查规范值(评价标准)	第三步:综合评价
(1)按Ⅱ类环境类型考虑地下水			
SO_4^{2-}	27.65mg/L 和 19.22mg/L	按表 2-2-5: <300mg/L	均小于 300mg/L, 具微腐蚀性
Mg^{2+}	16.13mg/L 和 13.82mg/L	按表 2-2-5: <2000mg/L	均小于 2000mg/L, 具微腐蚀性
NH_4^+	0.19mg/L 和 0.21mg/L	按表 2-2-5: <500mg/L	均小于 500mg/L, 具微腐蚀性
总矿化度	776mg/L 和 949mg/L	按表 2-2-5: <20000mg/L	均小于 20000mg/L, 具微腐蚀性
(2)按地层渗透性强透水层考虑地下水分析评价			
Cl^-	127.80mg/L 和 161.88mg/L	按表 2-2-8 长期浸水 或干湿交替考虑: 100~500mg/L	介于 100~500mg/kg 间, 具弱腐蚀性
pH 值	7.13 和 7.10	按表 2-2-7 弱透水层中的 地下水 B 考虑: >6.5	均大于 6.5, 具微腐蚀性
侵蚀性 CO_2	0.00mg/L 和 1.65mg/L	按表 2-2-7 弱透水层中的 地下水 B 考虑: <15mg/L	均小于 15mg/L, 具微腐蚀性
HCO_3^-	4.96mmol/L 和 5.37mmol/L	按表 2-2-7 弱透水层中的 地下水 B 考虑: >1mmol/L	均大于 1mmol/L, 具微腐蚀性
综合评定	该地下水对混凝土结构均具微腐蚀性,对钢筋混凝土结构中的钢筋具弱腐蚀性		

技能训练

根据以上学习内容及工程案例完成技能训练,详见《道路工程地质(第 3 版)技能训练与测评活页手册》任务单 2-2-1 地下水的腐蚀性评价、任务单 2-2-2 土对混凝土结构的腐蚀性评价和任务单 2-2-3 土对钢筋混凝土结构中钢筋的腐蚀性评价。

知 识 测 评

对本模块所学知识和技能进行测评,详见《道路工程地质(第 3 版)技能训练与测评活页手册》项目 2 道路工程稳定性评价的【知识测评】和模块 2 道路工程地质评价【知识测评】。

目 标 评 价

通过本模块学习,对三大目标完成情况进行评价,详见《道路工程地质(第 3 版)技能训练与测评活页手册》模块 2 道路工程地质评价的【目标评价】。

模块 2 项目 2
在线测试题

模块 3

道路工程地质勘察报告

学习目标

1. 能力目标

(1)具备识读普通地质图和工程地质图的能力；

(2)具备道路工程地质勘察能力；

(3)具备收集和整理工程地质勘察成果资料的能力。

2. 知识目标

熟悉地质图,掌握道路工程地质勘察方法和工程地质勘察报告编制要点。

3. 素质目标

(1)培养地质勘察员在地质调绘、外业取样等岗位上不畏艰辛的爱岗敬业精神；

(2)培养地质勘察员在内业资料整理、数据分析工作中严谨认真的职业精神。

学习指南

为确保工程项目能够顺利开展,需要预先借助工程地质勘察对工程施工环境的地质信息进行全面深入了解。工程地质勘察是工程建设中的重要环节,勘察质量对工程整体质量有直接影响。因为工程设计、施工都需要以工程地质勘察为前提,以勘察数据为依据,对设计方案、工程成本、工程质量等进行控制。通过工程地质勘察,利用物探、化探、钻探等勘察技术,收集工程相关地质资料、水文资料、地形地貌等数据,完成地质勘察报告的编制；为工程设计、现场施工提供宝贵的数字依据；为工程成本控制、质量控制等提供帮助。工程地质勘察、地质勘察报告与工程设计施工的关系如图 3-0-1 所示。

本模块学习任务:结合工作实际,按照《公路工程地质勘察规范》(JTG C20—2011)要求,掌握道路工程地质勘察内容和方法；以《公路工程地质勘察报告编制规程》(T/CECS G:H24—2018)为蓝本,在道路工程地质勘察的基础上,掌握道路工程地质勘察报告编制要点。

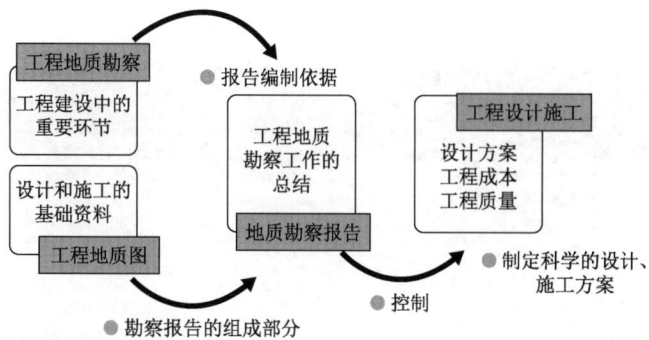

图 3-0-1 工程地质勘察、地质勘察报告与工程设计施工的关系

项目 1 地质图识读

◎ 任务引入

××省交通规划勘察设计研究院股份有限公司已经完成××高速公路 K2 + 200 ~ K2 + 740 右侧挖方边坡外业调绘。

本项目任务:编制《××高速公路 K2 + 200 ~ K2 + 740 右侧挖方边坡施工 图设计阶段工程地质勘察报告》,编制勘察报告需要查阅当地地质资料,其中包括各种地质图资料;同时编制勘察报告除文字部分外,还需绘制附图,包括工程地质平面图(图 3-1-1)、挖方边坡柱状图(图 3-1-2)等。

要完成这个任务,需要具备地质图有关的哪些知识和技能?

◎ 学习内容

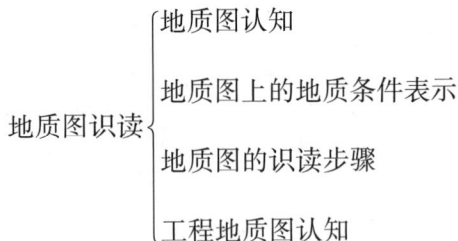

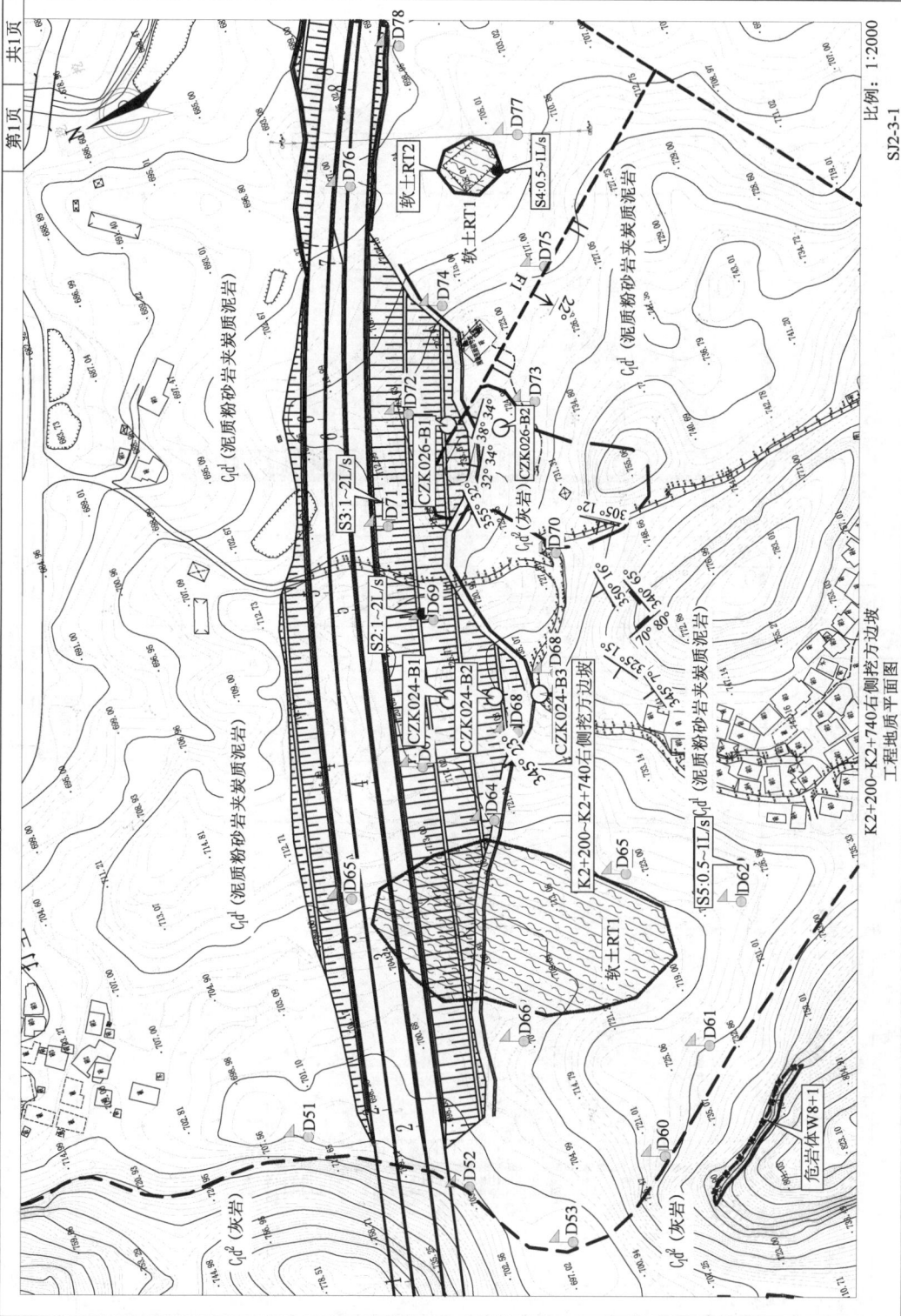

图 3-1-1 工程地质平面图

工程地质平面图

第1页 共1页

钻孔柱状剖面图（第1页 共1页）

工程名称	K2+200~K2+740右侧挖方边坡		钻孔里程/m	YK2+604.50右47.40m	
钻孔编号	CZK024-B3	钻孔坐标/m：X=494905.53	开孔日期	2022-02-14	钻孔里翟/m：30.00
孔口高程/m	736.70	Y=2813124.06	终孔日期	2022-02-16	稳定水立/m：未见稳定水位

地层编号	时代成因	层底高程/m	层底深度/m	分层厚度/m	柱状图 1:200	地层描述	岩芯采取率/% (50)	取样	重Ⅱ击数 $N_{63.5}$ / 标贯击数 $N_{63.5}$/深度/m	纵波波速/(m/s)	附注
1-1-4	Q_4^{el+dl}	733.10	3.60	3.60		含碎石粉质黏土：黄褐色，可塑状，含碎石、角砾，含量15%~35%，粒径2~5cm，碎石成分为砂岩					
9-8-1	C_1d_1	728.70	8.00	4.40		强风化泥质粉砂岩夹炭质泥岩：灰黄色、浅灰色，薄至中厚层状，节理裂隙很发育，岩体破碎，岩芯呈碎块状、块状					
9-8-2	C_1d_1	711.70	25.00	17.00		中风化泥质粉砂岩夹炭质泥岩：灰黑色、深灰色，薄至中厚层状，节理发育，岩体较破碎，岩芯呈柱状、短柱状、块状					

钻孔柱状剖面图（第1页 共1页）

工程名称	K2+200~K2+740右侧挖方边坡		钻孔里程/m	YK2+604.50右47.40m	
钻孔编号	CZK026-B1	钻孔坐标/m：X=495073.85	开孔日期	2022-02-14	钻孔里程/m：30.00
孔口高程/m	721.93	Y=2813130.37	终孔日期	2022-02-16	稳定水位/m：未见稳定水位

地层编号	时代成因	层底高程/m	层底深度/m	分层厚度/m	柱状图 1:200	地层描述	岩芯采取率/%	取样	重Ⅱ击数 $N_{63.5}$ / 标贯击数 $N_{63.5}$/深度/m	纵波波速/(m/s)	附注
1-1-4	Q_4^{el+dl}	716.93	5.00	5.00		含碎石粉质黏土：黄褐色，可塑状，含碎石、角砾，含量15%~35%，粒径2~5cm，碎石成分为砂岩					
9-8-1	C_1d_1	706.93	15.00	10.00		强风化泥质粉砂岩夹炭质泥岩：灰黄色、浅灰色，薄至中厚层状，节理裂隙很发育，岩体破碎，岩芯呈碎块状、块状					
9-8-2	C_1d_1	691.93	30.00	15.00		中风化泥质粉砂岩夹炭质泥岩：灰黑色、深灰色，薄至中厚层状，节理发育，岩体较破碎，岩芯呈柱状、短柱状、块状					

K2+200~K2+740右侧挖方边坡
钻孔柱状剖面图

SJ2-3-4

图 3-1-2　挖方边坡柱状图

任务 1　地质图认知

📖 理论知识

一、地质图概述

地质图(也称普通地质图)是反映各种地质现象和地质条件的图件,主要用来表示地层、岩性和地质构造条件等。地质图是用一定的符号、色谱和花纹将地壳某部分各种地质现象(如岩层、岩体、地质构造、矿床等的时代、产状、分布和相互关系),按一定比例概括地投影到平面图上的一种图形,如图 3-1-3 所示。

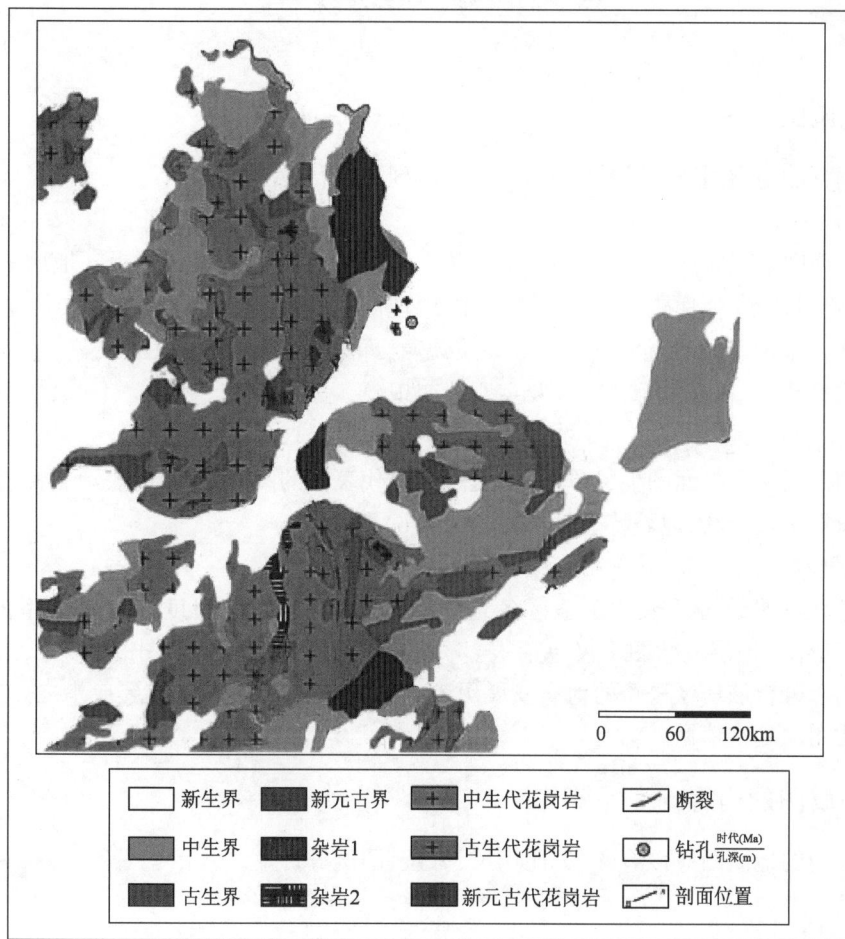

图 3-1-3　××地区地质矿产分布图

地质图是帮助人类认识自然、改造自然的一种重要且最基本的地质资料,是经济建设、环境保护和科学研究的基础地质资料,也是区域地质调查成果不可缺少的组成部分。为特定目的编制的专业地质图称为专用地质图,其常见类型有岩浆岩分布图、工程地质图、水文地质图、地球化学图、地形地质图、第四纪地质图、地质构造图、地震地质图等。

除综合表示各基本地质现象的地质图外,还有着重表示某一方面地质现象的专门地质图件。例如,综合表示各种工程地质条件的地质图称为工程地质图,如图 3-1-4 所示。工程地质图一般以普通地质图为基础,只是增添了各种与工程有关的工程地质内容。以地形图为底图,将地质勘探所获得的资料绘制在地形图上而得到的图件称为地形地质图,如图 3-1-5 所示。

图 3-1-3　　　　　图 3-1-5

二、地质图组成

一幅完整的地质图应包括地质平面图、地质剖面图和地层柱状图。

(1)地质平面图。

地质平面图是反映地质条件的图,是最基本的图件,如图 3-1-6 a)所示。地质平面图又称为主图,主要包括:①地理概况,即图区所在的地理位置(经纬度、坐标线)、主要居民点(城镇、乡村所在地)、地形、地貌特征等;②一般地质现象,即地层、岩性、产状、断层等;③特殊地质现象,即崩塌、滑坡、泥石流、喀斯特、泉及主要蚀变现象。

(2)地质剖面图。

地质剖面图是在平面图上,选择一条至数条有代表性的图切剖面,以表示岩性、褶皱、断层的空间展布形态及产状、地貌特征等,如图 3-1-6 b)所示。

(3)地层柱状图。

地层柱状图是综合反映一个地区各地质年代的地层特征、厚度和接触关系的图件,如图 3-1-6 c)所示。地层柱状图不仅包括很多资料,而且是野外地质填图的基本依据。地层柱状图还可用于分析该地区概略的地质发展历史,因此它是地质工作的重要成果之一,是绘制一幅新区地质图的基本依据。

三、地质图的内容

一幅正规的地质图应该有图名、比例尺、方位、图例等。

(一)图名

图名用以表明图幅所在的地区和图的类型。一般以图区内主要城镇、居民点或主要山岭、河流等命名。图名用端正的字体书写于图幅上端正中或图内适当位置。

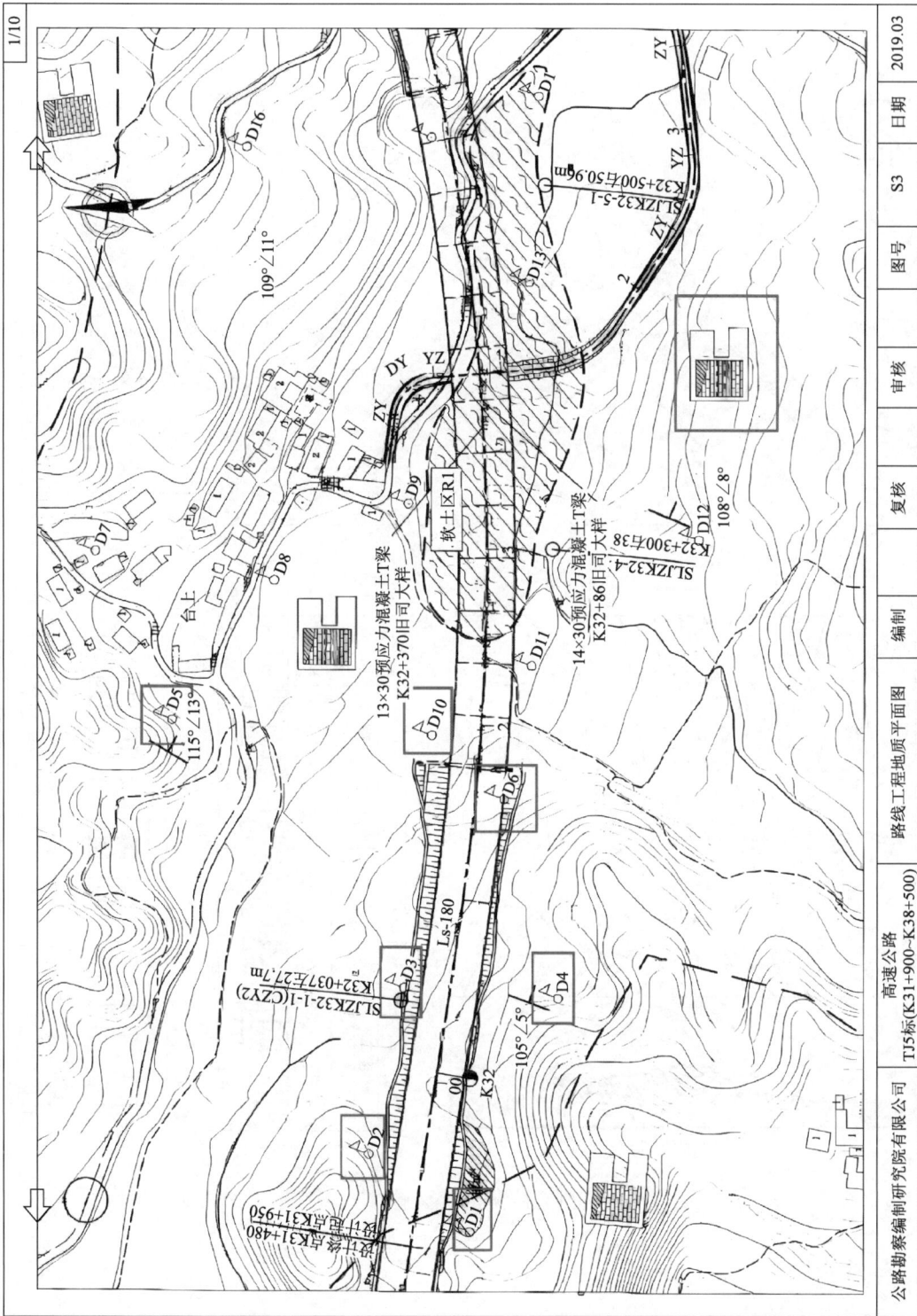

图 3-1-4　工程地质平面图

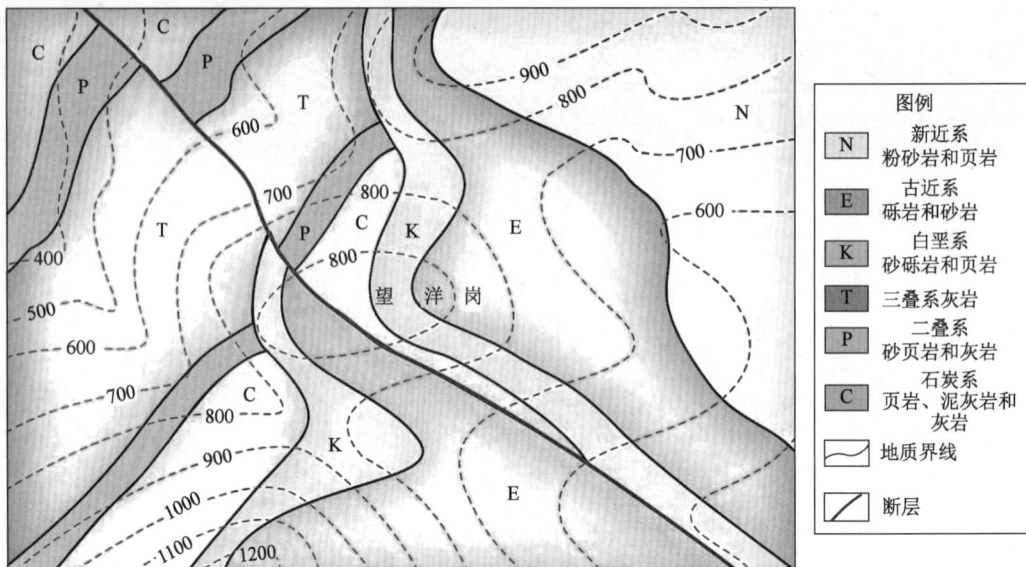

图 3-1-5　地形地质图

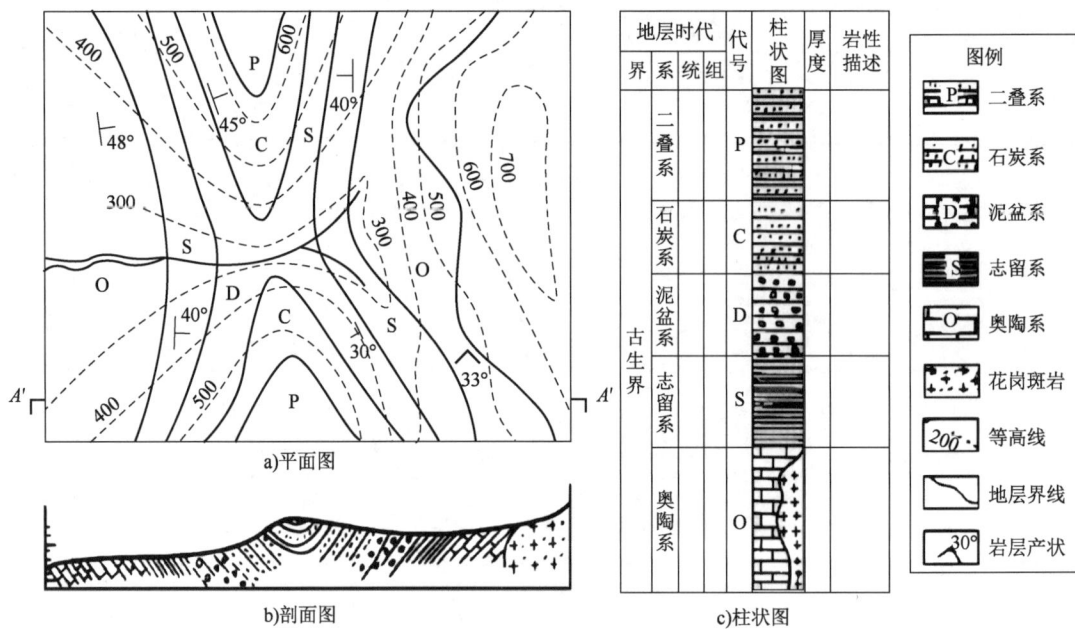

图 3-1-6　黑山寨地区地质图

(二)比例尺

地质图上任一线段的长度与它所代表的实地水平距离之比,称为比例尺,用以表明图幅反映实际地质情况的详细程度。地质图的比例尺与地形图或地图的比例尺一样,有数字比例尺和线条比例尺。

比例尺一般注于图框外上方图名之下或下方正中位置。地质图所表示的内容的繁简程度与图件的比例尺有关,一般比例尺越小,所表示的内容越简略,以突出总体规律或提供背景材料为主;比例尺越大,所表示的内容越详细。

1.数字比例尺与线条比例尺

(1)数字比例尺是用分子为1,分母为整数的分数表示。设图上一线段长度为 d,相应实地的水平距离为 D,则该地形图的比例尺为

$$\frac{d}{D} = \frac{1}{\dfrac{D}{d}} = \frac{1}{M}$$

式中:M——比例尺分母。

因此,比例尺分母 M 越小,比例尺越大,表示地质图中地物地貌越详尽。数字比例尺通常标注在地形图图名下方,图 3-1-5 使用的是数字比例尺。

(2)线条比例尺是在图上绘一直线如尺状,在该直线上截取若干段,每段标出所代表的实地长度(m 或 km)。线条比例尺如图 3-1-7 所示。

图 3-1-7

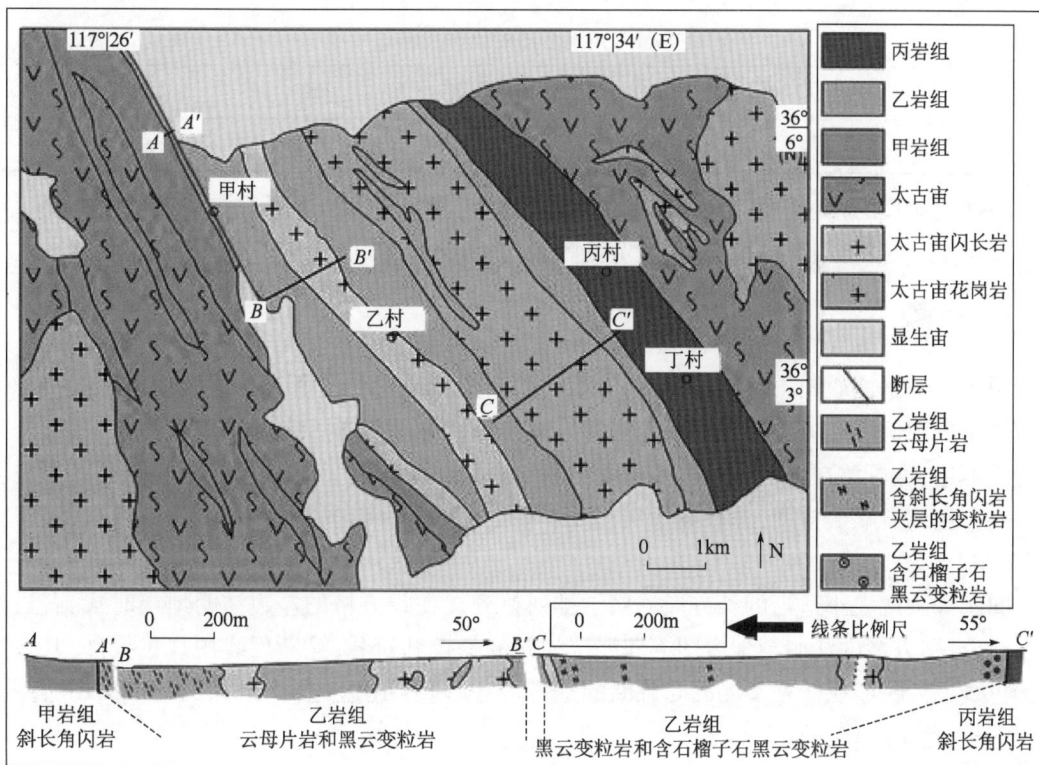

图 3-1-7　××地区地质简图

2. 小、中、大比例尺

地质图上常用的比例尺包括小比例尺、中比例尺和大比例尺。

(1)小比例尺地质图主要用于国家资源环境的宏观战略调查与部署,例如世界地质图、全国性地质图等,常见比例尺有1:1000000、1:500000等。

(2)中比例尺地质图主要用于研究省际、中大区域内较详细的地质构造和矿产分布,调查各种矿产的分布规律,圈定找矿远景区,常见比例尺有1:250000、1:200000、1:100000。

(3)大比例尺地质图用于矿产资源调查和工程建设等专门用途,提供了更详细的地质信息,有助于进行更精确的地质分析和资源评估,常见比例尺有1:5000、1:10000等。

3. 比例尺精度

通常人眼能分辨的图上最小距离为0.1mm。因此地形图上0.1mm的长度所代表的实地水平距离,称为比例尺精度,用ε表示,即

$$\varepsilon = 0.1M$$

例如,比例尺分母为500,则比例尺精度为50mm,即5cm。这就是说在测绘1:500比例尺的地形图时,要求测距误差应小于5cm,以确保地形图的精确。几种常用地形图的比例尺精度见表3-1-1。

几种常用地形图的比例尺精度 表3-1-1

比例尺	1:5000	1:2000	1:1000	1:500
比例尺精度/m	0.50	0.20	0.10	0.05

根据比例尺的精度,可确定测绘地质图时测量距离的精度。如果规定了地质图上要表示的最短长度,根据比例尺的精度,可确定测图的比例尺。

(三)图例

图例是一张地质图不可缺少的部分,不同类型的地质图各有所表示地质现象的图例。普通地质图的图例是用各种规定的颜色和符号来表明地层、岩体时代和性质,通常放在图框外的右边或下边,也可放在图框内足够安排图例的空白处。从新地层到老地层,图例严格按照自上而下或自左到右顺次排列,一般按地层、岩石和构造这样的顺序排列,并在它们前面写上"图例"二字。

图例都画成大小适当的长方形的格子排列整齐。在长方格的左边注明地层时代,右边注明主要岩性,方格内注明与地质图上同层位相同的颜色和符号,除断层线用红色线外,其余都用黑色线、界线、断层线是实测的与推断的,图例与图内表示都一样。剖面图与平面图所用的地层符号、色谱应该一致。

普通地质图常见图例见表3-1-2。

普通地质图常见图例

表 3-1-2

序号	名称	图例
1	土	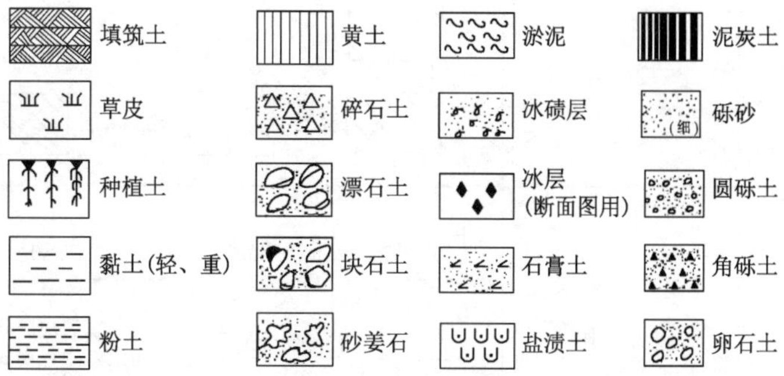 填筑土　黄土　淤泥　泥炭土 草皮　碎石土　冰碛层　砾砂 种植土　漂石土　冰层(断面图用)　圆砾土 黏土(轻、重)　块石土　石膏土　角砾土 粉土　砂姜石　盐渍土　卵石土
2	地质构造	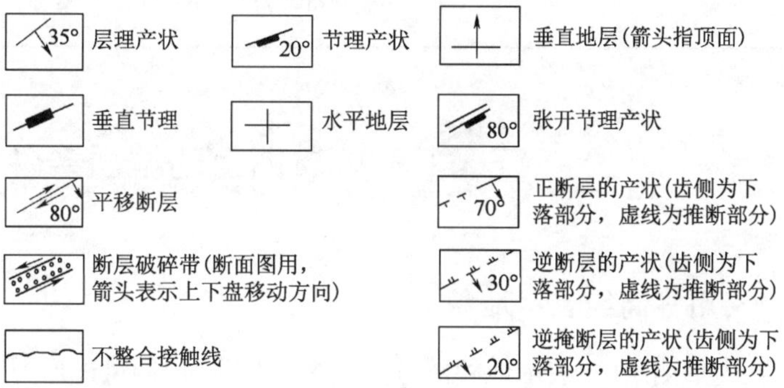 35° 层理产状　20° 节理产状　垂直地层(箭头指顶面) 垂直节理　水平地层　80° 张开节理产状 80° 平移断层　70° 正断层的产状(齿侧为下落部分，虚线为推断部分) 断层破碎带(断面图用，箭头表示上下盘移动方向)　30° 逆断层的产状(齿侧为下落部分，虚线为推断部分) 不整合接触线　20° 逆掩断层的产状(齿侧为下落部分，虚线为推断部分)
3	水文地质	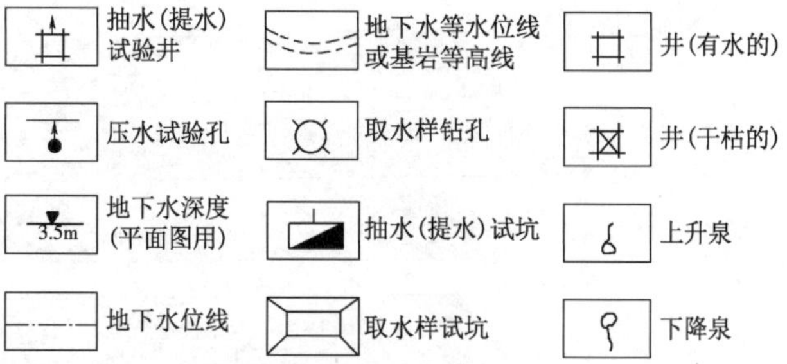 抽水(提水)试验井　地下水等水位线或基岩等高线　井(有水的) 压水试验孔　取水样钻孔　井(干枯的) 3.5m 地下水深度(平面图用)　抽水(提水)试坑　上升泉 地下水位线　取水样试坑　下降泉
4	沉积岩	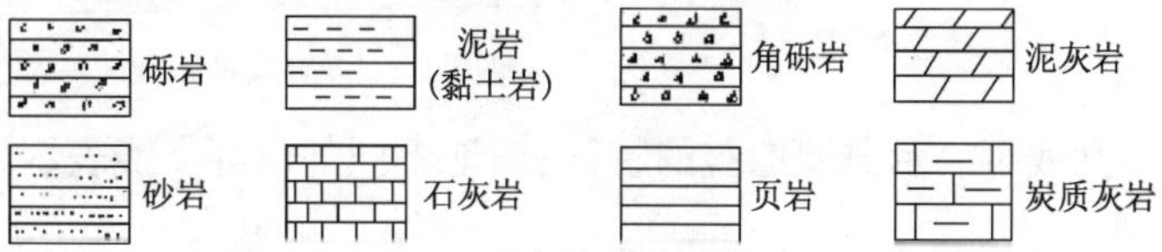 砾岩　泥岩(黏土岩)　角砾岩　泥灰岩 砂岩　石灰岩　页岩　炭质灰岩
5	岩浆岩	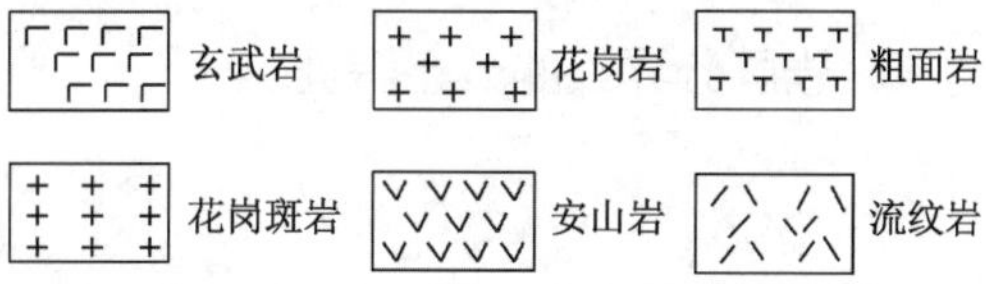 玄武岩　花岗岩　粗面岩 花岗斑岩　安山岩　流纹岩

序号	名称	图例
6	变质岩	片岩　大理岩　千枚岩　白云大理岩 板岩　硅质灰岩　绿泥片岩　石英岩
7	地质界限	不良地质界线　工程地质分区界线　岩层分界线(平面图用) Ⅱ 工程地质分区编号　岩层分界线(断面图用,虚线为推断部分)　⟨Ⅲ⟩ 土石工程分级(断面图用) 岩层风化带分界线(断面图用)　Ⅱ—Ⅱ 地质剖面线及编号

任务2　地质图上的地质条件表示

一、用等高线表示地貌

在地形测绘中,表示地貌的方法很多,对于大比例尺地形图通常用等高线表示。等高线是地面上高程相等的相邻点连接而成的闭合曲线,如图 3-1-8 所示。

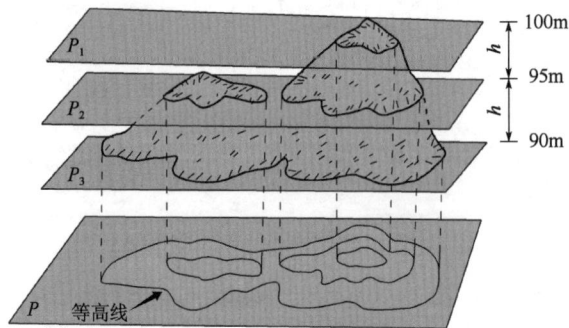

图 3-1-8　等高线投影图

等高线可表示典型地貌的特征,山地不同部位等高线表示详见表 3-1-3。

二、地质图上常见的地质条件

(一)不同产状岩层分界线的分布特征

1. 水平岩层

水平岩层的岩层分界线与地形等高线平行或重合,如图 3-1-9 所示。

山地不同部位等高线表示

表 3-1-3

部位	图示	部位	图示
山顶： 等高线越向 中心越高		洼地： 等高线越向 中心越低	
山脊： 朝一个方向 延伸的高地， 其最高点连线 称为山脊线		山谷： 两个山脊 之间的凹地， 其最低点 连线为山谷线	
鞍部： 两山头之间 呈马鞍形的 低凹部分			

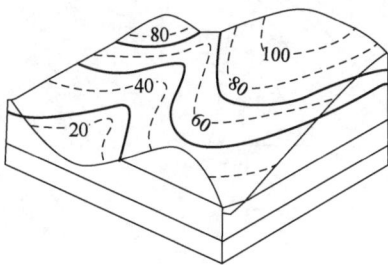

a)立体图

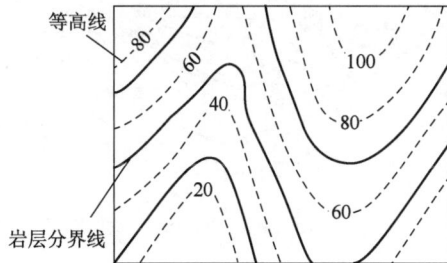

b)平面图

图 3-1-9　水平岩层在地质图上的表现

2. 倾斜岩层

倾斜岩层的岩层分界线在地质图上是一条与地形等高线相交的"V"形曲线。

（1）当岩层倾向与地形坡向相反时,岩层分界线的弯曲方向与等高线的弯曲方向相同,但弯曲度较小,如图3-1-10所示。

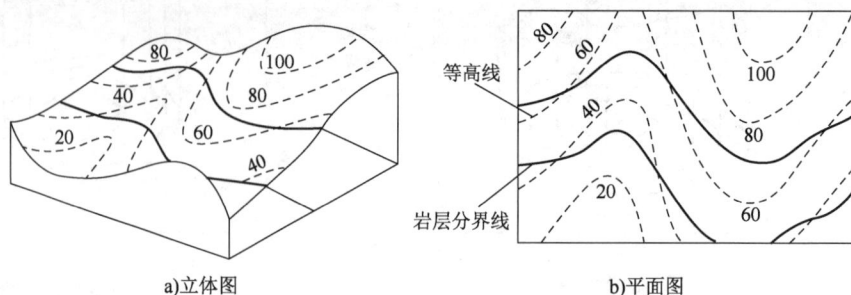

a)立体图　　　　　　　b)平面图

图3-1-10　倾斜岩层在地质图上的表现(一)

（2）当岩层倾向与地形坡向相同时,有以下两种情况。

①若岩层倾角大于地形坡度,则岩层分界线的弯曲方向和地形等高线的弯曲方向相反,如图3-1-11所示。

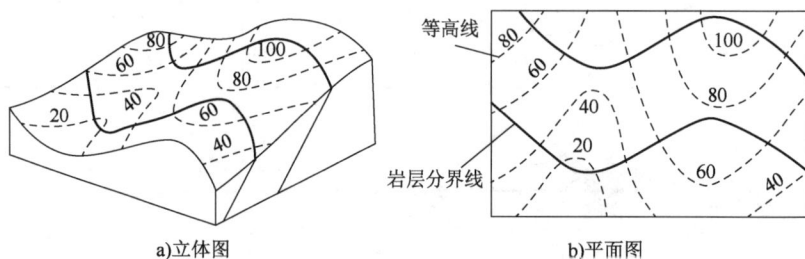

a)立体图　　　　　　　b)平面图

图3-1-11　倾斜岩层在地质图上的表现(二)

②若岩层倾角小于地形坡度,则岩层分界线的弯曲方向和地形等高线的弯曲方向相同,但岩层分界线的弯曲度大于地形等高线的弯曲度,如图3-1-12所示。

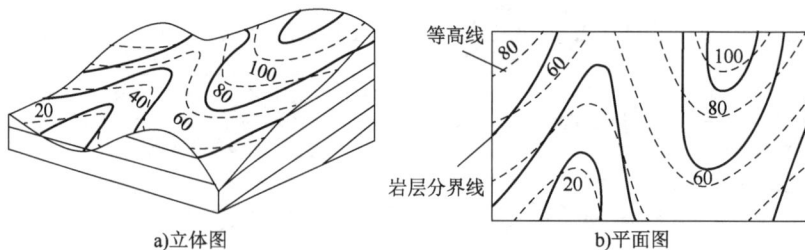

a)立体图　　　　　　　b)平面图

图3-1-12　倾斜岩层在地质图上的表现(三)

3. 直立岩层

岩层分界线不受地形等高线影响,沿走向呈直线延伸,如图3-1-13所示。

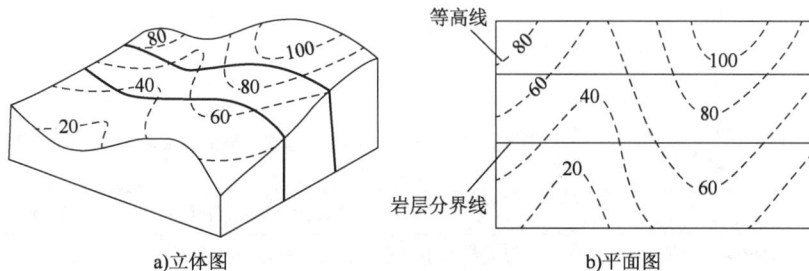

图 3-1-13　直立岩层在地质图上的表现

（二）褶皱构造在地质图上的表现

1. 背斜和向斜

两翼岩层呈对称出现，从核部到两翼，岩层由老到新为背斜；从核部到两翼，岩层由新到老为向斜，如图 3-1-14 所示（图中字母为地层符号）。

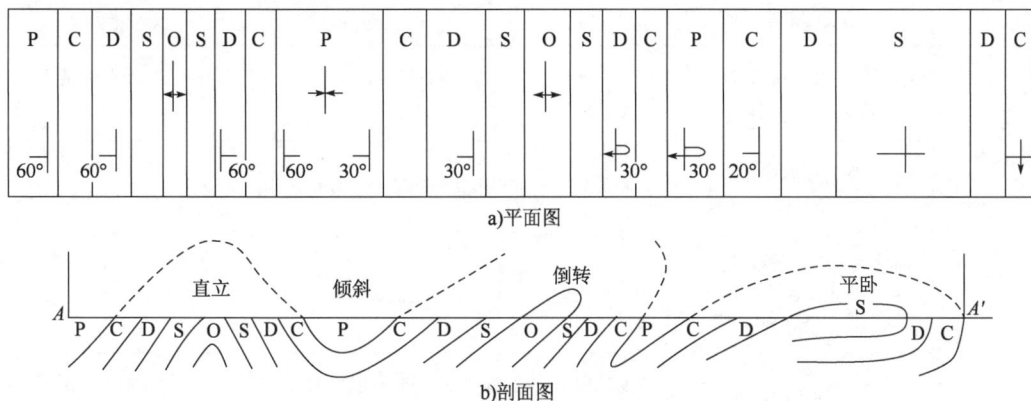

图 3-1-14　褶皱构造在地质图上的表现

2. 两翼产状情况

两翼倾角大致相等，倾向相反，为直立褶皱；两翼倾角不等，为倾斜褶皱。

（三）断层特征

一般地质图上断层线都用红色线标注；如果不是彩色图，则根据图例符号识别断层；若无图例符号，则根据岩层分布重复、缺失、中断、宽窄变化或错动等现象识别。

任务3　地质图的识读步骤

一幅地质图反映了某地区各方面地质情况。地质图识读即按照地质图的图名、比例尺和图例顺序，综合分析地质图中的各种地质现象之间的关系及规律性，地质图识读步骤详见表 3-1-4。

地质图识读

地质图识读步骤 表 3-1-4

步骤	识读	信息
第一步 读图名	图名和图幅代号、 经纬度	了解图幅的地理位置和图的类型(分清是平面图还是剖面图)
第二步 读比例尺	比例尺	了解图上线段长度、面积大小和地质体大小及反映详略程度
	大比例尺的地质图	从等高线形态和水系分布了解地形特点
	中、小比例尺的 地质图	一般无等高线,可根据水系分布、山峰高程的分布变化,认识地形的特点
第三步 读图例	熟悉图幅中各种 地质符号	从图例可以了解图区出露的地层及其时代、顺序,地层间有无间断以及岩石 类型、时代等
	将图例与图幅地区的 综合地层柱状图 结合起来读	了解地层时代顺序和它们之间的接触关系(整合或不整合)
第四步 分析地质图	根据岩石类型及相应的 地层时代、层序	搞清楚地层有无缺失,各层是否含有化石,含什么化石,化石是在哪个地质 年代形成的
	根据岩层的地质 构造特征	判断地壳运动过程中地理环境是否发生过剧烈的变化
	如果地层呈水平状态, 从下到上依次由老到 新连续排列	说明在相应地质年代里地壳稳定运动
	如果地层出现倾斜	说明地层形成后,地壳水平挤压使岩层发生褶皱,因此要注意褶皱的形态特 征及空间分布形式,分析是向斜还是背斜
	如果地层颠倒	说明地壳运动剧烈,岩层强烈褶皱
	如果地质图上 判断出有断层	要确定断层的类型、规模、空间组合、分布和形成时代或先后顺序
	如果地层裂隙 有侵入岩存在	说明地壳运动过程中又发生了岩浆活动
	岩浆活动晚于 周围地层形成	要判断侵入岩是什么时代侵入的
	如果存在地层缺失, 要搞清缺失的原因	①缺失地层在所代表的时代中发生了地壳隆起,使当地地势抬高,终止了沉 积过程; ②当地开始有沉积作用,地壳隆起后,原沉积物被剥蚀完毕; ③当时当地气候变化,缺少沉积物来源
第五步 分析地形特征	有等高线时	据此分析山脉的延伸方向、分水岭、最高点、最低点、相对高差等
	不带等高线	根据水系的分布来分析地形特点,一般河流总是从地势高处流向地势低处, 根据河流流向可判断出地势的高低起伏状态

👷 **技能案例**

识读地质图

任务描述

图 3-1-15 是黑山寨地区地质图,图 3-1-16 是黑山寨地区地质剖面图,通过这两个图,可获得哪些地质资料？

图 3-1-15

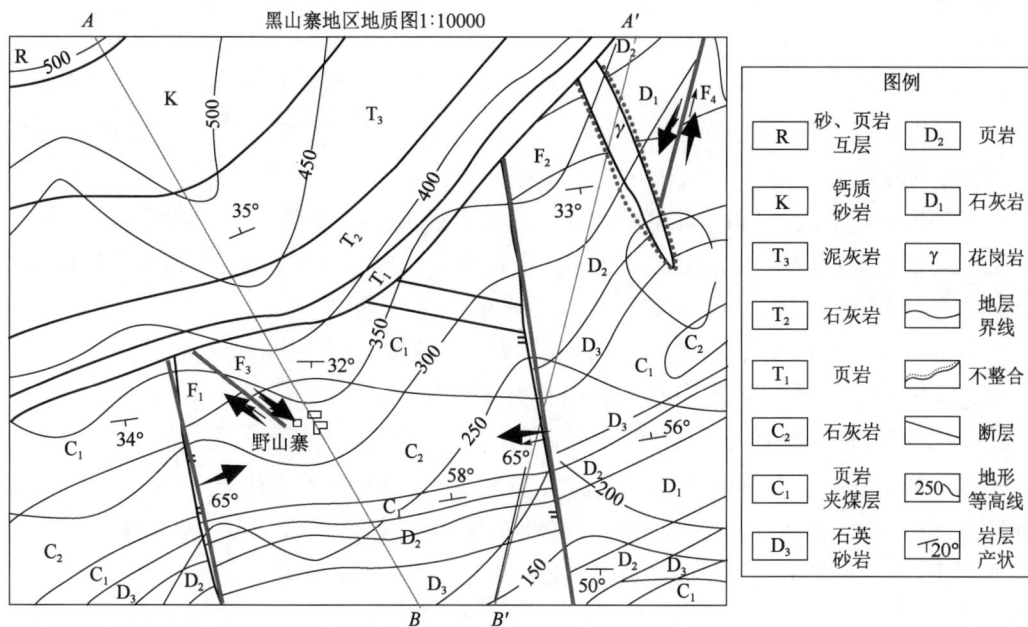

图 3-1-15 黑山寨地区地质图

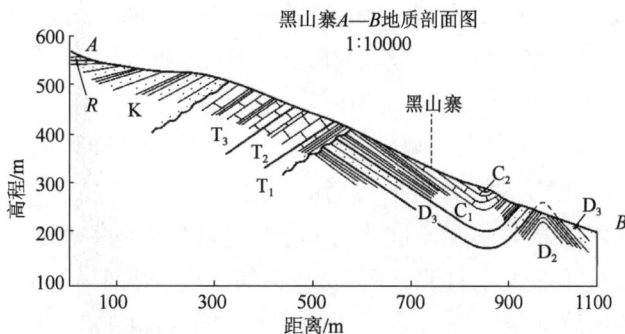

图 3-1-16 黑山寨地区地质剖面图

任务实施

第一步:读图名

本地质图为黑山寨地区地质图和黑山寨地区地质剖面图。

第二步:读比例尺

本地质图比例尺为 1∶10000,即图上 1 cm 代表实地距离 100 m。

第三步:读图例

地层岩性。本区出露地层从老到新有:古生界下泥盆统(D_1)石灰岩、中泥盆统(D_2)页岩、上泥盆统(D_3)石英砂岩;下石炭统(C_1)页岩夹煤层、中石炭统(C_2)石灰岩;中生界下三叠统(T_1)页岩、中三叠统(T_2)石灰岩、上三叠统(T_3)泥灰岩,白垩系(K)钙质砂岩;新生界第三系(R)砂、页岩互层。古生界地层分布面积较大;中生界、新生界地层出露在北部、西北部。

除沉积岩层外,还有花岗岩脉侵入,出露在东北部,用图3-1-15中虚线表示。

第四步:分析地质图

(1)岩层产状。

R为水平岩层;T、K为单斜岩层,产状330°∠35°;D、C地层大致近东西或北东东向延伸。

(2)褶皱构造。

古生界地层从D_1至C_2由东北部到南部形成3个褶皱,依次为背斜、向斜、背斜。

①东北部背斜:背斜核部较老地层为D_1;北翼为D_2,产状345°∠36°;南翼由老到新为D_2、D_3、C_1、C_2,岩层产状165°∠36°;两翼岩层产状对称,为直立褶皱。

②中部向斜:向斜核部较新地层为C_2;北翼即上述背斜南翼;南翼出露地层为C_1、D_3、D_2、D_1,产状345°∠56°~58°;两翼岩层倾角不同,为倾斜向斜。

③南部背斜:核部为D_1,两翼对称分布D_2、D_3、C_1,为倾斜背斜。

这三个褶皱发生在中石炭世(C_2)之后,下三叠世(T_1)以前,因为从D_1至D_2、D_3、C_1的地层全部经过褶皱变动,而T_1以后的地层没有受此褶皱影响,但T及K地层是单斜构造,产状与D、C地层不同,它可能是另一个向斜或背斜的一翼,由另一次构造运动形成,发生在K以后,R以前。

(3)断层构造。

本区有F_1、F_2两条较大断层,因岩层沿走向延伸方向不连续,断层走向345°,断层面倾角较陡,F_1为75°∠65°,F_2为225°∠65°,两断层都是横切向斜轴和背斜轴的正断层。另从断层同侧向外核部C_2地层出露宽度分析,也可说明断层间的岩层相对下移,所以两断层的组合关系为地堑。F_3走向300°,F_4走向30°,为规模较小的平移断层,断层形成于中石炭世(C_2)之后,下三叠世(T_1)以前,因为断层没有错断T_1以后的岩层。

从该区褶皱和断层分布时间和空间来分析,它们是处于同一构造应力场,受到同一构造运动所形成的。压应力主要来自北北西向,故褶皱轴向为北东东。F_1、F_2两断层为受张应力作用形成的正断层,故断层走向大致与压应力方向平行,F_3、F_4为剪应力所形成的扭性断层。

(4)地层接触关系。

①第三系(R)与其下伏白垩系(K)产状不同,为角度不整合接触。

②白垩系(K)与下伏上三叠统(T_3)之间,缺失侏罗系(J),但产状大致平行,故为平行不整合接触。T_3、T_2、T_1之间为整合接触。

③下三叠统(T_1)与下伏石炭系(C_1、C_2)及泥盆系(D)直接接触,中间缺失二叠系(P)

及上石炭统 C_3，且产状呈角度相交，故为角度不整合接触。由 C_2 至 D_1 各层之间均为整合接触。

④花岗岩脉（γ）切穿泥盆系（D）及下石炭统（C_1）地层并侵入其中，故为侵入接触，因未切穿上覆下三叠统（T_1）地层，故 γ 与 T_1 为沉积接触，说明花岗岩脉（γ）形成于下石炭世（C_1）以后，下三叠世（T_1）以前，但规模较小，产状呈北北西—南南东分布的直立岩墙。

第五步：分析地形特征

该地区西北部最高，高程约为 570m；东南较低，约 100m；相对高差约为 470m；东部有一山岗，高程超过 300m；顺地形坡向有两条北北西向沟谷。

🛠 技能训练

参照以上学习内容及技能案例，完成技能训练。详见《道路工程地质（第 3 版）技能训练与测评活页手册》任务单 3-1-1 红花岭地区地质图识读。

任务 4　工程地质图认知

工程地质图是按比例尺表示工程地质条件在一定区域或建筑区内的空间分布及相互关系的图件，是结合工程建筑需要编绘的地图。它以工程地质测绘所得图件为基础，并根据必要的勘探、试验和长期观测所获得的资料编绘而成。它同工程地质勘察报告书一起作为工程地质勘察的综合性文件，是建筑物规划、设计和施工的重要基础资料之一。地质图件是可直接利用且使用方便的主要图表资料，因此，识读地质图件是最基本的重要技能。

工程地质图

一、工程地质图分类

工程地质图按其用途分为通用工程地质图和专用工程地质图两类。

1. 通用工程地质图

通用工程地质图适用于各建设部门，系规划用的小比例尺图，主要反映工程地质条件区域性变化规律。它是以区域地质测量完成的 1∶200000 地质图为基础，参阅区内已有的各种专用图件，在室内编制而成。例如我国 1965 年出版的《中华人民共和国自然地图集》中的 1∶10000000《中国工程地质图》即属此类。通用工程地质图可避免盲目规划各类建筑物场地，减少不必要的损失，对地质环境的合理开发和保护有重要意义。

2. 专用工程地质图

专用工程地质图只适用于某一建设部门，所反映的工程地质条件和作出的评价均与某种工程的要求紧密结合。专用工程地质图大多是各建设部门根据各类工程建筑物的设计和施工的需要，经大比例尺工程地质测绘而编制的。这种图适合各种比例尺，但更多地用于大、中比例尺。专用工程地质图的用途不一样，其反映的地质条件也不同，详见表 3-1-5。

不同专用工程地质图反映的不同地质情况　　　　　　　　表 3-1-5

用途	工程地质条件
道路专用工程地质图	反映地表以下 10~15m 深度内的工程地质条件
渠道专用工程地质图	反映土石的渗透性能
工业民用专用工程地质图	反映土石的承载能力

按比例尺大小专用工程地质图又分为三种,详见表 3-1-6。

专用工程地质图按比例尺分类　　　　　　　　表 3-1-6

专用工程地质图类型	比例尺	编制	适用	例如
小比例尺专用工程地质图	小于 1:500000	搜集已有的测绘勘探资料和航卫片,辅以路线踏勘和少量勘探成果编制而成	适用于某一类建筑规划	市建筑规划;大、中河流流域规划;铁路线路方案比较等
中等比例尺专用工程地质图	1:25000~ 1:10000	大量吸取勘探和地质工作资料编制而成	适用于分析工程地质问题和提出工程地质评价	初步设计阶段所得成果;选择建筑地址和设计建筑物配置方式
大比例尺专用工程地质图	1:5000~ 1:1000	根据勘探、试验和长期观测成果编制而成	适用于工程地质分区,作出定量的工程地质评价	反映的内容精确且细致,划分岩土单元和地貌形态

二、工程地质图表示的内容

正式的工程地质图(一般为综合分区图)上,都有工程地质条件的综合表现,可分区作出工程地质评价。工程地质图表示的内容包含以下五个方面。

1. 地形地貌

图上表示地形起伏,沟谷割切的密度、宽度和深度,斜坡的坡度,山地、河谷结构,阶地、夷平面、岩溶地貌形态等。

2. 岩土类型单元、性质、厚度变化

图上应有基岩中的软弱夹层、松软土的厚度等。

3. 地质结构:基岩产状、褶皱及断裂

图上用产状符号、褶皱轴线、断层线(在大比例尺上按其实际宽度)加以表示。

4. 水文地质条件

图上表示出地下水位,井泉位置,隔水层和透水层的分布,岩土含水性及富水性,地下水的化学成分及侵蚀性等。

5. 物理地质现象

图上表示各种物理地质现象,如滑坡、岩溶、岩堆、泥石流、地震烈度及风化壳厚度等。

三、工程地质图的附图

工程地质图是由一套图组成的,含主图和附图。附图使主图的内容更易理解,更加明晰,而且主图与附图共同反映场区工程地质条件,说明分区特征。

道路工程地质图主要附图有工程地质平面图、工程地质断面图、工程地质柱状图、工程地质剖面图等。

1.工程地质平面图

工程地质平面图是反映勘察区工程地质平面要素、勘探点平面布置、工程地质分区及各类人工建(构)筑物的位置、类型的综合性图件,如图 3-1-17 所示。

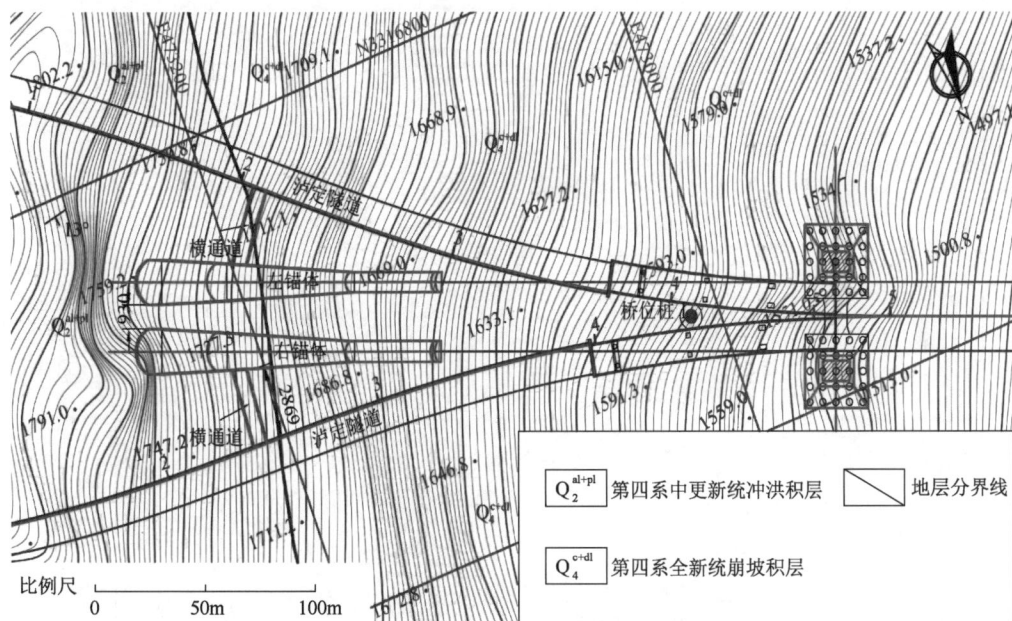

图 3-1-17 工程地质平面图

注:图中尺寸除桩号、高程以 m 计外,其余均以 cm 计。

2.工程地质断面图

工程地质断面图是反映工程场地地面以下一定方向和一定深度竖直面上岩、土、水的分布,以及结构及建(构)筑物的图件。工程地质断面图分为工程地质纵断面图、工程地质横断面图,如图 3-1-18 所示。

图 3-1-18

3.工程地质柱状图

工程地质柱状图是反映勘探点沿深度方向的岩土构成、地表水及地下水水位、岩土取样、试验测试及成果的图件,如图 3-1-19 所示。工程地质柱状图分为钻孔地质柱状图、探井地质柱状图等。

4.工程地质剖面图

根据地质剖面图、勘探资料试验成果,编制工程地质剖面图,如图 3-1-20 所示,以揭示一定深度范围内的垂向地质结构。

图 3-1-19

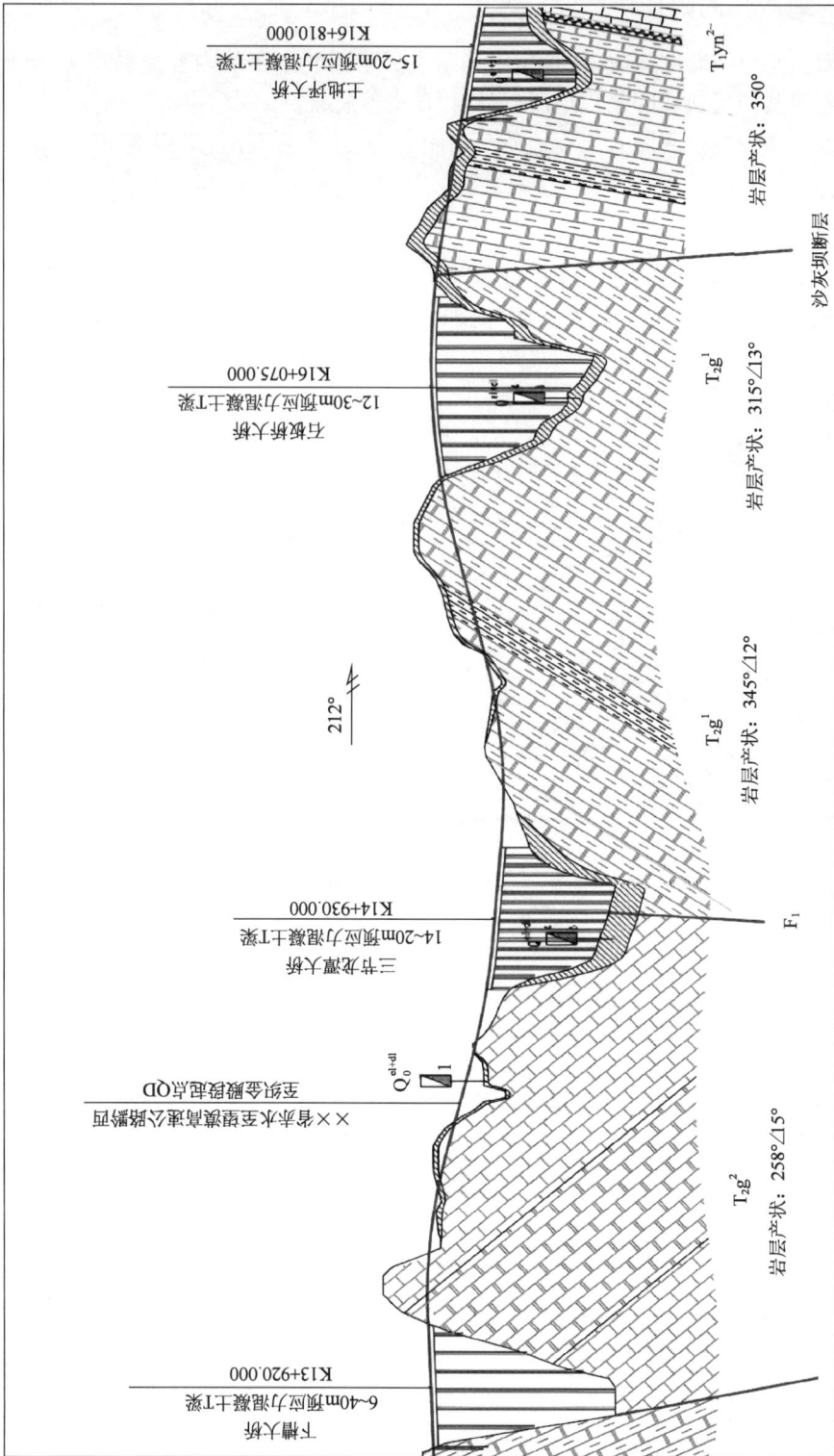

图 3-1-18　工程地质断面图

地层系统				厚度/m	岩性	性-储-盖组合	岩性简述
界	系	统	组				
新生界	第四系	全新统	东台组 Od	200~350			土黄色黏土与砂砾层
	上第三系	上新统	盐城组 Nd	0~1200			杂色砂砾岩、泥岩
		中新统					
	下第三系	始新统	三垛组 K₂d	0~1300			棕色、灰绿色泥岸与粉细砂岩
			梁南组 K₂d	0~300			棕、灰紫、灰色泥岩夹砂岩，底部偶见砾
		古新统	阜宁组 K₂t	0~1400			灰、深灰、黑色泥岩，夹粉砂质泥岩，底部含砾
中生界	白垩系	上统	泰州组 K₃t	0~400			淡灰色、棕色泥岩与粉砂岩互层
			泰山组 K₃c	0~1090			棕色、砖红色砂岩与泥质粉砂岩
			浦口组 K₃p	0~2340			棕色泥岩、粉砂质泥岩、泥质粉砂岩，上部含膏，底部常见砾岩层
		下统	葛村组 K₃g	0-830			暗棕、紫、灰白色含砂泥岩，泥质粉砂岩
	侏罗系	上统	黄尖组 J₃B	0~1020			安山岩、粗面岩、流纹岩、凝灰岩等
			西山系组 J₃k	0~1044			灰、深灰、暗棕色砂砾岩、泥岩
		中统	北山系组 J₃b	0~1070			灰白色砂岩、粉砂岩夹泥岩，底部为石贡砂岩
		下统	南山系组 J₃o	0~657			灰白色石英细砂岩，含砾砂岩及炭质泥岩夹煤层
	三叠系	上统	范家塘 T₂j	0~222			灰、灰黑色砂泥岩互层，间夹炭质泥岩及薄煤层
		中统	黄青马组 T₂h	0~1059			紫红色砂岩、泥岩
			周冲组 T₂z	0~680			灰色灰岩、白云岩互层，夹硬石膏
		下统	青龙组 T₁q	0~1123			灰色灰岩夹薄层灰色泥岩及泥灰岩

图 3-1-19　工程地质柱状图

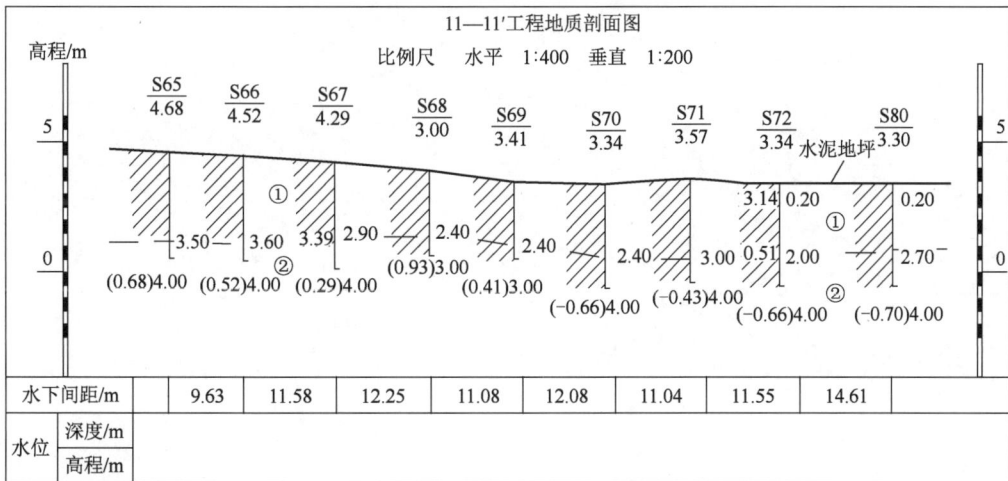

图 3-1-20　工程地质剖面图

知 识 测 评

对本项目所学知识和技能进行测评,详见《道路工程地质(第3版)技能训练与测评活页手册》项目 1 地质图识读的【知识测评】。

模块 3 项目 1
在线测试题

项目2　公路工程地质勘察

◎ 任务引入

××县处于"5·12"特大地震灾害重灾区。特大地震不仅造成了大量的人员伤亡和经济损失,还诱发了滑坡、崩塌、泥石流等次生地质灾害。通过排查和评估工作,此次地震在××县境内诱发了近千个地质灾害体,如图3-2-1、图3-2-2所示。这些重大地质灾害隐患点险情紧迫、危害巨大、危险程度高,不仅严重危及城镇和乡村居民生命与财产安全,而且严重影响××县灾后恢复重建工作的顺利实施。根据四川省委、省政府关于地震灾后恢复重建工作的总体部署和要求,全省灾区已进入恢复重建的关键时期,任务艰巨而紧迫。

图3-2-1、图3-2-2

图3-2-1　地震引起的山体滑坡

图3-2-2　地震引起的崩塌

本项目任务:为了尽快消除地质灾害隐患,促进××县灾后恢复重建工作的顺利实施,×××交通规划勘察设计院承担××县×××路段不稳定斜坡的应急勘察工作。

灾害发生后第一要务就是恢复重建,重建是建立在消除地质灾害隐患的基础上,因此最急迫的工作就是对不稳定斜坡进行勘察,提供第一手资料,使恢复重建工作得以顺利实施。

要完成本次任务,需要具备哪些工程地质勘察的知识和技能?

📖 学习内容

$$
公路工程地质勘察
\begin{cases}
公路工程地质勘察认知 \\
公路工程地质勘察程序 \\
公路工程地质勘察阶段
\end{cases}
$$

任务1 公路工程地质勘察认知

理论知识

工程地质勘察概述

工程地质勘察是为满足工程设计、施工、特殊性岩土和不良地质处治的需要,采用各种勘察技术、方法,对建筑场地的工程地质条件进行综合调查、研究、分析、评价以及编制工程地质勘察报告的全过程。它是各类工程兴建之前的必要程序,也是制定技术上可靠、经济上合理的工程设计和实施方案的基础。

一、公路工程地质勘察目的

1.工程地质勘察的目的

工程地质勘察的目的是查明土木工程场地的工程地质条件、分析存在的工程地质问题、对工程场地做出工程地质评价。

2.公路工程地质勘察的目的

(1)查明并分析工程场地的工程地质条件;

(2)分析存在的工程地质问题,进行定性和定量分析;

(3)选择能满足要求,并且条件比较优越的工程场地和环境;

(4)对选择的场地进一步勘察后进行分区,提出各区段所适宜的建筑物类型、结构、规模、基础及地基处理的合理意见;

(5)预测工程建成后对地质环境的影响;

(6)提出工程地质条件的分析评价及改善不良地质条件的措施和建议。

二、公路工程地质勘察阶段划分

根据《公路工程地质勘察规范》(JTG C20—2011),公路工程地质勘察阶段可分为预可行性研究阶段工程地质勘察(简称预可勘察)、工程可行性研究阶段工程地质勘察(简称工可勘察)、初步设计阶段工程地质勘察(简称初步勘察)和施工图设计阶段工程地质勘察(简称详细勘察)四个阶段。

三、公路工程地质勘察点布置

公路工程勘察点布置主要遵循全面控制与突出重点的原则,同时考虑地质、地形、地貌等因素,确保勘察点的有效分布,以提高勘察效率和准确性,详见表3-2-1。

四、工程地质条件划分

工程地质条件可分为复杂、较复杂和简单三种,见表3-2-2。

公路工程勘察点布置要求   表 3-2-1

序号	考虑因素	具体要求
1	钻孔位置	应充分考虑公路线路的综合性质,如地貌、地质构造、地层岩性和地下水状况等,尽量选择地质异常集中、变化明显的区域作为钻孔位置,以获取代表性的地质信息
2	钻孔数量	应适当增加钻孔数量以保证获得足够的地质资料,钻孔数量的确定需综合考虑地形条件、地质条件和工程规模等因素。在地质条件比较复杂或存在较大变化的区域,钻孔数量应增加
3	钻孔间距	应根据设计要求和地质条件来选择钻孔间距。在地质条件变化大的地区,钻孔间距应减小,保证获取更加准确的地质信息;在地质条件比较稳定的地区,钻孔间距可适当增大
4	钻孔深度	应根据工程设计的需要和地质条件来确定钻孔深度。通常情况下,钻孔的深度应超过公路路基的最大幅宽,以保证获取足够的地质信息。在地质条件较复杂或存在较大变化的区域,钻孔深度应增加
5	钻孔斜井	在特殊地质条件下,如河流、湖泊、沼泽等地区,可以使用斜井进行勘察,斜井的布置应保证覆盖整个区域,以获得全面的地质信息
6	周围环境	在布置钻孔时应考虑对周围环境的影响,如在具有重要生态环境、文物古迹等的区域,应避免对周围环境造成破坏。同时,在离公路线路较近的地方,应注意减少钻孔的数量和深度,以减少对公路工程施工的影响
7	经济性	钻孔布置应尽量节约成本,提高勘察效率。当钻孔数量和位置确定时,应综合考虑地质信息的获取需求和勘察成本,一般在保证获得足够地质信息的前提下,尽量减少不必要的钻孔

工程地质条件划分   表 3-2-2

工程地质条件	符合下列条件之一
复杂	地形地貌复杂
	岩土种类多,性质变化大,基岩面起伏变化剧烈
	特殊性岩土和不良地质强烈发育
	抗震危险地段
	地下水对工程有显著影响,水文地质条件复杂
较复杂	地形地貌较复杂
	岩土种类较多,性质变化较大,基岩面起伏变化较大
	特殊性岩土和不良地质较发育
	抗震不利地段
	地下水对工程有影响,水文地质条件较复杂

工程地质条件	符合下列条件之一
简单	地形地貌简单
	岩土种类单一,性质变化不大,基岩面平缓
	特殊性岩土和不良地质不发育
	抗震有利地段
	地下水对工程无影响,水文地质条件简单

小贴士

1. 符合上述两个及以上条件者,按最不利条件确定工程地质条件复杂程度。
2. 对地质条件复杂或有特殊要求的工程,需要进行专项研究。

五、公路工程地质勘察要求

公路工程地质勘察要正确反映工程地质条件,查明不良地质作用和地质灾害,精心勘察、精心分析,提出资料完整、评价正确的勘察报告。

1. 资料的完整性

公路工程地质勘察的目的是获取工程场地及其有关地区的工程地质条件的原始资料,通过工程地质勘察应获得拟建工程场地及其邻区的以下资料:

(1)地形、地貌条件,地层、地质构造的分布;

(2)设计所需的岩土物理力学性质指标;

(3)地下水埋藏情况、类型、水位及其变化;

(4)土和水的腐蚀性;

(5)不良地质现象。

2. 过程的规范化

公路工程地质勘察的成果将直接作为公路工程设计的依据,因此公路工程地质勘察工作是直接关系人民的生命和财产安全的重要工作,应该受到有关规范的约束。具体地说,有国家规范的应符合国家规范要求,特别是国家规范中的所有强制性条文都必须严格执行;没有国家规范的应符合与工程类别相适应的行业或地区规范要求。

当有多个规范可以选用时,应优先选用专门性规范;当国家规范与行业或地区规范的要求不一致时,应与委托方协商确定所采用的规范或从安全的角度考虑以要求高的规范为准。

此外,公路工程地质勘察是为工程设计服务的,在公路工程地质勘察过程中除了应满足勘察规范的要求外,还应考虑与所服务的工程相对应的设计规范的要求。我国现行有关公路工程地质勘察的标准、规范见表3-2-3。

公路工程地质勘察相关标准、规范　表 3-2-3

序号	标准、规范名称
1	《公路工程地质勘察规范》(JTG C20—2011)
2	《公路桥涵地基与基础设计规范》(JTG 3363—2019)
3	《公路路基设计规范》(JTG D30—2015)
4	《公路隧道设计规范　第一册　土建工程》(JTG 3370.1—2018)
5	《公路工程物探规程》(JTG/T 3222—2020)
6	《公路工程技术标准》(JTG B01—2014)
7	《公路工程水文勘测设计规范》(JTG C30—2015)
8	《公路土工试验规程》(JTG 3430—2020)
9	《公路工程抗震规范》(JTG B02—2013)
10	《中国地震动参数区划图》(GB 18306—2015)
11	《工程岩体分级标准》(GB/T 50218—2014)
12	《岩土工程勘察规范(2009 年版)》(GB 50021—2001)
13	《公路工程岩石试验规程》(JTG 3431—2024)
14	《采空区公路设计与施工技术规范》(JTG/T 3331-03—2024)
15	《公路工程地质勘察报告编制规程》(T/CECS G:H24—2018)

任务 2　公路工程地质勘察程序

公路工程地质勘察工作分勘察准备、外业勘察和内业资料整理三个阶段。勘察准备工作是编制工程地质勘察大纲;外业勘察工作包括工程地质调绘、工程地质勘探、现场原位测试及取样;内业工作包括室内试验及工程地质评价、编制工程地质勘察报告,其工作程序如图 3-2-3 所示。

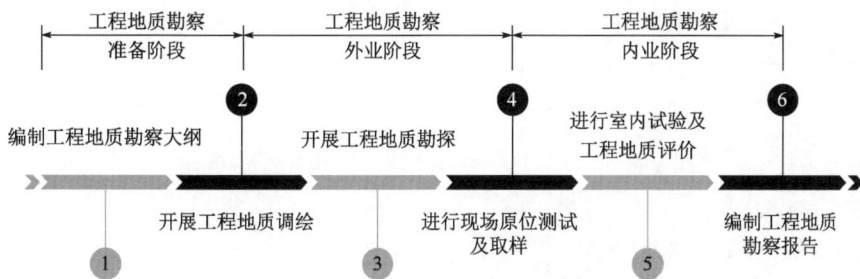

图 3-2-3　公路工程地质勘察工作程序

高边坡勘察新技术应用　　公路工程地质勘察程序

一、勘察大纲

《公路工程地质勘察规范》(JTG C20—2011)规定,在开展地质勘察之前,需要编制工程地质勘察大纲,编制内容见表3-2-4。当现场地质条件、工程结构设置、勘察要求等发生变化时,勘察大纲应根据变化情况进行调整。

勘察大纲内容   表 3-2-4

大纲目录	内容
项目概况	包括任务依据、建设规模和标准、路线走向、工程结构设置、已做过的地质工作
标准	地质勘察执行的技术标准
自然地理和工程地质概况	包括公路沿线的地形地貌、气象水文、地震、地层岩性、地质构造、水文地质条件、不良地质和特殊性岩土的分布与发育情况,以及可能影响线位或工程结构设置的重大或关键性地质问题等
勘察实施方案	包括勘察内容、勘察方法和精度、勘探点布置原则及主要工作量,以及针对重大或关键性地质问题采取的勘察对策、措施和专题研究等
其他	组织机构、人员组成、设备配置、计划进度、质量管理、安全和环保措施
成果	提交的成果资料

🦖 技能案例

工程地质勘察工作的第一步是编制勘察大纲,勘察大纲对保证工程地质勘察质量有着重要的作用。以下提供一个房建的工程地质勘察大纲样本,供大家学习工程地质勘察大纲的内容和格式。

工程地质勘察大纲

兴建单位:×××房地产开发有限公司

工程名称:×××花园住宅小区

工程地点:×××　×××

勘察阶段:详细勘察

一、工程概况

1.建筑物名称:×××小区

2.建筑物层数及高度

(1)地上2层,地面以上高度7.2m;

(2)地下1层,地下室埋深3m;

(3)总建筑面积:地上1650m²,地下750m²,总用地面积2400m²。

3.室内±0.000地面相当于绝对标高约14.000

4.建筑物类别:丙类;建筑物安全等级:二级

5.地震设防烈度:七度

6.竖向荷载设计值:柱底最大轴力设计值2000kN(多层)

7.结构形式:框架结构

8.柱网基本尺寸:8.4m×8.4m

9.基础形式初拟为天然基础

二、勘察要求

所有地质勘察工作,应按如下规范要求执行:

(1)国家标准《岩土工程勘察规范(2009 年版)》(GB 50021—2001);

(2)国家标准《建筑地基基础设计规范》(GB 50007—2011)。

三、本工程勘察的具体要求

(1)钻孔布置详附图,共布置钻孔 11 个,其中鉴别孔 4 个,控制孔 7 个,要求钻孔深度约为 15m,且无软弱夹层;

(2)查明不良地质作用类型、成因、分布范围、发展趋势和危害程度,提出整治方案;

(3)查明建筑范围内岩土层的类型、深度、分布、工程特性和变化规律,分析和评价地基的稳定性、均匀性和承载力;

(4)对需要进行沉降计算的建筑物,提供地基变形计算参数,预测建筑物的变形特征;

(5)查明埋藏的河道、沟浜、墓穴、防空洞、孤石等对工程不利的埋藏物;

(6)查明水文地质条件,评价地下水对桩基设计和施工的影响,判定水对建筑材料的腐蚀性;

(7)在设防烈度等于或大于六度的地区进行勘察时,划分场地类别,划分对抗震有利、不利或危险的地段;

(8)查明不良地质作用、特殊性岩土的分布及其对基础的危害程度,并提出防治措施;

(9)当有软弱下卧层时,验算软弱下卧层强度;

(10)持力层为倾斜地层,基岩面凹凸不平或岩土中有洞穴时,应评价基础的稳定性,并提出处理措施;

(11)勘探过程中如发现特殊的地质现象应及时知会设计单位,并商讨勘探点的增减。

二、工程地质调绘

工程地质调绘要与路线及沿线工程结构设置相结合,为路线方案比选、工程场地选址以及勘探、测试工作量的拟定等提供依据。要充分收集、分析勘察区既有的各种地质资料,结合必要的遥感解译及勘探手段进行。对控制路线方案或影响工程结构设置的地质界线,采用追索法、穿越法进行工程地质调绘。

(1)工程地质调绘包括表 3-2-5 中的内容。

工程地质调绘内容　　　　　　　　　　　　　　　　　表 3-2-5

大纲目录	内容
地形地貌	地形地貌的成因、类型、分布、规模、形态特征等
地层岩性	地层的成因、年代、层序、厚度、岩性和岩石的风化程度等
地质构造	地质构造的类型、产状、规模、分布范围等
地下水	地下水的类型、埋深、赋存、补给、排泄和径流条件,以及水系、井、泉的分布位置、高程和动态特征等
特殊性岩土	特殊性岩土的类型、分布范围及工程地质性质等
不良地质	不良地质的类型、分布范围、规模、形成条件、发生与发展的规律等
其他	既有工程的使用情况等

野外调绘如图 3-2-4、图 3-2-5 所示。

图 3-2-4 测岩层产状

图 3-2-5 测岩层厚度

(2)工程地质调绘采用的地层单位要与公路基本建设程序各阶段的工作内容、深度和成图比例尺相适应,按表 3-2-6 选用。

地层单位划分表　　　　　　　　　　　　　　　　表 3-2-6

勘察阶段	预可勘察	工可勘察	初步勘察	详细勘察
地层单位	群、组	群、组	组、岩性段	组、岩性段

(3)工程地质调绘点在图上的密度每 100mm × 100mm 不得少于 4 个。

(4)需判明环境水、土的腐蚀性以及岩土的性质时,要采集样品进行分析。

(5)工程地质勘察时要用调查记录簿记录野外地质调查的详细情况。调查记录簿有《公路工程地质调查记录簿》《钻孔、探坑描述记录簿》《筑路材料调查记录簿》等,如图 3-2-6 所示,调查记录簿分别记录野外地质调查的详细情况。

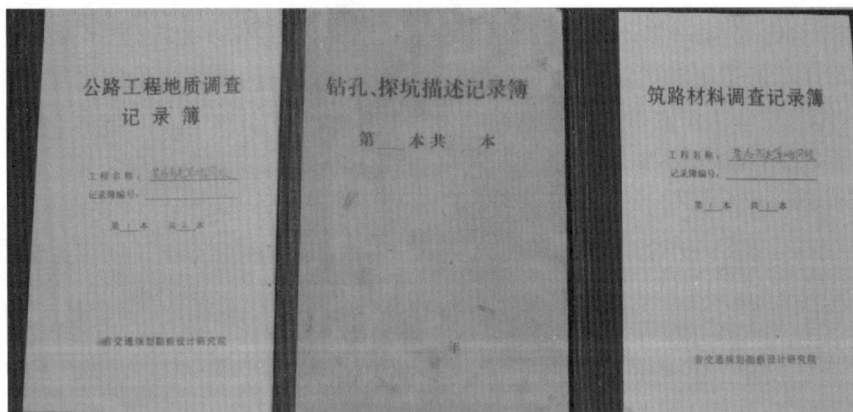

图 3-2-6 地质调查记录簿

🔧 技能案例

路基勘察记录

某高速公路开展施工图设计阶段工程地质勘察,沿线路基地质勘察记录内容和要求如下:

①记录簿上方填写的内容:调查者、日期、天气。

②记录簿左侧内容:道路沿线(包含路基、桥、涵及构筑物等)地质现象的文字记录。

③记录簿右侧内容:对应记录簿左侧文字描述的野外地形、地貌等的示意图或简单地质素描图。

④记录时一律用铅笔,不得涂改。

该项目沿线路基地质调查记录如图3-2-7所示。

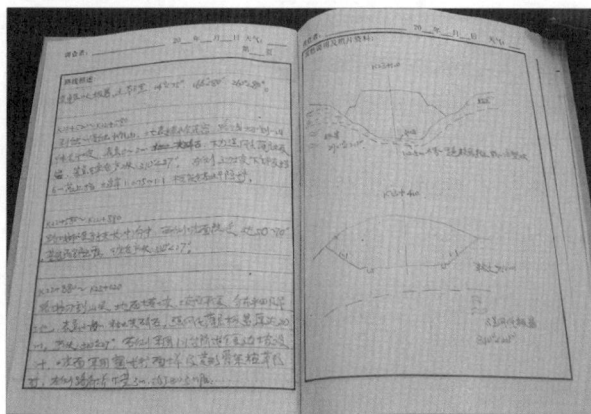

图3-2-7　沿线路基地质调查记录

(6)工程地质测绘方法。

工程地质测绘方法主要有相片成图法、实地测绘法和遥感技术等,详见表3-2-7。

工程地质测绘方法　　　　　　　　　　　　　　　　表3-2-7

序号	测绘方法		具体内容
1	相片成图法		利用地面摄影或航空(卫星)摄影的相片,先在室内根据判释标志,结合所掌握的区域地质资料,确定地层岩性、地质构造、地貌、水系和不良地质现象等反映在单张相片上;然后在相片上选择需要调查的若干布点和路线,进一步进行实地调查、校核并修正和补充,最后将结果转绘成工程地质图
2	实地测绘法	路线穿越法	沿着测区选择一些路线,穿越测绘场地,将沿途遇到的地层、构造、不良地质现象、水文地质、地形、地貌界线和特征点等信息填在工作底图上
		布线测点法	根据地质条件复杂程度和不同测绘比例尺的要求,先在地形图上布设一定数量的观测路线,然后在这些线路上设置若干观测点。观测线路力求避免重复,尽量使之达到最优效果
		界线追索法	为了查明某些局部复杂构造,沿地层走向或某一地质构造方向或某不良地质现象界线进行布点追索
3	遥感技术		根据电磁波辐射理论,在不同高度观测平台上,使用光学/电子学或电子化学等探测仪器,对位于地球表面的各类远距离目标反射、散射或发射的电磁波信息进行接收并以图像胶片或数字磁带形式记录,然后将这些信息传送到地面接收站,地面接收站再把这些信息进一步加工处理成遥感资料,最后结合已知物的波谱特征,从中提取有用信息。遥感技术是识别目标和确定目标物之间相互关系的综合技术。 遥感技术包括传感器技术,传输技术,信息处理、提取和应用技术,目标信息特征的分析和测量技术等

（7）工程地质调绘要提交文字说明、工程地质平面图、综合地层柱状图、工程地质断面图、照片以及相关调查图表等。

小贴士

目前，勘察设计院通过一些现代信息手段辅助地质调绘。在长期的外业调查中，勘察设计人员发现一些软件可以通过手机自身模块功能，完成在高清卫星地图上的精准定位、各种测绘作业和野外轨迹记录以及位置点收藏等操作（如奥维地图等），因此勘察设计人员将这类软件应用在外业调绘上进行定位、拍照、记录等，外业回来直接导出调绘资料，省时、精准、方便。

不过有些调绘工作还是不能用软件代替，例如：不良地质、地层界线的勾画还是需要人工才能完成。

勘察新方法：
奥维地图应用

三、工程地质勘探

工程地质勘探要在工程地质调绘的基础上进行。采用的勘探方法及勘探工作量要根据现场地形地质条件、工程结构设置、勘探的目的和要求等综合确定。

(一)测量仪器布设

采用全站仪、GPS等工程测量仪器布设工程地质勘探点，要符合表3-2-8的规定。

工程测量仪器布设工程地质勘探点规定   表3-2-8

序号	勘探点误差	规定
1	勘探点位置定位误差	陆地上不大于0.1m
		水中不大于0.5m
		当水深流急，固定钻船困难时，误差不大于1.0m，并在套管固定后核测孔位
2	勘探点地面孔口高程误差	陆地上不大于0.01m
		水中不大于0.1m
		钻孔中地层分层误差不大于0.1m
		受潮汐影响的桥位，孔口高程测量要进行实际孔深换算

(二)工程地质勘探方法

工程地质勘探方法主要有挖探、钻探和物探。

1. 挖探

挖探是对地表及其以下浅部局部土层直接开挖，以便直接观察岩土层的天然状态以及各地层之间的接触关系，并能取出原状结构岩土样进行详细观察并描述。挖探又分为坑探、槽探、井探和硐探。

（1）坑探是用锹镐或机械来挖掘坑洞的一种明挖勘探方法,适于不含水或含水量较少的地表浅层,主要用来查明地表覆盖层的性质和采取原状土样,坑探现场如图 3-2-8 所示。

（2）槽探是在地表挖掘长条形沟槽进行地质观察和描述的一种明挖勘探方法。槽探主要用于追索地质构造线、断层、断裂破碎带宽度、地层分界线、岩脉宽度及延伸方向,探查残积层、坡积层的厚度和岩石性质及采取试样等,槽探现场如图 3-2-9 所示。

图 3-2-8、图 3-2-9

图 3-2-8　坑探现场

图 3-2-9　槽探现场

（3）井探是指勘探挖掘深度大于长度和宽度的一种勘探方法,井探现场如图 3-2-10 所示。井探用于了解覆盖层厚度及性质、构造线、岩石破碎情况、岩溶、滑坡等,当岩层倾角较小时效果较好。

（4）硐探是在指定标高、指定方向开挖地下洞室的一种勘探方法,硐探现场如图 3-2-11 所示。这种勘探方法一般将探洞布置在平缓山坡、山坳处或较陡的基岩坡坡底,多用于了解地下一定深处的地质情况并取样,如查明坝底两岸地质结构,尤其在岩层倾向河谷并有易于滑动的夹层,或层间错动较多、断裂较发育及斜坡变形破坏等,更能观察清楚,可获得较好效果。

图 3-2-10 ~
图 3-2-15

图 3-2-10　井探现场

图 3-2-11　硐探现场

2. 钻探

钻探是利用钻进设备打孔,通过采集岩芯或观察孔壁来探明深部地层的工程地质资料,补充和验证地面测绘资料的勘探方法,钻探现场如图 3-2-12 所示。钻探是工程地质勘探的主要手段,但是钻探费用较高,因此,一般是在开挖勘探不能达到预期目的和效果时才采用这种勘探方法,取样钻孔如图 3-2-13 所示。

图 3-2-12　钻探现场

图 3-2-13　钻探取样钻孔

简易钻探是道路工程地质勘探中经常采用的方法,是用简易工具(洛阳铲、麻花钻)向地下钻孔了解地下一定深度的岩土情况的一种钻探方法。其优点是工具体积小,操作简便,进尺较快,劳动强度小。缺点是不能采用原状土样,在密实或坚硬地层内不易钻进或不能使用。简易钻探工具洛阳铲、麻花钻分别如图 3-2-14、图 3-2-15 所示。其中麻花钻是用人工加固回转转进的,适用于黏性土地层,采取扰动土样,钻进深度小于 6m。

图 3-2-14　洛阳铲

图 3-2-15　麻花钻

3. 物探

物探是利用专门仪器来探测地壳表层各种地质体的物理场,包括电场、磁场、重力场、辐射场、弹性波的应力场等,通过测得的物理场特性和差异来判明地下各种地质现象,获得某些物理性质参数的一种勘探方法。由于组成地壳的各种不同岩层介质的密度、导电性、磁性、弹性、反射性及导热性等方面存在差异,这些差异将引起相应的地球物理场的局部变化,通过测量这些物理场的分布和变化特性,结合已知的地质资料进行分析和研究,就可以推断地质体的性状。物探现场如图 3-2-16 所示。这种方法兼有勘探和试验两种功能,与钻探相比,物探具有设备轻便、成本低、效率高和工作空间广的优点,但是,物探不能取样直接观察,故常与钻探配合使用。

物探按照岩土物理性质的不同主要分为声波探测、电法勘探、地震勘探等。

（1）声波探测。声波探测是指运用声波段在岩土或岩体中传播特性及变化规律来测试其物理力学性质的一种探测方法。在实际工程中，还可利用在应力作用下岩土或岩体的发声特性对其进行长期稳定性观察。

（2）电法勘探。电法勘探利用天然或人工的直流或交流电场来测定岩土体导电性质的差异，以探明地下工程地质情况，电法勘探现场如图 3-2-17 所示。

图 3-2-16　物探现场

图 3-2-17　电法勘探现场

（3）地震勘探。地震勘探是利用地质介质的波动性来探测地质现象的一种物探方法。

4. 勘探方法选择

勘探方法选择依据及规定见表 3-2-9。

勘探方法选择依据及规定　　　　　　　　　　　　　　　　　　表 3-2-9

序号	勘探方法	选择依据及规定
1	挖探	探坑(井)、探槽的深度不宜超过地下水位，竖井和平硐的深度、长度和断面尺寸等根据工程地质勘探的目的和要求确定 探坑　　　　　　　　　　　　探槽 坑(井)探、槽探、硐探提供的成果资料应包括文字描述、断面图、展示图和代表性部位的照片等
2	钻探	钻机类型、钻探工艺和取样方法应根据现场地形地质条件和勘探的目的确定，并详细记录、认真分析钻探资料和岩芯情况
		钻孔深度根据构筑物的类型、规模以及水文地质和工程地质评价的需要确定

序号	勘探方法	选择依据及规定
2	钻探	钻探应根据地层条件、取芯和取样要求,严格控制钻进的回次长度,钻进回次长度不得大于岩芯管长度 钻探 岩芯采取率在完整的岩层中不宜小于90%,在强风化岩层中不宜小于65%,在黏性土层中不宜小于85%,在砂类土层中不宜小于65%,在破碎岩层、碎石土层中不宜小于50%,断层破碎带等重点研究孔段宜提高岩芯采取率,并不得遗漏对工程有重要影响的软弱夹层和滑动面等 岩芯按采集的先后在现场从上到下、从左到右排列。每回次钻进采集的岩芯要填写岩芯卡片,标明工点名称、钻孔编号、岩芯采集的深度、岩芯采取率、钻进回次编号和必要的地质描述,并留存全孔岩芯彩色照片 CZK021-1 岩芯彩色照片　　　　CZK021-2 岩芯彩色照片 高边坡、特大桥、特长隧道、地质情况复杂的工点以及不良地质路段,宜选择代表性钻孔采集的岩芯装箱保存 钻孔孔径除满足岩土试验对取样的要求外,还应结合原位测试、水文地质试验、地应力测量等要求确定 钻探现场记录按钻进回次及时填写,详细描述地层、地下水、岩芯采取率和钻进过程中的异常情况等 采取的岩石、土、水样具有代表性,原状样品在运输和保管过程中要采取措施,保持密封、不得扰动 用作长期观测的钻孔应做好维护,对交通、环境、安全有影响的钻孔要按相关规定进行封孔作业 钻探提供现场原始记录、钻孔柱状图和照片等

续上表

序号	勘探方法	选择依据及规定
3	物探	采用物探方法时,应具备以下条件: ①被探测的地质体与周围介质之间具有明显的物性差异。 ②被探测的地质体具有一定的规模和埋藏深度,具备相应的施工和观测条件。 ③干扰背景不影响有效信号的观测和识别。 ④不利的地形、地物不会影响正常的推断、解释
		采用的物探方法和技术参数要结合现场地形、地球物理条件和勘探的目的,在方法试验的基础上确定 物探
		物探成果的解释要与其他勘探资料相互对比,综合分析,并有钻探加以印证
		物探要提供现场原始记录、物探解释图、照片等

四、原位测试

原位测试是为研究岩土体的工程特性,在现场原地层中进行的有关岩土体物理力学指标的各种测试方法的总称。原位测试方法可根据勘察目的、岩土条件及测试方法的适用性等选用,见表3-2-10。

原位测试常用方法适用范围一览表　　　表 3-2-10

测试方法	适用的岩土类别							取得的岩土参数				
	岩石	碎石土	砂土	粉土	黏性土	软土	填土	剖面分层	物理状态	强度参数	承载力	液化判别
载荷板试验(PLT)	△	○	○	○	○	○	○			△	○	
现场直剪试验(FDST)	○	○	◇	△	△	◇	◇			○		
十字板剪切试验(VST)				△	△	○				○	△	
标准贯入试验(SPT)			○	△	△	◇	◇	△	△		△	○
动力触探(DPT)		○	○	△	△	△	△	△	◇		△	
静力触探(CPT)			△	○	○	○	△	○	△	△	△	○
旁压试验			○	△	△	△	△			△	△	

续上表

测试方法	适用的岩土类别							取得的岩土参数				
	岩石	碎石土	砂土	粉土	黏性土	软土	填土	剖面分层	物理状态	强度参数	承载力	液化判别
扁铲侧胀试验			△	△	△	○		△	△	△	△	
地应力测试	△											

注:○表示很适用;△表示适用;◇表示较适用。

1. 静力触探试验

静力触探试验是指利用压力装置将有触探头的触探杆压入试验土层,通过量测系统测土的贯入阻力,可确定土的某些基本物理力学特性,该试验现场如图 3-2-18 所示。

2. 动力触探试验

动力触探试验是用一定质量的击锤,以一定的自由落距将一定规格的探头击入土层,根据探头沉入土层一定深度所需的锤击数来判断土层性状和评价其承载力的原位测试方法,该试验现场如图 3-2-19 所示。

图 3-2-18 ~
图 3-2-21

图 3-2-18 静力触探试验现场

图 3-2-19 动力触探试验现场

五、长期观测

长期观测在工程岩土勘察中是一项很重要的工作。有些动力地质现象及地质营力随时间推移将不断地发生显著变化,尤其在工程活动影响下将发生显著新变化,影响工程的安全、稳定和正常运用,这时仅靠工程地质测绘、勘探、试验等工作,不能准确预测和判断各种动力地质作用的规律性及其对工程使用年限的影响,因此必须进行长期观测。长期观测的主要任务是检验测绘、勘探对工程地质条件评价的正确性,查明动力地质作用及其影响因素随时间的变化规律,准确预测工程地质问题,提出防止不良地质作用所采取的措施。工程岩土勘察常进行长期观测,包括与工程有关的地下水动态观测、物理地质现象的长期观测、建筑物建成后与周围地质环境相互作用及动态变化的长期观测等,其中,地质环境的动态观测与野外检测桩如图 3-2-20、图 3-2-21 所示。

图 3-2-20　地质环境的动态观测

图 3-2-21　野外监测桩

六、室内试验

室内试验包括土的物理性质指标的测定、土的力学性质指标的测定、土的动力特性试验、黏土矿物分析等。室内试验应根据工程要求和岩土类型选择岩石试验、土工试验、岩土矿物分析、水质分析等试验项目和试验方法。

室内试验应符合现行《公路土工试验规程》(JTG 3430—2020)、《公路工程岩石试验规程》(JTG 3431—2024)等相关标准的规定。

工程地质勘察宜在工地设置试验室，无条件设置工地试验室时，试样不得因长时间存放或长距离运输影响试验数据的真实性。

七、报告编制

经过外业调绘、勘探、原位测试、室内试验环节后，进入内业整理。

内业整理是公路工程地质勘察工作的重要环节，是工程地质勘察成果质量的最终体现。其任务是将测绘、勘探、试验和长期观测的各种资料系统整理和全面地综合分析，找出各种自然地质因素之间的内在联系和规律性，对建筑场区的工程地质条件和工程地质问题作出正确评价，为工程规划、设计及施工提供可靠的地质依据。内业整理要反复检查核对各种原始资料的正确性并及时整理、分析，查对清绘各种原始图件，整理分析岩土各种试验成果。绘制工程地质图件，编制工程地质勘察报告。

编制工程地质勘察报告应符合以下规定：

(1)工程地质勘察报告的编制要充分利用勘察取得的各项地质资料，在综合分析的基础上进行，所依据的原始资料在使用前均应进行整理、检查、分析，确认无误。

(2)工程地质勘察报告要资料完整，内容翔实准确、重点突出，有明确的工程针对性，所作的结论应依据充分、建议合理。

(3)公路工程地质勘察报告包括总报告和工点报告，总报告和工点报告均应由文字说明和图表部分组成。

任务3　公路工程地质勘察阶段

《公路工程地质勘察规范》(JTG C20—2011)规定,公路工程地质勘察包含可行性研究阶段工程地质勘察、初步勘察、详细勘察、不良地质勘察、特殊性岩土勘察。以下介绍可行性研究阶段工程地质勘察、初步勘察、详细勘察、特殊性岩土勘察。

一、可行性研究阶段工程地质勘察

可行性研究阶段工程地质勘察,主要满足选址或者确定场地的要求,该阶段应对拟建场地的稳定性和适宜性做出客观评价。公路可行性研究阶段工程地质勘察按其工作深度,分为预可勘察和工可勘察。

(一)预可勘察

预可勘察应了解公路建设项目所在区域的工程地质条件及存在的工程地质问题,为编制预可行性研究阶段工程地质勘察报告提供工程地质资料。预可勘察要充分收集区域地质、地震、气象、水文、采矿、灾害防治与评估等资料,采用资料分析、遥感工程地质解译、现场踏勘调查等方法,对各路线走廊带或通道的工程地质条件进行研究,完成表 3-2-11 中各项工作内容。

可行性研究阶段
工程地质勘察

预可勘察工作内容　　　　　　　　　　　　　　表 3-2-11

序号	工作内容
1	了解各路线走廊带或通道的地形地貌、地层岩性、地质构造、水文地质条件、地震动参数,以及不良地质和特殊性岩土的类型、分布范围、发育规律
2	了解当地建筑材料的分布状况、采购和运输条件
3	评估各路线走廊带或通道的工程地质条件及主要工程地质问题
4	编制预可行性研究阶段工程地质勘察报告

(二)工可勘察

工可勘察应初步查明公路沿线的工程地质条件和对公路建设规模有影响的工程地质问题,为编制工程可行性研究阶段工程地质勘察报告提供工程地质资料。工可勘察以资料收集和工程地质调绘为主,辅以必要的勘探手段,对项目建设各工程方案的工程地质条件进行研究,工可勘察主要工作内容见表 3-2-12。

工可勘察工作内容　　　　　　　　　　　　　　表 3-2-12

序号	工作内容
1	了解各路线走廊或通道的地形地貌、地层岩性、地质构造、水文地质条件、地震动参数,以及不良地质和特殊性岩土的类型、分布及发育规律

续上表

序号	工作内容
2	初步查明沿线水库、矿区的分布情况及其与路线的关系
3	初步查明控制路线及工程方案的不良地质和特殊性岩土的类型、性质、分布范围及发育规律
4	初步查明技术复杂大桥桥位的地层岩性、地质构造、河床及岸坡的稳定性，以及不良地质和特殊性岩土的类型、性质、分布范围及发育规律
5	初步查明长隧道及特长隧道隧址的地层岩性、地质构造、水文地质条件、隧道围岩分级、进出口地带斜坡的稳定性，以及不良地质和特殊性岩土的类型、性质、分布范围及发育规律
6	对控制路线方案的越岭地段、区域性断裂通过的峡谷、区域性储水构造，初步查明其地层岩性、地质构造、水文地质条件，以及潜在不良地质的类型、规模、发育条件
7	初步查明筑路材料的分布、开采、运输条件，以及工程用水的水质、水源情况
8	评价各路线走廊或通道的工程地质条件，分析存在的工程地质问题
9	编制工程可行性研究阶段工程地质勘察报告

二、初步勘察

初步勘察要求基本查明公路沿线及各类构筑物建设场地的工程地质条件，为工程方案比选及初步设计文件编制提供工程地质资料。初步勘察要与路线和各类构筑物的方案设计相结合，根据现场地形地质条件，采用遥感解译、工程地质调绘、钻探、物探、原位测试等手段相结合的综合勘察方法，对路线及各类构筑物建设场地的工程地质条件进行勘察；同时对工程项目建设可能诱发的地质灾害和环境工程地质问题进行分析、预测，评估其对公路工程和环境的影响。

初步勘察阶段
工程地质勘察

(一)路线、路基勘察

路线、路基等勘察规定及工作内容详见表 3-2-13。

路线、路基勘察规定及工作内容   表 3-2-13

项目	规定	工作内容
路线初勘	工程地质调绘为主，勘探测试为辅	①地形地貌、地层岩性、地质构造、水文地质条件
		②不良地质和特殊性岩土的成因、类型、性质和分布范围
		③区域性断裂、活动性断层、区域性储水构造、水库，以及河流等地表水体、可供开采和利用的矿体的发育情况
		④斜坡或挖方路段的地质结构，有无控制边坡稳定的外倾结构面，工程项目实施有无诱发或加剧不良地质的可能性
		⑤陡坡路堤、高填路段的地质结构，有无影响基底稳定的软弱地层
		⑥大桥及特大桥、长隧道及特长隧道等控制性工程通过地段的工程地质条件和主要工程地质问题

项目	规定	工作内容
一般路基初勘	根据现场地形地质条件,结合路线填挖设计,划分工程地质区段	①地形地貌的成因、类型、分布、形态特征和地表植被情况
		②地层岩性、地质构造、岩石的风化程度、边坡的岩体类型和结构类型
		③层理、节理、断裂、软弱夹层等结构面的产状、规模、倾向路基的情况
		④覆盖层的厚度、土质类型、密实度、含水状态和物理力学性质
		⑤不良地质和特殊性岩土的分布范围、性质
		⑥地下水和地表水发育情况及腐蚀性
高路堤初勘	填土高度大于20m,或基底有软弱地层发育,填筑路堤有可能失稳、产生过量沉降及不均匀沉降时,按高路堤进行勘察	①高填路段的地貌类型、地形的起伏变化情况及横向坡度
		②地基的土层结构、厚度、状态、密实度及软弱地层的发育情况
		③基岩的埋深和起伏变化情况
		④岩层产状、岩石的风化程度和岩体的节理发育程度
		⑤地基岩土的物理力学性质和地基承载力
		⑥地表水的类型、埋深、分布和水质
		⑦基底的稳定性
深路堑初勘	土质边坡垂直挖方高度超过20m,岩质边坡垂直挖方高度超过30m,或挖方边坡需特殊设计时,按深路堑进行勘察	①挖方路段的地貌类型、地形起伏变化情况及横向坡度、斜坡的自然稳定状况
		②斜坡上覆盖层厚度、土质类型、地层结构、含水状态、胶结程度和密实度
		③覆盖层与基岩接触面的形态特征及起伏变化情况
		④基岩的岩性及其组合情况、岩石的风化程度和边坡岩体的结构类型
		⑤层理、节理、断层、软弱夹层等结构面的产状、规模及其倾向路基的情况
		⑥岩、土的物理力学性质、控制边坡稳定的结构面的抗剪强度
		⑦地下水的出露位置、流量、动态特征及对边坡稳定性的影响
		⑧地表水的类型、分布、径流及对边坡稳定性的影响
		⑨深路堑边坡的稳定性

(二)桥梁、隧道等工程勘察

桥梁、隧道等工程勘察工作内容详见表3-2-14。

桥梁、隧道等勘察工作内容　　　　　　　　　　　表3-2-14

项目	工作内容
支挡工程初勘	①支挡路段的地形地貌特征、斜坡坡度和自然稳定状况
	②支挡路段层理、节理、断层、软弱夹层等结构面的产状、规模和发育情况
	③支挡工程地基的地层结构、岩土类型及其物理力学性质
	④地下水的类型、分布及其对边坡稳定性的影响
	⑤不良地质和特殊性岩土的发育情况
	⑥支挡工程地基的承载力和锚固条件
涵洞初勘	①地形地貌、地层岩性和地质构造特征
	②覆盖层的成因、土质类型、厚度、地层结构

续上表

项目	工作内容
涵洞初勘	③基岩的岩性、埋深、风化程度及节理发育程度
	④地基岩土的物理力学性质及承载力
	⑤地下水的类型、埋深及其动态变化情况和环境水的腐蚀性
	⑥特殊性岩土和不良地质的发育情况
桥梁初勘	①地貌的成因、类型、形态特征、河流及沟谷岸坡的稳定状况和地震动参数
	②褶皱的类型、规模、形态特征、产状及其与桥位的关系
	③断裂的类型、分布、规模、产状、活动性、破碎带宽度、物质组成及胶结程度
	④覆盖层的厚度、土质类型、分布范围、地层结构、密实度和含水状态
	⑤基岩的埋深、起伏形态，地层及其岩性组合，岩石的风化程度及节理发育程度
	⑥特殊性岩土和不良地质的类型、分布及性质
	⑦地基岩土的物理力学性质及承载力
	⑧地下水的类型、分布、水质和环境水的腐蚀性
	⑨水下地形的起伏形态、冲刷和淤积情况以及河床的稳定性
	⑩深基坑开挖对周围环境可能产生的不利影响
	⑪桥梁通过气田、煤层、采空区时，有害气体对工程建设的影响
隧道初勘	①地形地貌、地层岩性、水文地质条件、地震动参数
	②褶皱的类型、规模、形态特征
	③断裂的类型、规模、产状，破碎带宽度、物质组成、胶结程度、活动性
	④隧道围岩岩体的完整性、风化程度、围岩等级
	⑤隧道进出口地带的地质结构、自然稳定状况、隧道施工诱发滑坡等地质灾害的可能性
	⑥隧道浅埋段覆盖层的厚度、岩体的风化程度、含水状态及稳定性
	⑦水库、河流、煤层、采空区、气田、含盐地层、膨胀性地层、有害矿体及富含放射性物质地层的情况
	⑧不良地质和特殊性岩土的类型、分布、性质
	⑨深埋隧道及构造应力集中地段的地温、围岩产生岩爆或大变形的可能性
	⑩岩溶、断裂、地表水体发育地段产生突水、突泥及塌方冒顶的可能性
	⑪傍山隧道存在偏压的可能性及其危害
	⑫洞门基底的地质条件、地基岩土的物理力学性质和承载力
	⑬地下水的类型、分布、水质、涌水量
	⑭平行导洞、斜井、竖井等辅助坑道的工程地质条件

（三）沿线筑路材料料场勘察

公路建设需要大量的筑路材料，其中很大部分材料就地取材，如石料、砾石、砂、黏土、水等天然材料。这些材料的品质和运输距离等，直接影响工程的质量和造价，有时还会影响路线的布局。

筑路材料勘察的任务是充分发掘、改造和利用沿线的一切就近材料,当就近材料不能满足要求时,则由近及远地扩大调查范围,以求得数量足够、品质适用、开采及运输方便的筑路材料产地。

沿线筑路材料料场的初勘应满足以下要求:

(1)沿线筑路材料初勘应充分利用既有资料,通过调查、勘探、试验,基本查明筑路材料的类别、产地、质量、数量和开采运输条件。

(2)材料蕴藏量可在1∶2000的地形图上采用半仪器法量测。材料有用层的厚度应通过对露头的调查、测量和勘探确定。

(3)材料蕴藏量可采用平均厚度法、平行断面法、三角形法或多角形法等方法计算,计算方法见表3-2-15。

材料蕴藏量计算方法 表 3-2-15

计算方法	蕴藏量计算
平均厚度法	当地形平坦、可采层厚度比较稳定、勘探点布置均匀时,采用此法很容易用算术平均值法求得可采层的平均厚度,再乘(根据可采层的界限确定)计算面积,即可得到体积
平行断面法	当可采层稍有仰伏,勘探坑孔布置基本为互相平行的勘探线,即采用勘探断面来控制储量计算。根据各断面可采层的长度和厚度,即可算出各断面上可采面积 F_1,F_2…,已知相邻断面间距 L_1,L_2…,这样就可逐个算出相邻两断面间可采层的体积 V_1,V_2…,即 $V_1 = (F_1 + F_2)L_1/2$。把 V_1,V_2…相加,即可得到该产地可采层体积总和
三角形法	当产地的地形高差变化较大,可采层厚度不稳定,勘探坑孔间距不等或勘探线不够规则时,可将各勘探点相互连成三角形网,各个三角形的面积乘其三个顶点的可采层平均厚度,即可分别求得各三角形范围内可采层的体积,然后逐一相加即可得到可采层的总体积

(4)各类料场要选取代表性样品进行试验,评价材料的工程性质。材料成品率估算要在调查、勘探、试验的基础上进行。

(5)工程用水水源的可开采量,可通过调查、勘探、测试或水文地质试验确定。以水库、堰塘、溪沟、泉水等作水源时,需要了解水量的季节性变化及其与灌溉或其他用水的关系。

(6)沿线筑路材料初勘需要调查材料运输里程、运输方式和现有交通状况。料场开采要基本查明表3-2-16中的内容。

料场开采应基本查明的内容 表 3-2-16

序号	查明的内容
1	料场工作面的范围和地形、有用层和覆盖层的厚度、废方堆放地点
2	宜开采的季节、开采措施和采用机械开采的可能性
3	料场地下水位的埋深、水位的变化情况及地下水的渗透性
4	石料场岩层的岩性、产状、节理裂隙发育情况及软弱夹层
5	土料场的覆盖层和有用层的含水率随季节变化的情况,以及开采的难易程度
6	料场设置对环境可能产生的不良影响及开采过程中存在的地质问题

🔧 **技能案例**

某高速公路在开展野外工程地质调绘,同时进行沿线筑路材料调查时,调查记录内容和要求如下:

(1)记录簿第一行要填写的内容包括调查者、日期、天气。

(2)记录的内容依次为:①材料名称;②料场编号、料场地形图号;③位置;④料场位置地形、地物及地表覆盖物概略描述;⑤材料品种、规格及质量;⑥运输方式、运距及运输条件;⑦取样试验情况。

该项目筑路材料调查记录如图 3-2-22 所示。

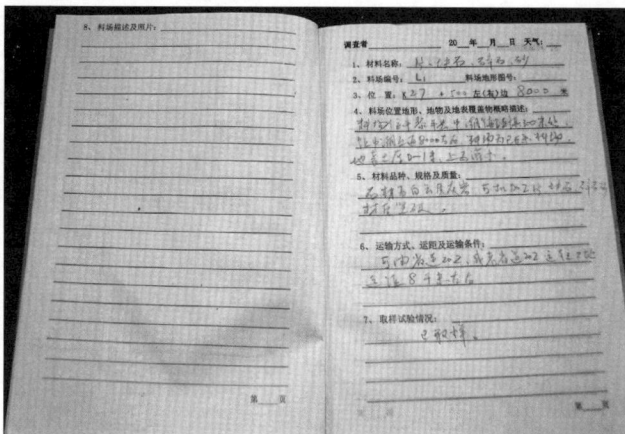

图 3-2-22 筑路材料调查记录

以上内容需要在野外进行详细调查并记录,必要时需要画示意图或拍照,为编制报告提供依据。

三、详细勘察

详细勘察应查明公路沿线及各类构筑物建设场地的工程地质条件,为施工图设计提供工程地质资料。详细勘察要充分利用初勘取得的各项地质资料,采用以钻探、测试为主,调绘、物探、简易勘探等手段为辅的综合勘察方法,对路线及各类构筑物建设场地的工程地质条件进行勘察。详细勘察要对初勘资料进行复核,当路线偏离初步设计线位较远或地质条件需进一步查明时,应进行补充工程地质调绘,补充工程地质调绘的比例尺为 1:2000。

详细勘察阶段
工程地质勘察

✒️ **工程案例**

工 程 概 况

拟建×××高速公路第 TJ1 标段起讫里程桩号为 K0+000~K8+400,长度为 8.40km。设置的主要构筑物有互通枢纽 1 个(冯家庄互通枢纽)、大桥 4 座(马鞍山大桥、凉风坪 1 号大桥、凉风坪2号大桥、长田坡大桥)、路堑边坡4段、高填路堤5段。

本阶段工程地质勘察的目的是:在初勘资料的基础上,对初测所拟订的路线方案、人工构造物以及不良地质路段进行同深度的工程地质勘察工作,通过对路线走廊带内区域工程采用地质调绘、钻探、物探及室内外测试等手段,详细查明沿线的工程地质及水文地质条件,为路线的施工图设计提供可靠的地质依据。

工 程 分 析

工作区内的主要研究成果:①《区域地质调查报告(×××幅)》1:200000;②《综合地质图(×××幅)》1:200000;③《×××高速公路初步设计阶段工程地质勘察报告》;④《××省×××高速公路施工图设计阶段工程地质勘察报告》;⑤《×××高速公路施工图设计阶段工程地质勘察报告》。

本次勘察收集并充分利用初勘关于路线区域的自然地理条件、钻探资料及区域地质资料和路线评价资料、初勘的地质调绘成果、部分钻孔资料、岩石试验资料及部分地球物理勘探资料,并依据室内试验成果、岩芯彩照及野外岩芯查验,结合详细勘察钻探资料分析,对部分初勘钻孔柱状图进行了修订。

工 程 措 施

为满足上述勘察任务要求,结合实际地形、地质情况,按照《公路工程地质勘察规范》(JTG C20—2011)、《公路桥涵地基与基础设计规范》(JTG 3363—2019)、《×××高速公路详细工程地质勘察工作大纲》《×××高速公路工程地质勘察实施细则》等规范规程及技术要求的规定,本次勘察采用了补充工程地质调绘、钻探、原位测试、室内试验、物探相结合的综合勘察方法,勘察的具体方法如下:

1. 补充工程地质调绘

工程地质调绘工作按照《公路工程地质勘察规范》(JTG C20—2011)的有关规定执行,对于特殊性岩土及不良地质在平面上的分布界线均采用半仪器法进行调绘。

2. 钻探

本次勘察岩芯采取率按以下要求控制:岩芯采取率在完整的岩层中不宜小于90%,在强风化岩层中不宜小于65%,在黏性土层中不宜小于85%,在砂类土层中不宜小于65%,在破碎岩层、碎石土层中不宜小于50%,断层破碎带等重点研究孔段宜提高岩芯采取率,并不得遗漏对工程有重要影响的软弱夹层和滑动面。在钻进中按要求测定地下水位,及时完成班报记录,详细记录岩土分层、钻进速度、地下水位、返水颜色等。

3. 取样与原位测试

为保证所取土样的质量,根据不同的地层采取不同的取土工艺,对于特殊土,如软土等,采用薄壁取土器,以静压法进行取样;对于一般黏性土,采用厚壁取土器进行取样。取样前,采用无水钻进行清孔,取样方法根据具体地层采用"重锤一击法""重锤少击法"等进行,最大限度保证土样不受扰动。取样后及时用土样皮封存、送检,为防止原状土样水分流失、结构改变,对不能及时试验的样品均采用微晶蜡封的方式储存。软质岩石岩样在填写好样品标签后均用透明胶带纸封口包扎并及时用微晶蜡封存。

4. 室内试验

在充分利用初勘试验成果的基础上，本次勘察试验按《公路土工试验规程》(JTG 3430—2020)的有关规定进行，包括路基孔试验、桥位孔试验、隧道孔试验、沿线料场试验。

5. 物探

本次勘察在马鞍山大桥等工点开展了物探作业。主要采用了高密度电法勘探等物探方法，构成钻探、物探相结合的"点、线、面"综合勘察布局。通过物探大面积的勘探来查明场区地层、岩性、构造等地质情况，再通过钻探对不良地质及场区地质重点、难点进行揭露，经济、快速、基本准确查明桥区覆盖层的分布和厚度，断裂带的分布及埋深情况，滑坡、崩塌等不良地质现象的分布及影响等基本地质情况，并做出相应的工程地质评价，为设计提供满足要求的工程地质资料。

特殊性岩土勘察

四、特殊性岩土勘察

主要特殊性岩土的勘察工作内容详见表3-2-17。

主要特殊性岩土的勘察工作内容   表 3-2-17

项目	工作内容
黄土初勘	①黄土地貌的成因、类型、分布、形态特征
	②黄土的成因、类型、地质时代、分布范围及厚度
	③黄土的物理力学性质、湿陷类型、湿陷等级和承载力
	④黄土的地层结构、古土壤层的分布和发育情况
	⑤黄土层与基岩的接触面形态、下伏地层的岩性和风化程度
	⑥节理、裂隙的产状、规模、间距、充填闭合情况
	⑦地表水的分布、积聚、排泄条件，洪水淹没范围及水流冲刷作用和影响
	⑧地下水的类型、埋深、季节性变化幅度、升降趋势及其与地表水体、灌溉、开采地下水强度的关系
	⑨滑坡、崩塌、错落、陷穴、冲沟、泥石流、落水洞、湿陷洼地、地裂缝、断裂、人为坑洞、泥流、水流冲蚀、堰塞湖等不良地质的分布、规模、发展趋势
	⑩既有工程地质病害及防治工程经验等
冻土初勘	①地貌的成因、类型、分布、形态特征，地表的物质组成和植被情况
	②冻土的分布、类型、厚度、含水率、含冰量、地温、地层结构、土质，以及冻土的物理、力学和热学性质
	③多年冻土上限、季节性冻土最大冻结深度、冻土的融沉等级和冻胀性
	④多年冻土的形成、发展与变化趋势和融区的分布情况
	⑤冻土沼泽、冻胀丘、冰锥、热融湖塘、热融滑塌、融冻泥流等不良地质的分布、规模及发展和变化情况

项目	工作内容
冻土初勘	⑥地表水和地下水的发育情况及其与冻土的关系
	⑦沿线填料、保温材料、工程用水和生活用水的分布情况
	⑧既有道路和工程建筑的使用情况及对冻土环境的影响
膨胀性岩土初勘	①区域地质、地形地貌,当地气象及水文资料
	②膨胀性岩土的成因、类型、地质时代、分布范围
	③膨胀性岩土的裂隙发育密度、产状、形态、充填物及裂面特征
	④膨胀性岩土的矿物成分、含有物、物理力学性质、膨胀与收缩性质、膨胀等级
	⑤膨胀性岩土的风化程度及其分带、大气影响急剧层深度
	⑥有无软弱夹层及其厚度和含水状况,膨胀土下伏地层及结构面发育情况
	⑦地表水的汇集与排泄条件,地下水的类型、埋深和水位变化幅度及趋势
	⑧滑坡、溜塌、地裂等不良地质的分布、规模
	⑨既有建筑物的使用情况及当地工程经验
盐渍土初勘	①地貌类型、地表形态特征、植被发育情况、当地气象条件
	②盐渍土的成因、类型、分布范围、厚度、形成条件及发育规律
	③地表物质组成、土质、地表积盐特征及发育规律
	④盐渍土的物理、力学、化学、水理性质和承载力
	⑤盐渍土的盐胀性、溶陷性和溶陷等级,盐渍土对筑路材料的腐蚀性
	⑥土层最大冻结深度(或有害冻胀深度)和蒸发强烈影响深度
	⑦地表水的类型、分布、水位及变化幅度
	⑧地下水的类型、埋深、水质,补给、排泄、径流条件,冻前最高水位和常年最高水位
	⑨既有公路和其他建筑物的使用情况及病害整治措施
软土初勘	①地形地貌的成因、类型、分布和形态特征
	②软土的成因、地质年代、分布范围、埋藏深度、地层结构、分层厚度
	③软土下卧硬层的起伏形态和横向坡度、地表硬壳层的分布范围及厚度
	④软土地层中的砂类土夹层或透镜体的分布范围、厚度、渗透性、密实程度
	⑤软土的物理、力学、水理性质和地基的承载力
	⑥古牛轭湖、埋藏谷,暗埋的塘、浜、沟、渠等的发育与分布情况
	⑦地下水的类型、埋深、水位变化情况、水质及腐蚀性
	⑧地震动峰值加速度大于或等于 $0.1g$ 的地区,软土产生震陷的可能性
	⑨当地既有建筑物软土地基处治措施和经验等

技能训练

参照以上学习内容及工程案例,完成技能训练。详见《道路工程地质(第 3 版)技能训练与测评活页手册》任务单 3-2-1 高速公路工程地质初步勘察。

知 识 测 评

对本项目所学相关知识和技能进行测评,详见《道路工程地质(第 3 版)技能训练与测评活页手册》项目 2 公路工程地质勘察的【知识测评】。

模块 3 项目 2
在线测试题

项目3 公路工程地质勘察报告编制

◎ 任务引入

×××高速公路工程可行性研究阶段二哑山隧道位于×××县×××村,为K线隧道,由×××交通厅公路规划勘察设计研究院设计。隧道为分离式,净宽10.25m、净高5.0m,轴线起止桩号为K37+350~K39+710,中心桩号为K38+530,隧道全长2360m,属长隧道。

本项目任务:根据工程地质勘察资料及参数,编制工程可行性研究阶段工程地质勘察报告。编制完成的勘察报告如图3-3-1所示。

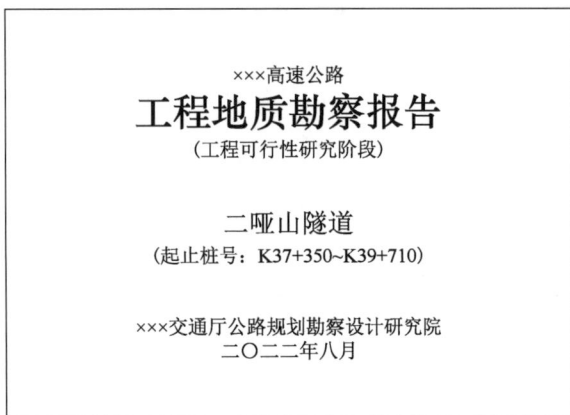

×××高速公路
工程地质勘察报告
(工程可行性研究阶段)

二哑山隧道
(起止桩号:K37+350~K39+710)

×××交通厅公路规划勘察设计研究院
二〇二二年八月

图3-3-1 二哑山隧道工程地质勘察报告

那么工程地质勘察报告怎么编制?各阶段工程地质勘察报告编制内容是否一样?要完成本项目任务,需要具备哪些工程地质报告编制知识与技能?

📖 学习内容

$$\text{公路工程地质勘察报告编制}\begin{cases}\text{公路工程地质勘察报告认知}\\\text{公路工程地质勘察报告文本编制}\\\text{公路工程地质勘察报告图表及附件编制}\end{cases}$$

任务 1　公路工程地质勘察报告认知

理论知识

工程地质勘察报告是工程地质勘察的最终成果,是建筑地基基础设计和施工的重要依据。不同的工程项目,不同的勘察阶段,报告反映的内容和侧重点有所不同,相关规范、规程对报告的编制有相应的要求。

一、公路工程地质勘察报告的定义

公路工程地质勘察报告是指通过对工程地质勘察资料进行系统的分析、评价,提出工程地质结论与工程建议,形成公路工程建设服务的技术性文件,是工程地质勘察的最终产品。

二、工程地质评价

工程地质评价是指依据规范规程、理论原理和工程经验,通过全面分析工程地质条件,对特定工程对象涉及的工程地质问题进行系统分析、论证、预测的过程。工程地质评价是工程地质勘察报告的结论。

三、公路工程地质勘察报告类型

公路工程地质勘察报告应按勘察阶段、工程类型进行分阶段、分类型编制。公路工程勘察阶段包括预可行性研究阶段、工程可行性研究阶段、初步设计阶段、施工图设计阶段,如图 3-3-2所示;公路工程类型包括路基、桥梁、涵洞、隧道、不良地质等,如图 3-3-3 所示。

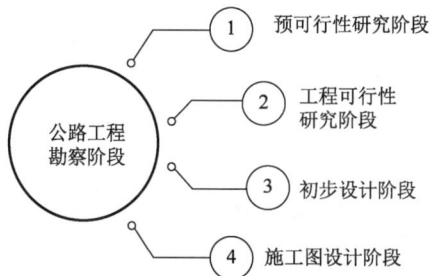

图 3-3-2　勘察阶段　　　　　　　图 3-3-3　工程类型

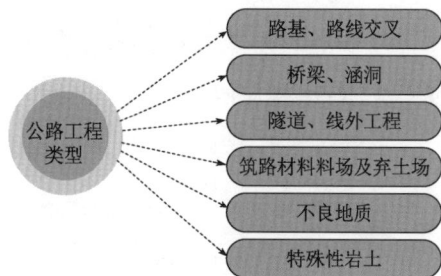

四、公路工程地质勘察报告组成

《公路工程地质勘察报告编制规程》(T/CECS G:H24—2018)规定,公路工程地质勘察报告包括工程地质勘察总说明、工点工程地质勘察报告两种类型,两种类型均由文字报告、图表及相关附件组成。

工程地质勘察总说明的编制与勘察阶段密切相关,在不同的勘察阶段,文本内容要求不完全一样。可行性研究阶段主要满足选址或者确定场地的要求,是在勘探区进行简单、快速的勘察;而详细勘察阶段是在可行性研究阶段、初步勘察阶段的基础上,进行更加详细、深入的勘察,以获取更为精确的地质信息,因此,详细勘察阶段的勘察报告比可行性研究阶段和初步勘察阶段的报告翔实。

工点工程地质勘察报告的编制与工程类型、勘探方法、勘探工作量有直接关系。不同的工点,比如路基、桥涵、隧道、路线交叉、筑路材料料场及弃土场、不良地质与特殊性岩土等,其勘察报告的要求都不一样,具体要根据《公路工程地质勘察报告编制规程》(T/CECS G:H24—2018)中相应报告的规定执行。

🖋 工程案例

某国道主干线公路第三合同段在详细勘察阶段,以下是第三合同段内×××大桥施工图设计阶段工程地质勘察报告的目录,目录包含文字(图3-3-4)、附图及附表(图3-3-5)。

文字部分包含:①前言(工程概况,勘察目的、任务及技术要求,勘察工作布设及完成情况等);②自然地理及区域地质概况(自然地理、地层与岩性、地质构造等);③桥址区工程地质条件(地形地貌、水文地质条件等);④基础方案分析与评价(基础方案选择和基础设计参数的确定);⑤结论与建议。

附图及附表部分包含:①工程勘察地质图;②地质纵断面图;③地质横断面图;④钻孔地质柱状图;⑤岩石试验成果表。

目　　录

1　前言 ....

　　1.1　工程概况 ....

　　1.2　勘察目的、任务及技术要求 ....

　　1.3　执行标准及工作依据 ....

　　1.4　已有成果及资料 ....

　　1.5　勘察工作布设及完成情况 ....

　　　　1.5.1　控制点、线测量定位 ....

　　　　1.5.2　工程地质钻探 ....

　　　　1.5.3　岩、土试样采取及试验 ....

　　　　1.5.4　钻孔电磁波 CT ....

　　　　1.5.5　钻孔数字摄像 ....

　　1.6　勘察工作质量评述 ....

图　3-3-4

图 3-3-4　大桥工程地质勘察报告的文字部分目录

附图目录

附表目录

×××大桥施工图设计阶段工程勘察岩石试验成果表

图3-3-5　大桥工程地质勘察报告的附图与附表目录

任务2　公路工程地质勘察报告文本编制

理论知识

一、工程地质勘察总说明编制

公路工程地质勘察
总说明编制案例

工程地质勘察总说明包括前言、自然地理概况、工程地质条件、总体工程地质评价、路线工程地质评价、路线走廊带或路线方案工程地质比选、结论与建议、图表及附件。

根据《公路工程地质勘察报告编制规程》(T/CECS G:H24—2018),工程地质勘察总说明编制的具体内容见表3-3-1。

工程地质勘察总说明编制的具体内容　　　　　　　　　　表3-3-1

序号	内容
前言	
1	任务依据包括项目的工作依据、委托书或合同、前期工作概况等
2	根据拟建项目的设计阶段,结合项目特点和难点确定勘察目的与任务
3	工程概况主要说明项目建设的意义,在区域路网中的地位,起终点位置坐标及里程桩号,途经的主要控制点,项目规模、技术指标,高填深挖路段、桥梁、隧道、立体交叉等重要工程的设置情况等
4	技术标准与参考资料包括执行和参照的技术标准、有关的技术要求、收集的参考资料等
5	勘察方法主要说明工程测量,工程地质测绘,勘探,原位测试,岩、土、水试验等,特别是新工艺、新方法、新设备和新技术的应用
6	勘察工作量布置原则主要说明勘探点的布设间距、深度,取样、测试频率等
7	勘察工作量主要说明外业计划工作量、完成工作量、利用前期资料及"三通一平"工作量情况等,一般采用表格形式表达

续上表

序号	内容	
8	勘察工作综述主要说明进出场时间,投入生产的人员、设备,资料完成、送审、提交时间等	
9	上阶段审查咨询意见的执行情况及简要说明	
自然地理概况		
1	地理位置主要说明项目所处地理位置、行政区划、交通状况等,宜附交通位置图	
2	气象主要介绍勘察区的主要气候特点与气象信息、标准冻结深度等	
3	水文主要说明地表水及水系发育特征,与路线的关系等	
4	其他需要说明的事项包括项目涉及文物古迹、自然保护区、水源地、矿山、市政管网及规划等	
工程地质条件		
1	地形地貌主要介绍勘察区所属公路自然区划,地形地貌类型、特征,山系的分布,地形的高差,植被的发育状况等	
2	地层岩性应按成因类型以地层时代从新到老的顺序说明勘察范围内地层的岩性及其组合、分布等	
3	地质构造主要说明区域地质构造及沿线地质构造的发育特征、分布及与路线的关系。断层的规模、活动性特征等,宜分别列表说明	
4	新构造运动与地震主要说明新近纪及第四纪以来的地质构造运动特征,区域内地震活动特征;依据现行《中国地震动参数区划图》(GB 18306—2015)或地震安全性评价结果说明勘察区抗震设防烈度、地震动峰值加速度及地震反应谱特征周期	
5	水文地质主要说明勘察区宏观水文地质特征,特别是地下水的类型、赋存特征,补给、径流、排泄条件等	
6	不良地质与特殊性岩土主要说明全线不良地质类型、规模、发育特征和特殊性岩土类型、特征、埋藏条件等	
7	天然筑路材料应结合拟建公路具体情况,说明沿线可作为筑路材料料场的位置、材料种类及分布情况等	
总体工程地质评价		
1	区域稳定性与适宜性从走廊带所处的区域地质构造单元、褶皱带及断裂带发育特征,特别是活动性断裂的分布、规模、性质、活动速率以及与地震活动、新构造运动的关系等方面论证	
2	工程地质特征评价	①工程地质层划分主要说明工程地质层划分原则、工程地质层代号编排规则与分层结果,工程地质分层结果可以采用列表叙述
		②工程地质层物理力学指标主要汇总岩、土、水试验和原位测试统计成果,并说明采用的数理统计方法及取值原则
		③工程地质层岩土设计参数主要提供各类地基土地基承载力基本容许值、桩侧土摩阻力标准值的确定原则与成果,以及挖方路段土石的工程分级成果等

续上表

序号	内容
3	不良地质评价主要说明勘察区内的不良地质类型及相应评价结论
4	特殊性岩土工程地质评价主要说明勘察区内的特殊性岩土类型及相应评价结论
5	水、土腐蚀性评价主要根据土的分析成果及地表水、地下水水质分析成果,评价其对建筑材料的腐蚀性
6	天然筑路材料评价主要对沿线筑路材料的类型、储量及质量、开采条件等进行评价
7	环境工程地质问题评价主要对工程建设可能导致的工程地质灾害及环境地质问题进行评价
路线工程地质评价	
1	路线工程地质分区与评价应综合分析和评价各分区、亚区、路段的工程地质条件。路线工程地质分区应符合《公路工程地质勘察报告编制规程》(T/CECS G:H24—2018)附录 C 的有关规定
2	路基工程地质评价包括一般路基、高路堤、陡坡路堤、高边坡或深路堑、支挡工程及河岸防护工程等路基工程的总体工程地质特征与评价,并列举典型工点进行说明
3	桥涵工程地质评价主要说明桥涵工程的总体工程地质特征与评价,并列举典型工点进行具体说明
4	隧道工程地质评价主要说明隧道工程的总体工程地质特征与评价,并列举典型工点进行具体说明
5	路线交叉工程地质评价主要说明路线交叉工程的总体工程地质特征与评价,并列举典型工点进行具体说明
6	沿线设施工程地质评价主要说明沿线设施工程的总体工程地质特征与评价,并列举典型工点进行具体说明
7	线外工程地质评价主要说明线外工程的总体工程地质特征与评价,并列举典型工点进行具体说明
8	连接线工程地质评价主要说明连接线工程的总体工程地质特征与评价,并列举典型工点进行具体说明
路线走廊带或路线方案工程地质比选	
1	从工程地质角度对路线走廊带或路线方案进行比选,提出推荐路线走廊带或路线方案
2	对不能绕避的不良地质、特殊性岩土地段,提出处治措施与建议
结论与建议	
1	全线工程地质条件综述
2	区域稳定性与适宜性评价结论
3	抗震设防烈度、抗震设计参数与分段
4	勘察区的主要工程地质问题
5	路线走廊带或路线方案比选结论
6	下阶段工作建议

> **小贴士**
>
> 公路工程地质勘察报告应根据《公路工程地质勘察报告编制规程》(T/CECS G：H24—2018)的编制内容,按工程实际和勘察阶段具体选择进行编写,确保报告的准确性和实用性。

工程案例

工 程 概 况

拟建××高速公路第 TJ1 标段起讫里程桩号为 K0 +000 ~ K8 +400,长度为 8.40km。设置的主要构筑物有互通枢纽 1 个、大桥 4 座、路堑边坡 4 段、高填路堤 5 段。本次勘察在初勘的基础上进行。目前,已完成全路段工程地质勘察工作,现需要编制××高速公路第 TJ1 标段工程地质勘察总说明。

编 写 内 容

××高速公路第 TJ1 标段工程地质勘察总说明

1 前言
1.1 工作概况任务依据
1.2 勘察目的和任务
1.3 任务依据
1.4 执行技术标准
2 勘察工作概述
2.1 工作区的研究程度
2.2 勘察方法
一、补充工程地质调绘
二、钻探
三、取样与原位测试
四、室内试验
五、物理勘探
六、岩土体物理力学指标的统计
七、岩土定名和地层划分的方法及原则
八、基本容许值和桩侧极限摩阻力的确定
九、岩土分类
2.3 质量保证体系
3 自然地理条件

注:以上案例是工程地质勘察总说明编制的目录,由于篇幅有限,把总说明的原报告放入二维码资源,供学习者学习使用。

工点公路工程地质勘察报告编制

二、工点工程地质勘察报告编制

工点工程地质勘察报告内容包括勘察概述、场地工程地质条件、工程地质特征与评价、结论与建议、图表及附件。根据《公路工程地质勘察报告编制规程》(T/CECS G:H24—2018),工点工程地质勘察报告编制的具体内容见表3-3-2。

工点工程地质勘察报告编制的具体内容　　　　　　　　　　　　　　表3-3-2

序号	内容
勘察概述	
1	工程概况包括工程类型、行政区划、测设里程、工程规模、工程结构、工程特征等

续上表

序号	内容	
2	工作概况主要说明勘察方法、完成工作量等	
场地工程地质条件		
1	地形地貌重点说明场地地形地貌类型、地面高程,微地貌特征,天然或人工边坡的坡高、坡比、坡向等	
2	地层岩性应按成因类型以地层时代从新到老的顺序说明勘探深度范围内的地层岩性特征、分布范围、埋藏条件及其与拟建工程的关系等	
3	地质构造主要说明勘察范围内断层类型、规模、产状、活动性,断裂破碎带宽度、充填物及胶结程度,上下盘地层岩性,与拟建工程的关系等;褶皱的类型、规模、产状、拟建工程所处部位等;节理裂隙的分组、产状、性质;软弱结构面的特征、分布等	
4	地表水与地下水主要说明地表水特征、地下水类型,地下含水层的产出特征、富水性与透水性,地下水补给、径流、排泄条件、埋深及动态特征,水化学类型等	
5	不良地质与特殊性岩土重点描述场地内不良地质及特殊性岩土的类型、规模、分布及其与拟建工程的关系等	
工程地质特征与评价		
1	工程地质层特征	根据工程地质测绘、钻探、简易勘探、工程物探等,并结合室内试验、原位测试成果,按照岩土的时代、成因类型及工程特征等对地层进行工程地质分层,并分层统计室内试验与原位测试成果
2	工程地质评价	①场地稳定性评价应根据区域地质构造、地形地貌、不良地质发育特征,评价路基、桥涵、隧道等建设场地的稳定性
		②场地地震效应主要包括抗震设防烈度、设计基本地震加速度、抗震地段类别、场地土类型、场地类别和特征周期。当地基中存在可液化土时,应进行地震液化判别;当地基中存在软土时,应评价软土震陷对地基基础的影响
		③场地水、土对建筑材料的腐蚀性
		④特殊性岩土工程地质评价主要对场地出现的特殊性岩土进行分类评价
		⑤岩土设计参数包括地基或基础、基坑和边坡、支挡与防护、隧道支护等岩土工程设计所需的参数
		⑥工程地质问题评价主要针对专门工程地质问题进行评价
3	工程对策应针对不同工程分析论证基础选型、地基处理方案、路基边坡形式与防护方案、基坑支护方案以及运营期间可能需要的监测或养护方案、注意事项等	
结论与建议		
1	工程地质条件综述,包括场地的标准冻结深度	
2	场地稳定性及适宜性	

序号	内容
3	场地抗震地段、场地类别、地震动参数、抗震设防等结论
4	水、土对建筑材料的腐蚀性评价结论
5	特殊性岩土评价结论
6	岩土设计参数
7	工程地质问题评价结论
8	工程对策论证结论
9	下阶段工作建议

✎ **工程案例**

工 程 概 况

××省交通规划勘察设计研究院股份有限公司受×××交通建设集团有限公司委托,对拟建××省××高速公路 K2+200~K2+740 右侧挖方边坡进行施工图设计阶段工程地质勘察,公司将该勘察任务交由本公司勘察事业部下属勘察分院执行。7月勘察分院已经完成挖方边坡整个勘察任务,现需编制 K2+200~K2+740 右侧挖方边坡施工图设计阶段工程地质勘察报告。

编 写 内 容

××高速公路 K2+200~K2+740 右侧挖方边坡
施工图设计阶段工程地质勘察报告

1　前言
1.1　任务依据、工程概况
1.2　勘察目的、方法及设备
1.3　勘察方法及完成工作量
2　自然地理
2.1　地形、地貌
2.2　水文、气候
3　工程地质条件
3.1　地层、岩性
3.2　地质构造与地震
3.2.1　地质构造
3.2.2　地震动参数
3.3　岩土构成
3.3.1　覆盖层
3.3.2　基岩
3.4　水文地质

3.5 不良地质及特殊性岩土危岩体

3.5.1 危岩体

3.5.2 软土

4 工程地质评价

4.1 推荐岩土体物理力学指标

4.2 场地稳定性及建设适宜性

4.3 边坡稳定性评价

4.3.1 定性评价

4.3.2 定量计算

4.4 推荐处理措施

5 结论与建议

5.1 结论

5.2 建议

注:以上案例是工程地质勘察报告编制的目录,由于篇幅有限,把工点工程地质勘察的原报告放入二维码资源,供学习者学习使用。

技能训练

参照以上学习内容及工程案例,完成技能训练。详见《道路工程地质(第3版)技能训练与测评活页手册》任务单 3-3-1 分析不同工程地质勘察报告内容的异同。

公路工程地质勘察
报告文本编制

任务3 公路工程地质勘察报告图表及附件编制

公路工程地质勘察要点
及报告编写程序

工程地质勘察
报告图表

公路工程地质勘察报告
图表编制关键要点

可行性研究工程地质勘察
报告编写内容及格式

公路边坡滑坡治理工程详细勘察
阶段工程地质勘察报告

隧道初步勘察阶段
工程地质勘察报告

一、基本规定

在工程地质勘察总说明和工点工程地质勘察报告中图表及相关附件规定有所区别,详见表 3-3-3。

图表及相关附件规定

表 3-3-3

工程地质勘察总说明	
序号	图表主要类型
1	勘探点一览表
2	图例与符号
3	路线工程地质平面图
4	路线工程地质纵断面图
序号	附件主要内容
1	工程地质遥感解译报告
2	专项工程地质调绘报告
3	活动断裂勘察专题报告
4	有关专题研究报告
5	项目委托书或勘察合同、勘察大纲、技术要求等
6	审查意见或审查会议纪要
7	重要函电、任务变更单等
8	工程照片及其他
工点工程地质勘察报告	
序号	图表主要类型(图表应根据工程类型,结合勘探方法选择,并满足工程需要)
1	工程地质平面图
2	工程地质纵断面图
3	工程地质横断面图
4	钻孔、探坑地质柱状图及探槽展示图
5	原位测试成果图表
6	工程物探成果图表
7	岩、土、水试验汇总表
8	其他图表
序号	附件主要内容(附件应根据工点现场勘探、测试的实际情况提供)
1	专项水文地质勘察报告
2	专项岩土测试报告
3	地应力测试报告
4	工程照片

二、图示

1.勘探点一览表

勘探点是指各类钻孔、简易勘探(洛阳铲、麻花钻)孔、挖(坑、槽、井、硐)探点和工程物探点的统称;勘探点布置是为查明工程地质条件。勘探点一览表如图 3-3-6 所示。

2.图例与符号

凡是图内出现的地层、岩性、土、构造、不良地质界线、不良地质、钻孔、岩层产状及其他地质现象,都应在图例中表示出来。工程地质图例与符号如图 3-3-7 所示。

勘探点一览表

工程名称：

序号	工点名称	勘探点编号	勘探点位置			孔口高程/m	设计孔深/m	勘探孔深/m	地下水位埋深/m
			里程桩号及偏移	X/m	Y/m				

序号	工点名称	勘探点编号	勘探点位置			孔口高程/m	设计孔深/m	勘探孔深/m	地下水位埋深/m
			里程桩号及偏移	X/m	Y/m				

注：1.附表中表头仅列出常用勘探孔(例如钻探、挖探、钎探、静探)的统计内容及形式，对于物探测线及点的统计内容，可根据工程需要自拟。
2.没有特殊要求的情况下，默认的探点(线)按照里程桩号进行排序。

a)样表(规范)

图 3-3-6

第1页 共1页

水尧大桥
勘探点一览表

序号	工点名称	勘探点编号	勘探点类型	里程	勘探点深度	地面高程	坐标		取样件数			勘探开始日期	勘探终止日期	备注
							X	Y	原状样		扰动样			
									件		件			
				m	m	m	m	m	件	件				
1	水尧大桥	ZK049-1	详勘孔	K4+941.02左10.25	25.00	696.33	497169.828	2812149.216				2022-05-15	2022-05-16	
2	水尧大桥	ZK049-2	详勘孔	K4+952.60左10.26	25.00	698.12	497180.441	2812128.191	3			2022-05-15	2022-05-16	
3	水尧大桥	ZK049-3	详勘孔	K4+968.00左3.12	25.00	693.20	497196.368	2812140.981				2022-05-12	2022-05-13	
4	水尧大桥	ZK049-4	详勘孔	K4+983.00左10.13	25.00	695.31	497211.032	2812127.322	3			2022-05-12	2022-05-13	
5	水尧大桥	ZK050-1	详勘孔	K4+998.00左10.12	25.00	690.54	497226.385	2812147.306				2022-05-10	2022-05-11	
6	水尧大桥	ZK050-2	详勘孔	K5+013.00左10.13	25.00	686.96	497241.232	2812126.944				2022-05-10	2022-05-11	
7	水尧大桥	ZK050-3	详勘孔	K5+028.00左3.12	25.00	685.71	497256.234	2812140.231				2022-05-06	2022-05-07	
8	水尧大桥	ZK050-4	详勘孔	K5+043.00左10.13	25.00	687.86	497271.429	2812127.167				2022-05-07	2022-05-07	
9	水尧大桥	ZK050-5	详勘孔	K5+058.00左10.12	25.00	685.52	497285.991	2812147.735				2022-05-04	2022-05-04	
10	水尧大桥	ZK050-6	详勘孔	K5+073.00左3.13	25.00	688.84	497301.351	2812134.939				2022-05-04	2022-05-04	
11	水尧大桥	ZK050-7	详勘孔	K5+088.00左3.12	25.00	688.32	497316.108	2812141.745				2022-05-02	2022-05-02	
12	水尧大桥	ZK051-1	详勘孔	K5+103.00左10.13	25.00	689.64	497331.698	2812129.170				2022-05-01	2022-05-01	
13	水尧大桥	ZK051-2	详勘孔	K5+118.00左10.12	25.00	683.40	497345.670	2812150.144				2022-04-27	2022-04-29	
14	水尧大桥	ZK051-3	详勘孔	K5+133.00右3.13	25.00	681.59	497361.358	2812137.737				2022-04-27	2022-04-29	
15	水尧大桥	ZK051-4	详勘孔	K5+148.00左3.12	25.00	679.12	497375.963	2812144.863				2022-04-24	2022-04-25	
16	水尧大桥	ZK051-5	详勘孔	K5+163.00右10.13	25.00	678.95	497391.770	2812132.576				2022-04-24	2022-04-25	
17	水尧大桥	ZK051-6	详勘孔	K5+178.00左10.12	25.00	680.00	497405.424	2812153.758	3			2022-04-23	2022-04-24	
18	水尧大桥	ZK051-7	详勘孔	K5+193.00右3.13	25.00	678.70	497421.269	2812141.537	3			2022-04-23	2022-04-24	
19	水尧大桥	ZK052-1	详勘孔	K5+208.00左3.12	25.00	680.42	497435.813	2812148.785				2022-04-21	2022-04-22	
20	水尧大桥	ZK052-2	详勘孔	K5+223.00右3.13	25.00	679.60	497451.200	2812143.561				2022-04-22	2022-04-22	
21	水尧大桥	ZK052-3	详勘孔	K5+238.00左10.12	25.00	683.28	497465.296	2812157.777				2022-04-18	2022-04-20	
22	水尧大桥	ZK052-4	详勘孔	K5+253.00右3.13	25.00	680.43	497481.122	2812145.514				2022-04-19	2022-04-20	
23	水尧大桥	ZK052-6	详勘孔	K5+268.00左3.12	25.00	683.49	497495.717	2812152.659				2022-06-12	2022-06-13	
24	水尧大桥	ZK052-6	详勘孔	K5+283.00右3.13	25.00	684.24	497511.041	2812147.255				2022-06-13	2022-06-14	
25	水尧大桥	ZK053-1	详勘孔	K5+298.00左3.12	25.00	688.19	497525.712	2812154.244				2022-05-31	2022-06-01	
26	水尧大桥	ZK053-2	详勘孔	K5+313.00右10.13	25.00	694.37	497541.236	2812141.646				2022-06-02	2022-06-03	
27	水尧大桥	ZK053-3	详勘孔	K5+327.40左10.25	25.00	694.96	497554.928	2812162.512				2022-06-09	2022-06-10	
28	水尧大桥	ZK053-4	详勘孔	K5+339.99左2.75	25.00	691.99	497567.885	2812149.839				2022-06-16	2022-06-16	
合计					700.00				12					

SJ3-4-2

b) 大桥勘探点一览表

图 3-3-6 勘探点一览表

图例

Q⁴dl	第四系残坡积层，黏土夹碎石层
T₂g¹	三叠系中统关岭组第一段杂色薄至中厚层泥质灰岩，夹白云质泥岩，下部灰色中厚层泥质灰岩，底部见"绿豆岩"
T₁yn⁴	三叠系下统永宁镇组第四段上部厚层黄色溶塌砾岩、灰色中至厚层黄色泥质白云岩，下部黄色、灰色白云岩
	白云质灰岩
	泥灰岩
	石英砂岩
	地层不整合接触界线
	岩溶落水洞
	拟建桥梁
	矿区分布及边界线

T₃x	三叠系上统上部黄色巨厚层层屑石英砂岩，偶夹黏土岩透镜体
T₂f	三叠系中统永宁镇组第二段杂色中厚层泥质灰岩，夹白云质泥岩，下部灰色中至厚层泥质灰岩，泥质灰岩
T₁yn³	三叠系下统永宁镇组第三段上部黄石英砂岩，夹中至厚层灰色白云质溶塌砾岩，灰色中至厚层白云岩
	泥质灰岩
	泥灰岩
	砂岩
	岩溶塌陷
	基岩露头
	节理产状
	规划区分布及边界线

T₂g³	三叠系中统关岭组第三段灰色厚层白云岩、白云质灰岩及角砾白云岩
T₁yn¹	三叠系下统永宁镇组第一段薄至中厚层泥岩、白云质灰岩，泥质灰岩
	白云岩
	砂质页岩
	铝土矿
	上升泉、下降泉 1为上升泉，2为下降泉
A K25	拟建公路推荐线及里程桩号
	主要河道
Q⁴ 0~3m	软土及厚度

T₂g³	三叠系中统关岭组第二段灰质薄层灰岩，夹中厚层状灰岩，上部夹灰色厚层白云岩
T₁yn¹	三叠系下统永宁镇组第一段中至厚层灰岩、深灰色、白云质斑块灰岩
	灰岩
	泥质粉砂岩
Fe Fe Fe	赤铁矿
	地表水流向
	地下水流向
L6	石料场及编号

注：
本图图例适用于工程地质平面及纵断面图。

××省交通规划勘察设计院	工程地质图图例	××省××高速公路××段	设计	复核	审核	日期	CT-1
							图号

图 3-3-7 工程地质图图例与符号

3.路线工程地质平面图

在路线工程地质平面图中,沿公路路线两侧应标明岩性、地层年代、覆盖层情况、岩层产状、钻孔位置及不良地质情况等,如图 3-3-8 所示。

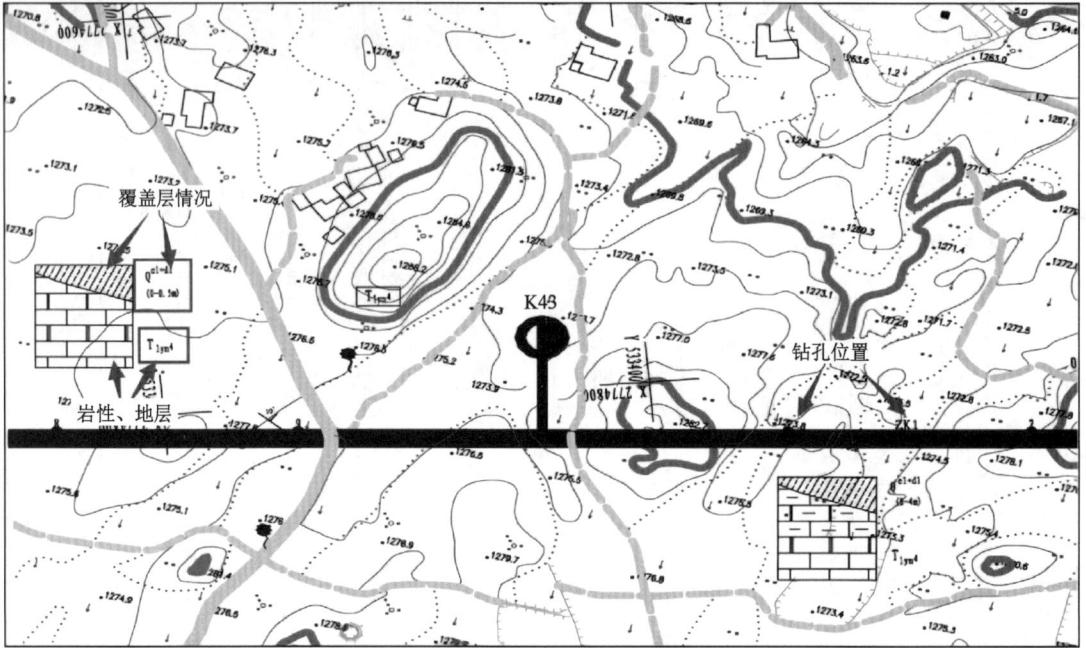

图 3-3-8　路线工程地质平面图

4.路线工程地质纵断面图

在路线工程地质纵断面图中,应标明岩性、地层年代、覆盖层情况、岩层产状、钻孔位置及不良地质情况等,并且在纵断面图下方还应有地质概况说明,如图 3-3-9 所示。

5.工程地质横断面图

在工程地质横断面图中,应标明岩性、覆盖层情况、岩层产状、钻孔位置等,如图 3-3-10 所示。

6.钻孔柱状图

在钻孔柱状图中,应标明钻孔穿过岩层的厚度、岩性、结构构造和接触关系、地下水取样和试验。钻孔柱状图如图 3-3-11 所示。

7.勘探成果资料汇总表

公路工程地质勘探工作完成后,除了要提供钻孔、探坑地质柱状图及探槽展示图外,还需要提供勘探成果资料汇总表,详见表 3-3-4。

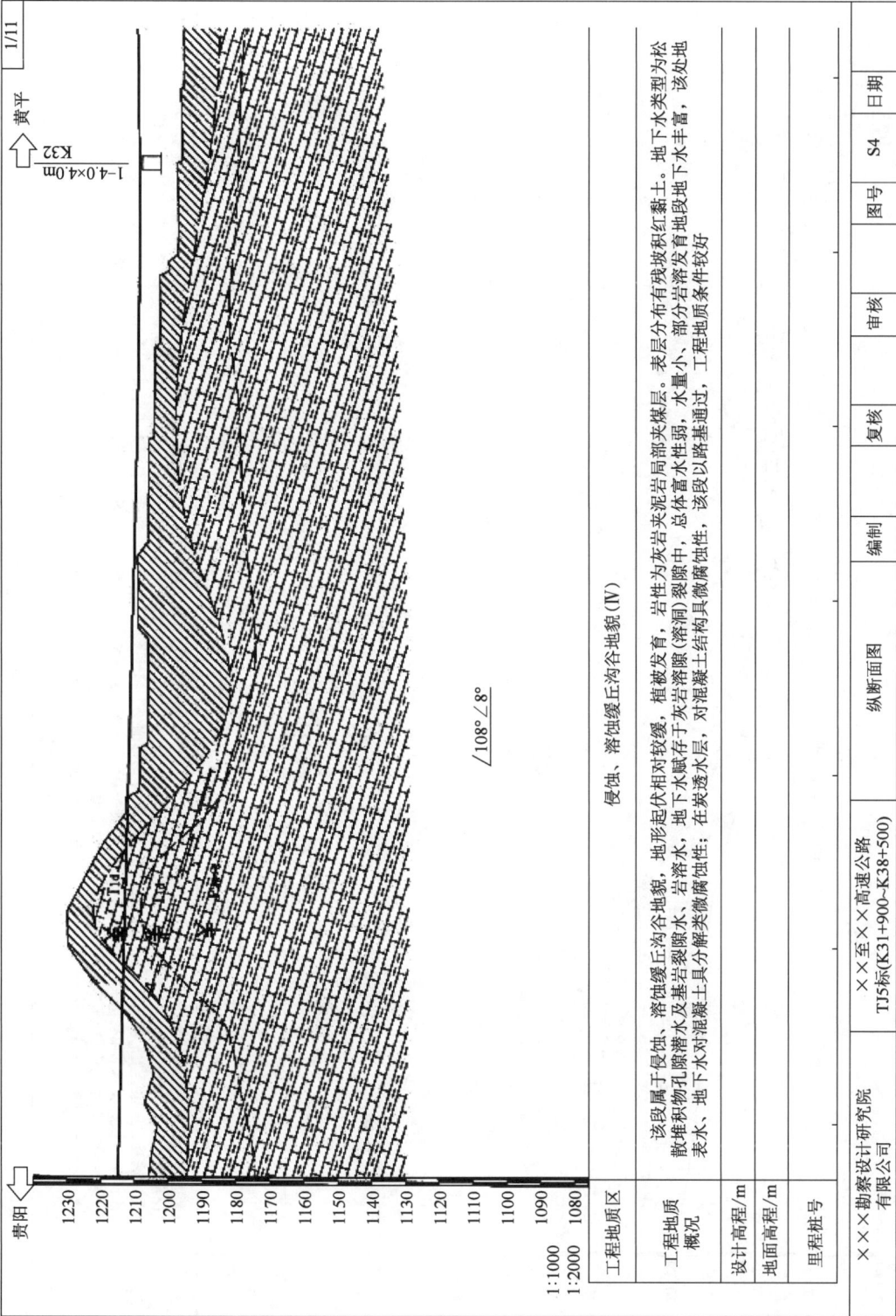

图 3-3-9 路线工程地质纵断面图

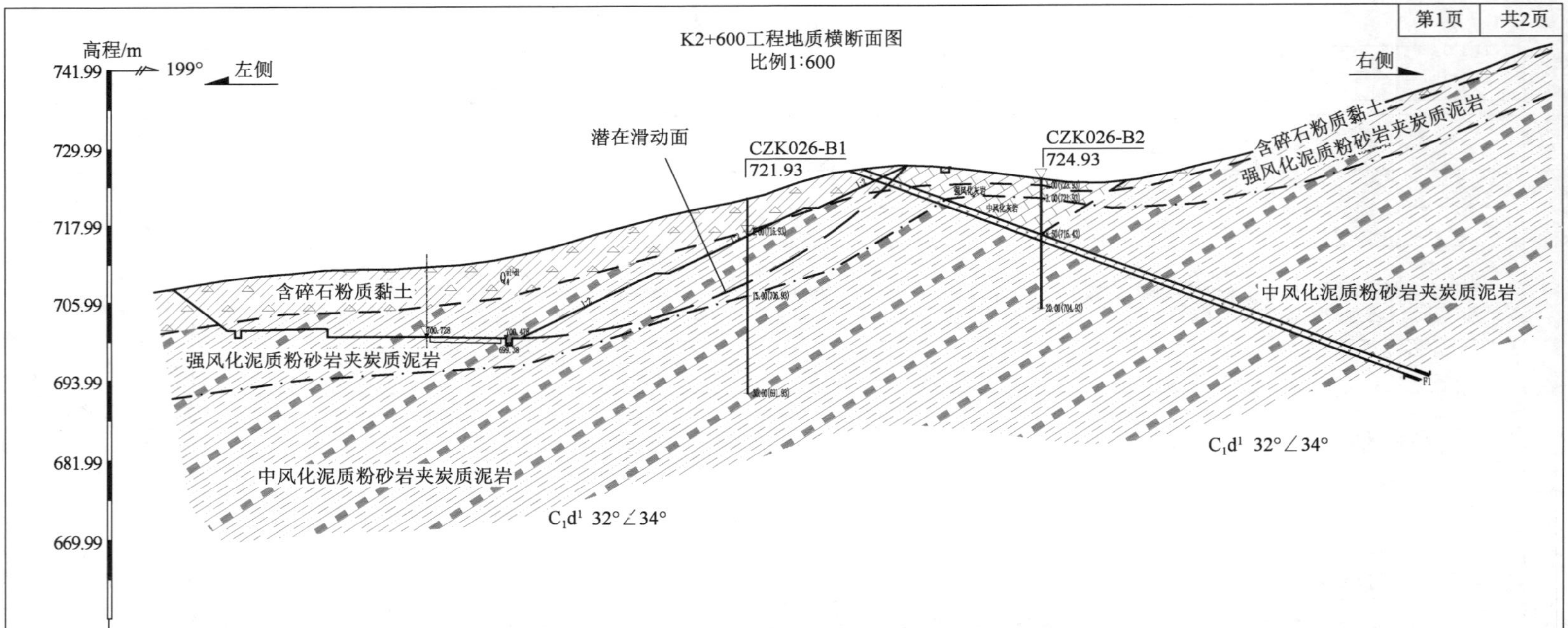

图 3-3-10　工程地质横断面图

第2页 共2页

钻孔柱状剖面图

工程名称	坡顶隧道						YK2+171.10右13.10m		第1页 共1页
钻孔编号	CZK021-2	X=2813272.92	Y=494667.43	钻孔里程/m		终孔深度/m		33.00	
孔口高程/m	698.48	钻孔坐标/m		开孔日期 2022-03-19	终孔日期 2022-03-21	稳定水位/m		未见稳定水位	

地层编号	时代成因	层底高程/m	层底深度/m	分层厚度/m	柱状图 1:200	地层描述	岩芯采取率/%	取样	重Ⅱ击数 N63.5 / 标贯击数 N63.5/贯入度/m	纵波波速/(m/s)	附注
8-1-2	C₁d²	696.98	1.50	1.50		灰岩：灰岩凯石	50				
9-8-1	C₁d¹	591.48	7.00	4.00		强风化泥质粉砂岩夹炭质泥：灰黄色、浅灰色，薄至中厚层状，节理裂隙发育，岩芯破碎，岩芯呈碎块柱、块状					
9-8-2		568.48	30.00	23.00		中风化泥质粉砂岩夹炭质泥：灰黑色、深灰色，薄至中厚层状，节理发育，岩体较碎，岩芯呈碎柱、短柱状、块状					

SJ4-2-4

钻孔柱状剖面图

工程名称	坡顶隧道						YK2+136.30右12.10m		第1页 共1页
钻孔编号	CZK021-1	X=2813282.03	Y=494633.87	钻孔里程/m		终孔深度/m		33.00	
孔口高程/m	715.59	钻孔坐标/m		开孔日期 2022-02-22	终孔日期 2022-02-25	稳定水位/m		未见稳定水位	

地层编号	时代成因	层底高程/m	层底深度/m	分层厚度/m	柱状图 1:200	地层描述	岩芯采取率/%	取样	重Ⅱ击数 N63.5 / 标贯击数 N63.5/贯入度/m	纵波波速/(m/s)	附注
8-1-1	C₁d²	711.59	4.00	4.00		强风化灰岩：灰黄色、浅灰色，薄至中厚层状，发育，岩体破碎，岩芯呈碎块状、块状	50			30000	
8-1-2		682.59	33.00	29.00		中风化灰岩：灰色、灰白色，薄至中厚层状，节理裂隙发育，岩体较破碎—较完整，岩芯呈短柱状、块状、柱状		YY-1 13.60 / YY-2 15.00 / YY-3 18.60 / YY-4 23.00 / YY-5 23.50 / YY-6 24.60			

图 3-3-11 挖顶隧道 钻孔柱状剖面图

勘探成果资料汇总表　　　　　　　　　　　　　　　表 3-3-4

×××高速公路×××段　　　　　　　　　　　　　　　第 1 页　共 1 页

序号	钻孔位置	深度/m	构造物类型	地层岩性	备注
1	K21+400 中桩	2.0	填方路基	0~1.0m 为黑色流塑状淤泥质黏土,1.0~1.8m为黄褐色软塑状饱水黏土,1.8~2.0m 为可塑~硬塑状黏土夹少量碎石,下为中厚层状灰岩	手摇钻 SZK1
2	K21+400 右15m	3.0	填方路基	0~1.5m 为黑色流塑状淤泥质黏土,1.5~2.5m为黄褐色软塑状饱水黏土,2.5~3.0m 为可塑~硬塑状黏土夹少量碎石,下为中厚层状灰岩	手摇钻 SZK2
3	K22+180 右10m	1.8	填方路基	0~1.4m 为黄褐色软塑状饱水黏土,1.4~1.8m为可塑-硬塑状黏土夹少量碎石,下为中厚层状灰岩夹薄层状泥岩	手摇钻 ZK3
4	K38+360 左5m（AK38+360 左5m）	2.8	填方路基	0~1.8m 为黑色流塑状淤泥质黏土,1.8~2.6m为黄褐色软塑状饱水黏土,2.6~2.8m 为可塑~硬塑状黏土夹少量碎石,下为中厚层状灰岩、泥质白云岩夹泥岩	手摇钻 ZK4

8. 综合地层柱状图

综合地层柱状图中从地面往下不同深度要有厚度标注,对应厚度的岩性描述和工程地质特性描述,如图 3-3-12 所示。

9. 工程物探成果图表

工程物探成果图表应反映工程物探测试、解释的曲线、工作参数等。

如图 3-3-13 所示,某高速公路坡顶隧道,在测区布置 1 条测线,编号为 DC1~DC1′,采用大地电磁法(EH-4)勘探。根据用 Surfer 软件绘制的等值线图结果,并结合地质调绘资料得出,测线布置范围内视电阻率对数值在 1~3.7 之间,根据电阻率判断,ZK2+158 附近为岩性界面,灰岩区域未发现明显岩溶发育异常。

📖 **小贴士**

大地电磁法(EH-4)的基本原理

当天然交变电磁场入射大地,在地下以波的形式传播时,地面电磁场的观测值由于电磁感应的作用,会包含地下介质的电阻率分布信息。不同频率的电磁场信号具有不同穿透深度,因此,大地电磁法通过研究地表采集的电磁数据反演推出地下不同深度介质电阻率分布的信息。

综合地层柱状图

界	系	统	组	段	代号	柱状图 1:1000	厚度 m	岩性描述	工程地质及水文地质特征
新生界	第四系	全新统			Q^{el+dl}		0~5	残积褐色-褐黄色含碎石黏土或砂质黏土	含水型以上层滞水为主。其水位和水量变化较大。结构构松散，承载力低，一般不能作为构筑物地基持力层
中生界	侏罗系	中统	遂宁组		J_2sn		0~234	泥岩、粉砂质泥岩	岩体易风化，边坡开挖顺层边坡，易沿软弱夹层发生滑动
			上沙溪庙组		J_2s		>207	砂岩、泥岩、粉砂质泥岩	泥岩易风化，边坡开挖顺层边坡，易沿软弱夹层发生滑动
			下沙溪庙组		J_2x		>249	石英长石砂岩、泥岩、粉砂质岩等	石英砂岩岩质坚硬，边坡稳定性较好；泥岩易风化，边坡稳定性差
		下统	自流井群		$J_{1-2}zl$		590~698	泥岩、粉砂质泥岩、粉砂岩、细砂岩等	岩体易风化，边坡开挖顺层边坡，易沿软弱夹层发生滑动
	三叠系	上统	须家河组		T_3x		144~330	页石、砂岩、黏土岩、粉砂岩等	岩质坚硬，边坡稳定性较好
		中统	关岭组		T_2g		617~769	白云岩、白云质灰岩、灰岩	岩溶作用强烈。岩体含水类型以溶隙和溶洞为主
		下统	永宁镇组		T_1yn		485~570	灰色中厚层状灰岩、夹泥质灰岩及白云岩	岩溶作用强烈。岩体含水类型以溶隙和溶洞为主
			飞仙关组		T_1f		478~537	砂岩、粉砂岩、砂质黏土岩及少量泥质灰岩	岩质坚硬，边坡稳定性较好
上古生界	二叠系	上统	大隆、长兴组		P_{3c+d}		1~100	薄至中厚层燧石灰岩夹泥岩、硅质岩	岩质坚硬，边坡稳定性较好
			龙潭组		P_3l		257~378	黏土岩、粉砂质黏土岩、含菱铁矿结核夹砂岩、灰岩、燧石灰岩、泥灰岩及煤层	岩溶作用强烈。岩体含水型以溶隙、溶洞，承载力低，边坡开挖易朋塌破坏，煤层开挖形成采空区
			毛口组		P_2m		158~647	灰岩、燧石灰岩、白云岩等	岩体含水类型以溶隙为主
			栖霞组		P_2q		62~195	灰岩、燧石灰岩、泥质灰岩	岩溶作用强烈。岩体含水类型以溶隙和溶洞为主

××省交通规划勘察设计研究院   ××省××高速公路××段   综合地层柱状图   图 3-3-12 综合地层柱状图

设计	复核	复核	审核	图号 CT-2	日期

图 3-3-13　工程物探成果图表

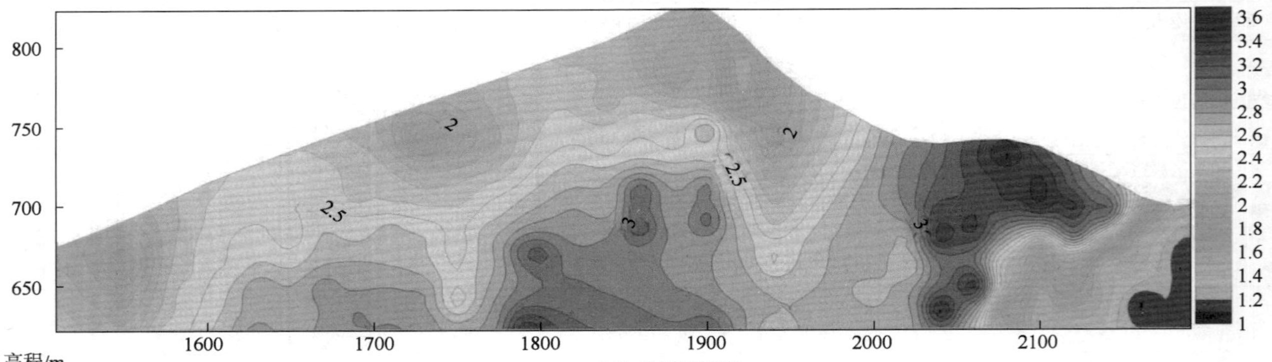

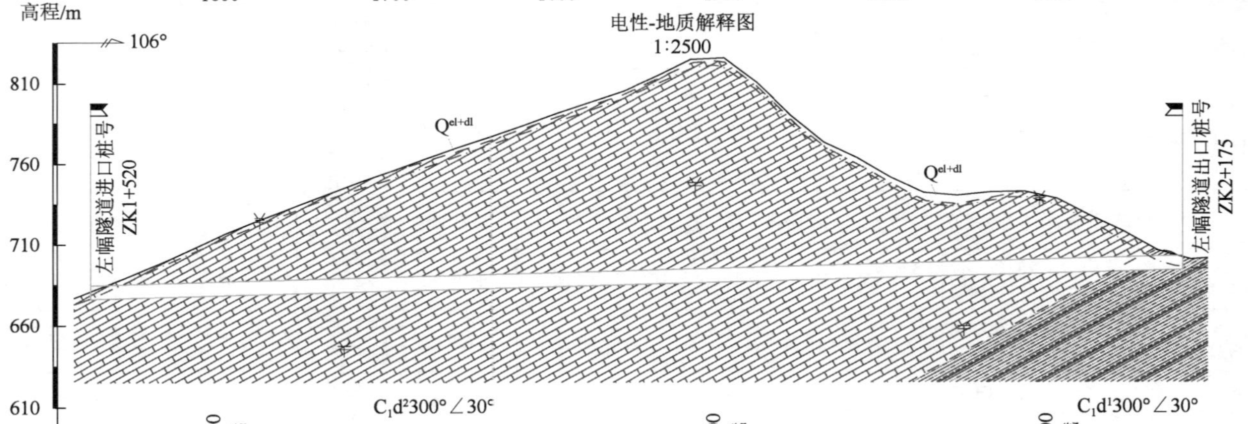

××省交通规划勘察设计研究院股份有限公司

10. 不良地质地段表

不良地质地段表需要根据野外勘察调查的资料填写不同的起讫桩号所对应的位置、不良地质类型、不良状况和处理措施,该表示例详见表 3-3-5。

不良地质地段表　　　　　　　　　　　　　　　　　　表 3-3-5

起讫桩号	长度/位置	类型	不良状况	处理措施
K44 + 620 ~ K44 + 740	120m/右侧	汇水岩溶洼地	山间溶蚀洼地,其地形为四周相对高,成为汇集坡面雨水的洼地,排水不畅,雨季洼地常常集水,集水深度为 1m 左右,并通过洼地底部岩溶裂隙和落水洞缓慢排泄,排泄时间为 3 ~ 4d,对填方路基稳定性不利	①清除洼地黏土覆盖层;②路堤底部填石;③设置排水沟,将坡面汇水排至 K44 +600 右侧垭口

11. 沿线筑路材料料场表

沿线筑路材料料场表需要根据野外勘察调查的资料填写不同的筑路材料名称所对应的料场编号、位置桩号、上路桩号、上路距离、材料及料场、储量、覆盖层厚度、成料率、开采方式、运输方式、便道,该表示例详见表 3-3-6。

沿线筑路材料料场表　　　　　　　　　　　　　　　　表 3-3-6

某高速公路第 T11 合同段

材料名称	料场编号	位置桩号	上路桩号	上路距离/ km	材料及料场	储量/ km^3	覆盖层厚度/ m	成料率/ %	开采方式	运输方式	便道/ km
块片石碎石砂	L-1	K43 +590 中心	K43 +590	0.0	K43 +500 ~ K43 +680 挖除石方作料场,岩石为中-厚层状灰白色-深灰色白云质灰岩,轻微风化,石质强度高,可开采块片石、碎石及砂	32	0	85	人工爆破	机运	0

小贴士

料场储量单位 km^3,这里 km^3 是一个体积单位。km^3 表示立方米(m^3)的千倍,即 $1km^3 = 1000m^3$。在工程领域中,km^3 常用于表示大规模的体积或空间。例如,在地质调查中,使用 km^3 来表示地下岩层的体积;在石油勘探中,使用 km^3 来表示油田的储量。

知 识 测 评

对本模块所学相关知识和技能进行测评,详见《道路工程地质(第 3 版)技能训练与测评活页手册》项目 3 公路工程地质勘查报告编制的【知识测评】和模块 3 道路工程地质勘察报告的【知识测评】。

目 标 评 价

通过本模块学习,对三大目标完成情况进行评价,详见《道路工程地质(第 3 版)技能训练与测评活页手册》模块 3 道路工程地质勘察报告的【目标评价】。

模块 3 项目 3
在线测试题

参 考 文 献

[1] 中华人民共和国交通运输部.公路工程地质勘察规范:JTG C20—2011[S].北京:人民交通出版社,2011.

[2] 中国工程建设标准化协会.公路工程地质勘察报告编制规程:T/CECS G:H24—2018[S].北京:人民交通出版社股份有限公司,2019.

[3] 中华人民共和国建设部.岩土工程勘察规范(2009年版):GB 50021—2001[S].2版.北京:中国建筑工业出版社,2009.

[4] 中华人民共和国交通运输部.公路路基设计规范:JTG D30—2015[S].北京:人民交通出版社股份有限公司,2015.

[5] 中华人民共和国建设部.土的工程分类标准:GB/T 50145—2007[S].北京:中国计划出版社,2008.

[6] 中华人民共和国交通运输部.公路工程岩石试验规程:JTG 3431—2024[S].北京:人民交通出版社股份有限公司,2024.

[7] 《工程地质手册》编委会.工程地质手册[M].4版.北京:中国建筑工业出版社,2007.

[8] 中华人民共和国交通运输部.公路土工试验规程:JTG 3430—2020[S].北京:人民交通出版社股份有限公司,2020.

[9] 中华人民共和国住房和城乡建设部.岩土锚杆与喷射混凝土支护工程技术规范:GB 50086—2015[S].北京:中国计划出版社,2016.

[10] 何培玲,张婷.工程地质[M].北京:北京大学出版社,2006.

[11] 臧秀平.工程地质[M].3版.北京:高等教育出版社,2016.

目·录
CONTENTS

模块1 工程地质条件认知

项目1 地质作用与岩性认知

任务1 岩石风化程度调查和判定

岩石的风化作用会降低其强度和稳定性,对工程的安全性和耐久性造成影响,因此在进行工程活动之前需要调查岩石的风化程度。

一、岩石风化程度调查和判定

1. 观察岩石的颜色

(1)观察岩石风化面的颜色并记录;

(2)用地质锤敲打岩石,使其露出新鲜面,观察岩石新鲜面颜色并记录。

初步判别:

①风化作用会改变岩石的颜色。例如,原本的颜色可能会变得暗淡或者出现新的颜色层,这些颜色变化可以作为判断风化程度的依据。

②通常未风化的岩石较为坚硬和致密(地质锤敲击时,声音清脆),而风化程度较高的岩石则较为疏松(地质锤敲击时,声音沉闷)。

2. 观察岩石结构完整程度

(1)观察岩石的结构完整程度,对岩石结构、构造和完整程度进行逐项描述、记录;

(2)描述时采用素描和拍照的形式记录典型地质现象。

初步判别:

①岩石结构越破碎的岩石,风化程度越高。但需要注意区分岩石破碎的原因(由地质构造作用形成,还是由机械风化作用形成),机械风化作用形成的破碎岩石通常无规律且其形成过程与气候条件关系密切。

②当岩石直接判断有困难时,挖掘探坑或探槽对新鲜岩石到风化残积物进行观察,判断不同层次岩石的风化程度。

3. 岩石风化程度判定

将记录的岩石特征和野外初步辨别结果与教材中表1-1-7进行对照,最后判断出岩石的风化程度。

二、野外调查记录案例

图 1-1-1 为岩石风化表面,调查记录如下:

1. 风化描述

岩石风化表面颜色:灰黑色、灰白色。岩石风化状态:溶蚀现象(灰白色区域)。

2. 新鲜面描述

岩石新鲜面颜色:深灰色。岩石构造:块状构造,滴稀盐酸强烈起泡(图 1-1-2)。

3. 风化程度判定

岩石坚硬程度:敲击声清脆、坚硬。岩石风化程度:中等风化(对照教材表 1-1-7 判断)。

4. 岩石判别

根据风化表面特征和滴稀盐酸强烈起泡的化学反应,可以判断该岩石为石灰岩。

图 1-1-1　岩石风化表面

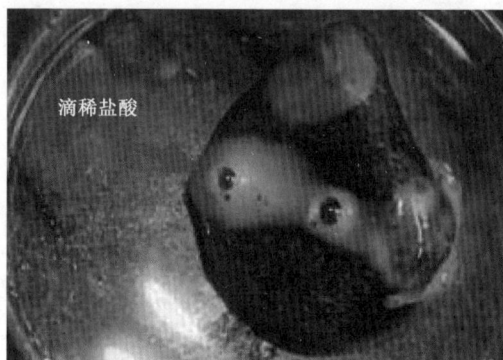

图 1-1-2　岩石滴稀盐酸强烈起泡

图 1-1-1

图 1-1-2

三、技能训练

1. 任务描述

在教师的指导下,对校园附近露出的岩石,进行岩石风化情况调查,参照案例完成任务单 1-1-1。如学校无室外实训环境,可根据图 1-1-3、图 1-1-4 完成本任务。

2. 任务实施

岩石风化情况调查 任务单 1-1-1

(1)新鲜岩石描述:新鲜面颜色为_____。结构、构造:_____。
(2)岩石坚硬程度:_____。地质锤敲击的声音:_____。

· 2 ·

（3）风化岩石描述:风化表面颜色为＿＿＿＿＿＿＿＿＿。风化状态:＿＿＿＿＿＿＿＿＿。

（4）岩石的风化程度为＿＿＿＿＿＿＿＿＿;判断依据:＿＿＿＿＿＿＿＿＿。

（5）岩石判别:＿＿＿＿＿＿＿＿＿＿＿＿＿＿＿＿＿＿＿＿＿＿＿＿＿＿＿＿＿＿＿＿。

注:本岩石滴稀盐酸几乎不起泡,但岩石研成粉末滴稀盐酸起泡

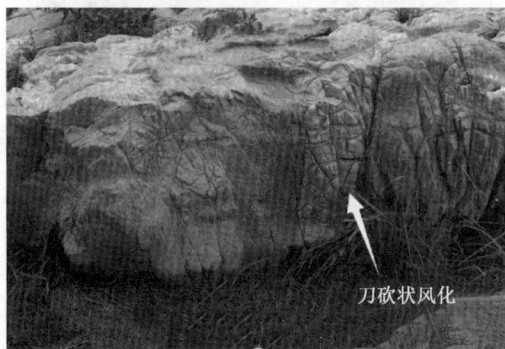

图 1-1-3 野外出露的岩石

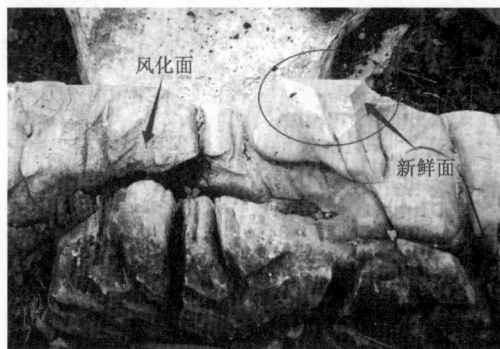

图 1-1-4 敲击岩石观察岩石新鲜面

图 1-1-3

图 1-1-4

3.任务评价

评分标准: 每小题20分,共100分。
评分＿＿＿＿＿＿

任务2 岩石（矿物）的野外调查与判别

一、岩石（矿物）野外调查工具

岩石（矿物）野外调查工具有地质锤、地质罗盘、放大镜、稀盐酸、条痕板等,如图 1-1-5 ~ 图 1-1-9 所示。

图 1-1-5 地质锤

图 1-1-6 地质罗盘

图 1-1-7 放大镜

图 1-1-5 ~
图 1-1-9

图 1-1-8 稀盐酸

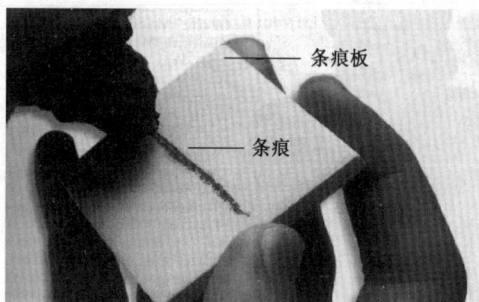

图 1-1-9 条痕板

二、判别岩石(矿物)的方法及步骤

1. 判别方法

（1）矿物

①颜色:观察矿物的颜色,注意区分矿物的自色、他色、假色。

②硬度:利用指甲(硬度 2 ~ 2.5)、小刀(硬度 5 ~ 5.5)、瓷器碎片(硬度 6 ~ 6.5)、石英(硬度 7)等刻划矿物来进行矿物硬度的粗略测定。

③条痕:利用条痕板刻划矿物后观察条痕颜色。

④解理或断口:利用地质锤敲击矿物后观察解理或断口。

⑤在自然光下观察矿物的光泽、透明度等性质。

（2）岩石

①颜色:观察岩石风化面和新鲜面的颜色,并分别描述和记录。

②结构和构造:根据各方面所观察到的内容进行综合考虑,给出岩石的初步定名(三大岩石都有自己独有的构造特征,由此首先确定是哪一类岩石)。

2. 判别步骤

（1）观察岩石(矿物)

将观察到的岩石(矿物)特征进行逐项描述、记录。

（2）判别岩石(矿物)类别

必要时向矿物或岩石滴稀盐酸,确定是否为碳酸盐类矿物或岩石。

（3）确定岩石(矿物)名称

将所确定的矿物或岩石名称、特征与所学过的同类岩石相比较,再重新观察、分析、补充,同时修改初步的定名和描述内容,进而获得比较准确和全面的矿物或岩石名称和描述。

三、技能训练

1. 任务描述

在教师的带领下,利用以上工具和所学的知识,开展室外(学校周边)矿物或岩石识别。分组完成任务单 1-1-2。如学校无室外实训环境,可用后面提供的资料模拟完成。

2.任务实施

岩石(矿物)判断　　　　　　　　　　　　　　　　任务单 1-1-2

1. 岩石表面颜色为 _____ ;岩石新鲜面颜色为 _____ 。

岩石结构:_____ 。岩石构造:_____ 。

2. 岩石主要矿物:_____ 。

3. 滴稀盐酸 _____ 起泡,地质锤敲击声音:_____ 。

4. 矿物颜色为 _____ ;矿物硬度:_____ ;

矿物光泽:_____ 。矿物解理(断口):_____ ;

矿物透明度:_____ 。

5. 结论:_____ 岩石或 _____ 矿物

3.任务评价

评分标准:

第1、3、4小题每空6分,共66分;第2小题10分;第5小题每空12分,共24分,总分100分。

评分 _____

资料: 图 1-1-10、图 1-1-11 是公路工程地质勘察中野外调查拍摄的岩石照片。

岩石调查记录情况:该岩石新鲜面呈紫红色,黏土结构,块状构造,具有层理,固结不紧密、不牢固,强度较低,遇水易软化。风化岩石锤击声哑,无回弹,有较深凹痕。

图 1-1-10　自然出露的岩石

图 1-1-11　地质锤敲开后的岩石新鲜面

图 1-1-10　　　　图 1-1-11

任务3 吸水性试验(T 0205—2024)

一、试验方法

1.执行标准

遵循《公路工程岩石试验规程》(JTG 3431—2024)。

2.目的和适用范围

(1)岩石的吸水性用吸水率和饱和吸水率表示。岩石的吸水率和饱和吸水率能有效反映岩石微裂隙的发育程度,可用来判断岩石的抗冻和抗风化等性能。

(2)岩石吸水率采用自由吸水法测定,饱和吸水率采用煮沸法或真空抽气法测定。

(3)本试验适用于不干缩湿胀和遇水不崩解、不溶解的岩石。

3.仪器设备

仪器设备及要求详见表1-1-1,仪器设备如图1-1-12所示。

吸水性试验仪器设备及要求 表1-1-1

设备	仪器要求
岩石试件加工设备	切石机、钻石机、磨石机等
天平	分度值0.01g
烘箱	能使温度控制在105~110℃
干燥器	内装氯化钙或硅胶等干燥剂
真空抽气设备	抽气
其他	煮沸水槽、水中称量装置、煮沸设备

切石机　　　　　　钻石机　　　　　　磨石机　　　　　　天平

烘箱　　　　　　干燥器　　　　　　真空抽气设备

图 1-1-12

煮沸水槽

水中称量装置

煮沸设备

图 1-1-12　吸水性试验仪器设备

4. 试件制备

(1)规则试件:试件尺寸应符合规程 T 0221 中 3.1 的规定。

(2)不规则试件宜采用边长或直径为 40~60mm 的浑圆形岩块或近似立方体。

(3)每组试件至少 3 个。

(4)试件描述应符合规程中 3.3 的规定。

图 1-1-12

5. 试验步骤

吸水性试验步骤详见表 1-1-2。

吸水性试验步骤　　　　　　　　　　表 1-1-2

试验步骤	试验方法
第一步	将试件放入温度为 105~110℃ 的烘箱内烘干至恒量,烘干时间宜大于 24h,取出置于干燥器内冷却至室温,称其质量 m_d,称量准确至 0.01g
第二步	将称量后的试件置于盛水容器内,先注水至试件高度的 1/4 处,以后每隔 2h 分别注水至试件高度的 1/2 和 3/4 处,6h 后将水加至高出试件顶面 20mm 处,以利试件内空气逸出。试件全部被水淹没后再自由吸水 48h,并应保证浸水过程中水面始终高于试件顶面
第三步	取出浸水试件,用拧干的湿纱布擦去试件表面水分,立即称其质量 m_1,称量精度至 0.01g
第四步	试件强制饱和,可采用煮沸法和真空抽气法,其操作应符合规程 T 0204 中 4.4 的规定
第五步	将经过煮沸或真空抽气饱和的试件,置于水中称量装置上,在水中称其质量 m_2,称量精度至 0.01g

6. 结果整理

(1)用式(1-1-1)、式(1-1-2)分别计算吸水率、饱和吸水率,计算结果精确至 0.01%:

$$w_a = \frac{m_1 - m_d}{m_d} \times 100\%　　　　　　　(1-1-1)$$

$$w_{sa} = \frac{m_2 - m_d}{m_d} \times 100\%　　　　　　(1-1-2)$$

式中:w_a——岩石吸水率,%;

w_{sa}——岩石饱和吸水率,%;

m_d——烘干至恒量时的试件质量,g;

m_1——吸水 48h 时的试件质量,g;

m_2——试件经强制饱和后的质量,g。

（2）用式(1-1-3)计算饱水系数，计算结果精确至0.01：

$$K_{\mathrm{w}} = \frac{w_{\mathrm{a}}}{w_{\mathrm{sa}}}$$

$(1\text{-}1\text{-}3)$

式中：K_{w}——饱水系数。

（3）取3个试件试验结果的平均值作为测定值，并同时列出每个试件的试验结果。

二、技能训练

1. 任务描述

在教师的指导下，开展模拟吸水性试验，并完成任务单1-1-3。

2. 任务实施

吸水性试验   任务单 1-1-3

项目名称			
工程名称			
取样地点		岩石名称	
试验编号		试件编号	
试件描述	包括试件制备		
试验记录	干试件质量/g		
	试件自由吸水48h时的质量/g		
	试件强制饱和后的质量/g		
试验结果	岩石吸水率/%		
	岩石饱和吸水率/%		

试验人员：   试验日期：   年   月   日

3. 任务评价

评分标准：
试件描述全面、正确得25分；试验记录和试验结果正确，每空15分，共75分，总分100分。

评分＿＿＿＿＿＿＿

任务4　单轴抗压强度试验(T 0221—2024)

一、试验方法

1. 执行标准

遵循《公路工程岩石试验规程》(JTG 3431—2024)。

2.目的和适用范围

(1)岩石单轴抗压强度试验是测定规则形状岩石在无侧限条件下,受轴向压力作用破坏时,单位面积上所承受的最大载荷,主要用于岩石的强度分级和岩性描述。

(2)本试验适用于能制成规则试件的各类岩石。

3.仪器设备

(1)钻石机、切石机、磨石机等岩石试件加工设备。

(2)测量平台。

(3)直角尺、放大镜等试件检查设备。

(4)游标卡尺:量程200mm,分度值0.02mm,如图1-1-13所示。

(5)材料试验机:示值误差不超过±1%,如图1-1-14所示。

(6)烘箱、干燥器和饱和设备等。

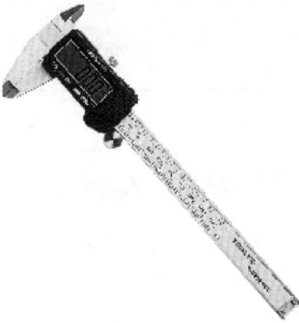

图1-1-13 游标卡尺   图1-1-14 材料试验机   图1-1-13、图1-1-14

4.试件制备

(1)试件可用岩心或岩块加工制成。在采取、运输岩样或制备试件时应避免产生人为裂隙。对于各向异性的岩石,应按要求的方向制备试件;对于干缩湿胀和遇水崩解的岩石,应采用特殊方法制备试件。试件尺寸详见表1-1-3。

岩石单轴抗压强度试件尺寸   表1-1-3

用途	试件标准	试件尺寸
岩石试验	圆柱体试件	直径为50mm±2mm,高度与直径之比值为2.0
砌体工程用的石料试验	立方体试件	边长为70mm±2mm
混凝土集料试验	圆柱体或立方体试件	边长或直径为50mm±2mm

(2)当单独测定单轴抗压强度时,不同状态下的每组试件为6个;当测定软化系数时,烘干状态和饱和状态下的试件个数分别为3个。

5.试验步骤

岩石单轴抗压强度试验步骤详见表1-1-4。

试验步骤	试验方法
第一步	用游标卡尺量取试件尺寸,测量准确至 0.1mm; 对立方体试件在顶面和底面各量取其边长,以各个面上相互平行的两个边长的算术平均值计算其承压面积; 对圆柱体试件在顶面和底面分别测量两个相互正交的直径,并以其各自的算术平均值分别计算底面和顶面的面积,取其顶面和底面面积的算术平均值作为计算抗压强度所用的截面面积 A
第二步	按岩石强度性质,选定合适的材料试验机; 将试件置于材料试验机的承压板中心,对正上、下承压板,不得偏心,承压板边长不大于 2 倍试件边长,垫板面积等于或略小于承压板,厚度为 2~3cm
第三步	开动材料试验机,使试件端面与上、下承压极接触均匀密合,然后在试件周围挂上铁丝网或有机玻璃防护罩
第四步	以 0.5~1.0MPa/s 的速率进行加载,直至试件破坏,记录破坏载荷 P 及加载过程中出现的现象。对于软质岩应适当降低加载速率
第五步	试验结束后,应描述试件的破坏形态

6. 结果整理

(1)标准试件的岩石单轴抗压强度 R 按式(1-1-4)计算,岩石软化系数按式(1-1-5)计算:

$$R = \frac{P}{A} \tag{1-1-4}$$

式中:R——岩石的单轴抗压强度,MPa;

P——试件破坏时的极限载荷,N;

A——试件受压截面面积,mm^2。

$$K_p = \frac{R_c}{R_d} \tag{1-1-5}$$

式中:K_p——软化系数;

R_c——岩石饱和状态下的单轴抗压强度平均值,MPa;

R_d——岩石烘干状态下的单轴抗压强度平均值,MPa。

(2)单轴抗压强度试验结果取所有测定值的算术平均值作为试验结果,并取三位有效数字。有显著层理的岩石,分别说明其垂直与平行层理方向的试验结果及各向异性指标。

(3)软化系数的计算值精确至 0.01,每个状态的 3 个试件应平行测定,取算术平均值作为试验结果;3 个值中最大值与最小值之差不应超过平均值的 30%,否则,应另取第 4 个试件,并在 4 个试件中取最接近的 3 个值的平均值作为试验结果,同时在报告中将 4 个值全部列出。

二、技能训练

1. 任务描述

在教师的指导下,模拟开展单轴抗压强度试验(要求做两组平行测定),并完成任务单 1-1-4。

2.任务实施

单轴抗压强度试验   **任务单 1-1-4**

项目名称				
工程名称				
取样地点		取样深度		
岩石名称		试件尺寸		
试验编号		试件编号		
试件描述	包括试件制备、试件含水状态			
试验记录与结果	指标	试件1	试件2	平均值
试验记录	破坏时的极限载荷/N			
	受压截面面积/mm^2			
	岩石饱和状态下的单轴抗压强度/MPa			
	岩石烘干状态下的单轴抗压强度/MPa			
试验结果	岩石单轴抗压强度/MPa			
	岩石软化系数			

试验人员：   试验日期：   年   月   日

3.任务评价

【知识测评】

项目1 地质作用与岩性认知

以下资料是某高速公路"×××隧道工程地质勘察报告"中关于"地层岩性"的描述。在教师的指导下,理解节选内容讲述的知识,并完成测评。

2.4 地层岩性

经工程地质测绘及钻探揭露,隧址区出露和揭露地层为耕植土(Q_4^{pd}),第四系松散堆积层(Q)及侏罗系上统遂宁组(J_3s)及中统上沙溪庙组(J_2s)地层,隧道 ZK2 岩心如图 1-1-15 所示,现由老至新分述如下:

1.侏罗系中统上沙溪庙组(J_2s):主要由紫红、棕红色砂岩、泥岩组成,出露于隧址区进口及洞身段陡斜坡地带。

(1)砂岩:紫红色,砂质结构,钙、泥质胶结,中厚层~厚层状构造,主要由长石、石英、云母等矿物组成,呈弱风化。

(2)泥岩:紫红色,泥质结构,中厚层~厚层状构造,矿物成分以黏土矿物为主,呈强风化~弱风化。

2.侏罗系上统遂宁组(J_3s):主要由紫红、棕红色砂岩、泥岩组成,出露于隧址区出口陡斜坡地带。

(1)砂岩:紫红色,砂质结构,钙、泥质胶结,中厚层~厚层状构造,主要由长石、石英、云母等矿物组成,呈弱风化。

(2)泥岩:紫红色,泥质结构,中厚层~厚层状构造,矿物成分以黏土矿物为主,呈强风化~弱风化。

图 1-1-15

图 1-1-15   隧道 ZK2 岩心

1. 结合本项目所学的知识,归纳出涉及本项目的知识内容。(20 分)

示例:知识点 ___地质年代单位___ 怎么描述的? 侏罗系中统上沙溪庙组(J_2s)_____

(1)知识点_____怎么描述的? _____

(2)知识点_____怎么描述的? _____

(3)知识点_____怎么描述的? _____

(4)知识点_____怎么描述的? _____

2. 以上岩石属于岩浆岩、沉积岩还是变质岩? (20 分)

岩石名称_____属于_____,原因是_____

岩石名称_____属于_____,原因是_____

3. 说说以上岩石的特性。(20 分)

示例:岩石 ___紫红色泥岩___ 特性:由于泥岩的矿物成分以黏土矿物为主,易风化,吸水易软化,脱水后易变形

岩石_____特性:_____

4. 以上岩石有没有风化? 请判断风化程度并说明理由。(20 分)

_____

_____

5. 根据以上资料,请将地层按从地面往下的顺序排列出来。(20 分)

_____

_____

评分_____

项目2 地层与地质构造认知

任务1 判断地层的接触关系

一、地层接触关系

地层接触关系是地壳运动最明显、最综合的表现,研究地层接触关系,可帮助我们了解地质历史中的岩浆活动、构造运动、沉积作用等对地壳的影响。不同的地层接触关系有各自的地质意义。

(1)整合接触。

整合接触是指相邻新老地层产状一致,岩石性质与生物演化连续且递变,表明该地区在沉积期,构造运动处于持续下降或持续上升的状态,没有发生显著的升降运动。这种接触关系反映了地壳的稳定状态,是研究构造运动的基准。

(2)平行不整合接触(假整合接触)。

平行不整合接触又称为假整合接触,是指相邻新老地层产状一致,分界面是沉积作用的间断面(也称为剥蚀面),表明该地区较老地层形成后,地壳均衡上升,地层遭受剥蚀,形成剥蚀面;然后地壳均衡下降,在剥蚀面上重新接受沉积,形成上覆较新地层。这种接触关系在剥蚀面可见缺失某些时代沉积物或地层。

(3)角度不整合接触(不整合接触)。

角度不整合接触又称为不整合接触,是指相邻的新老地层产状不一致,其间有剥蚀面相分隔,表明该地区较老地层形成后,受强烈的构造作用而褶皱隆起,并遭受剥蚀形成剥蚀面;然后地壳下降,在剥蚀面上重新接受沉积,形成上覆的较新地层。这种接触关系可见上、下两套地层的接触不平行,总的变化较为复杂。

地层接触关系如图 1-2-1 所示。

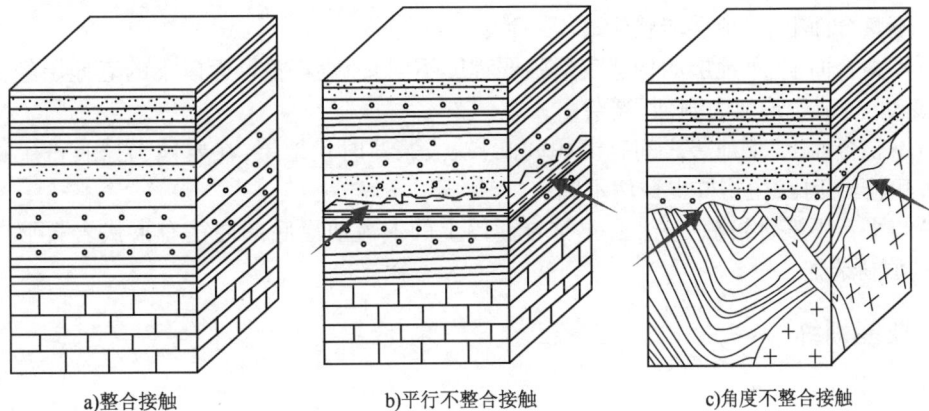

a)整合接触   b)平行不整合接触   c)角度不整合接触

图 1-2-1 地层接触关系示意图

二、地层接触关系特征

地层接触关系特征如图 1-2-2 所示。

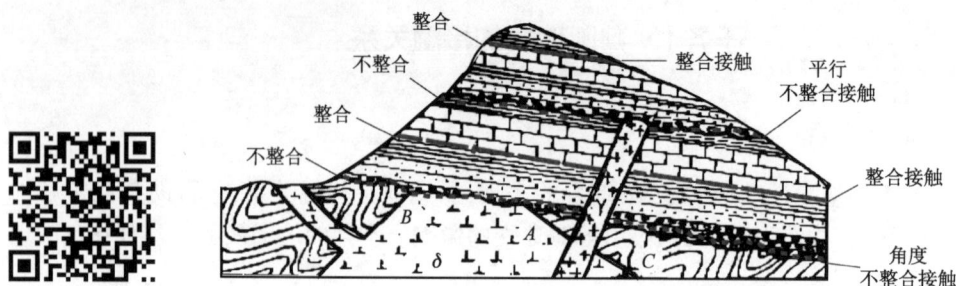

图 1-2-2

图 1-2-2　地层接触关系特征

1. 整合接触特征

（1）岩层层面相互平行排列；

（2）上、下岩层的时代是连续的；

（3）在海相沉积中，上、下岩层的岩性往往是递变的。

【例】华北地区的寒武系、奥陶系地层，均为以灰岩为主的连续沉积，两者间为整合接触。

2. 平行不整合（假整合）接触特征

（1）不整合面上、下地层的产状，在大范围内相互平行排列；

（2）缺失部分地层有两种情况，一是缺失地层原本未沉积，二是沉积地层经地壳上升被剥蚀掉而发生缺失；

（3）不整合面上、下地层之间有古生物间断；

（4）在不整合面之上地层的底部常存在由下部老地层成分组成的底砾岩；

（5）在起伏不平的风化壳上，往往有特殊的风化残余矿产。

【例】我国华北地区奥陶系与上石炭统之间是一个典型的假整合接触关系。

3. 角度不整合接触特征

（1）不整合面上、下地层产状明显不一致；

（2）不整合面上、下地层的构造变形强弱程度不同，一般不整合面以下的老地层经受过多次构造变动，构造变形较为剧烈、复杂；

（3）不整合面上、下地层之间有沉积间断，缺失某些时代地层，在岩性、岩相、古生物种属方面，都有显著变比，生物群也截然不同。

（4）与平行不整合接触一样，在不整合面以上的上覆地层底部往往有下伏岩石形成的砾石组成的底砾岩。

三、技能训练

1. 任务描述

根据图 1-2-3 中的某地地质图和图 1-2-4 中的象限图，确定地层接触关系，并完成任务单 1-2-1。

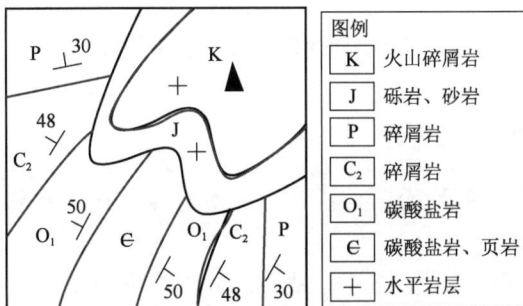

图 1-2-3　某地地质图

图例

K	火山碎屑岩
J	砾岩、砂岩
P	碎屑岩
C_2	碎屑岩
O_1	碳酸盐岩
$\in$	碳酸盐岩、页岩
+	水平岩层

图 1-2-3

2. 案例分析

根据图 1-2-3，P(二叠纪)与 C_2(早石炭纪)地层之间是角度不整合接触关系。这是因为 P 与 C_2 地层都是碎屑岩。但 P 与 C_2 间缺失 C_1(晚石炭纪)地层，说明 P 与 C_2 地层之间有沉积间断；同时根据图 1-2-4 可知，P 地层倾向为 WN(西北向)、倾角 30°；C_2 地层倾向为 SW(南西向)、倾角 48°，说明 P 与 C_2 地层产状(倾向和倾角)明显不一致，因此，P 与 C_2 地层之间是角度不整合接触关系。

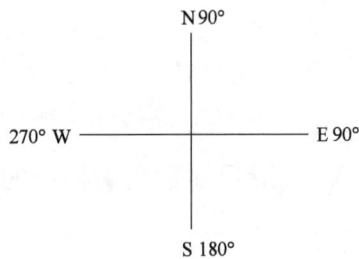

图 1-2-4　象限图

3. 任务实施

判断地层接触关系　　　　　　　　　　　　任务单 1-2-1

(1)O_1 与 C_2 之间是＿＿＿＿＿接触关系，原因是＿＿＿＿＿＿＿＿＿＿

＿＿＿＿＿＿＿＿＿＿＿＿＿＿＿＿＿＿＿＿＿＿＿＿＿＿＿＿＿＿＿＿＿＿

＿＿＿＿＿＿＿＿＿＿＿＿＿＿＿＿＿＿＿＿＿＿＿＿＿＿＿＿＿＿＿＿＿。

(2)O_1 与 $\in$ 之间是＿＿＿＿＿接触关系，原因是＿＿＿＿＿＿＿＿＿＿

＿＿＿＿＿＿＿＿＿＿＿＿＿＿＿＿＿＿＿＿＿＿＿＿＿＿＿＿＿＿＿＿＿＿

＿＿＿＿＿＿＿＿＿＿＿＿＿＿＿＿＿＿＿＿＿＿＿＿＿＿＿＿＿＿＿＿＿。

(3)J 与 K 之间是＿＿＿＿＿接触关系，原因是＿＿＿＿＿＿＿＿＿＿

＿＿＿＿＿＿＿＿＿＿＿＿＿＿＿＿＿＿＿＿＿＿＿＿＿＿＿＿＿＿＿＿＿＿

＿＿＿＿＿＿＿＿＿＿＿＿＿＿＿＿＿＿＿＿＿＿＿＿＿＿＿＿＿＿＿＿＿＿

＿＿＿＿＿＿＿＿＿＿＿＿＿＿＿＿＿＿＿＿＿＿＿＿＿＿＿＿＿＿＿＿＿＿

4. 任务评价

评分标准：

第(1)、(2)小题各 30 分，第(3)小题 40 分，总分 100 分。

评分＿＿＿＿＿＿＿

任务2 隧道通过褶皱构造的选址方案

一、褶皱构造的野外调查方法

褶皱构造是地质构造的重要组成部分,几乎在所有由沉积岩及部分变质岩构成的山地都会存在不同规模的褶皱构造。

对于小型褶皱构造,其构造形态在一个地质剖面上就可以窥见一个侧面的全貌,即可以明显分辨出褶皱构造;而大型褶皱构造的长度和宽度往往可达数千米到数万米,因此野外调查步骤如下:

第一步:查找该地区现成的地质图件进行分析。

第二步:根据该地区已出露的岩层,调查其岩性,并了解岩层的顺序。

第三步:对出露的岩层测定其岩层产状后进行分析和判断。

二、隧道通过褶皱构造的选址方案确定

隧道通过褶皱构造的选址方案根据褶皱构造的工程性质评价进行确定:

①褶皱核部的岩层由于受水平挤压作用,产生许多裂隙,直接影响岩体的完整性;

②褶皱的翼部不同于核部,在褶皱翼部布置建筑工程时,如果开挖边坡的走向近于平行岩层走向,且边坡倾向与岩层倾向一致,边坡坡角大于岩层倾角,则容易造成顺层滑动现象;

③对于隧道等深埋地下的工程,从褶皱的翼部通过一般是比较有利的。

三、技能训练

1. 任务描述

根据褶皱构造特性开展工程建设隧道选址工作。

某高速公路路线设计隧道拟通过褶皱山(图1-2-5),隧道拟通过褶皱构造有三种布置方案:①褶皱背斜核部通过;②褶皱翼部通过;③褶皱向斜核部通过,这三种方案如图1-2-6所示。

图1-2-5

图1-2-5 隧道拟通过的褶皱山

图1-2-6 隧道布置方案

现场勘探情况如下:图1-2-7为拍摄的褶皱山现场图片,公路将采用隧道方式通过此褶皱山。该褶皱区域覆盖层厚,植被茂密,岩性主要为石灰岩。图1-2-8是褶皱背斜核部,岩石破碎;图1-2-9是褶皱向斜核部,岩体裂隙发育。请结合地质资料并选取隧道通过该褶皱的最合适方案,并完成任务单1-2-2。

图1-2-7 褶皱山

图1-2-8 褶皱背斜核部

图1-2-9 褶皱向斜核部

图1-2-7

图1-2-8

图1-2-9

2.任务实施

隧道选址调查 任务单1-2-2

1.隧道拟通过褶皱最合适的方案为_____。

2.原因分析

方案1 _____

_____。

方案2 _____

_____。

方案3 _____

_____

3.任务评价

任务3 公路路线布设方案

一、断层对工程选址的影响

当公路路线与断层走向平行，路基靠近断层破碎带时，开挖路基容易引起边坡发生大规模坍塌，直接影响公路的正常使用。在公路工程建设中，应尽量避开大的断层破碎带。

对于在断层发育地带修建隧道的工程来说，由于岩层的整体性遭到破坏，加之地面水或地下水的侵入，其强度低、稳定性差，容易发生洞顶塌落事故，影响施工安全。

二、节理(裂隙)的工程地质评价

(1)节理(裂隙)破坏了岩体的完整性，使岩体的稳定性降低；
(2)节理(裂隙)为大气和水进入岩体内部提供了通道，加速了岩石的风化和破坏；
(3)节理(裂隙)会降低岩石的承载能力；
(4)节理(裂隙)常造成边坡的坍塌和滑动以及地下洞室围岩的冒落。

三、技能训练

1.任务描述

根据断裂构造特性，开展工程建设路线布设工作。图1-2-10是某高速公路路线拟通过的断裂构造区域，有以下两种布设方案：

路线1：从构造裂隙发育的一侧通过，但边坡中结构面倾向坡内，岩性为石灰岩。

路线2：从断层一侧通过，并且岩层夹有软弱层(页岩)，岩性为砂岩、砾岩夹页岩。

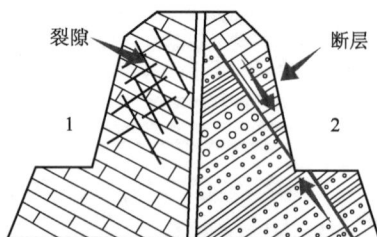

图1-2-10

图1-2-10 路线布设方案示意图

请根据学习内容并查阅相关资料，判断公路是否能从路线1或路线2通过，并完成任务单1-2-3。

2. 任务实施

公路路线布设方案　　　　　　　　　　　　　　　任务单1-2-3

1.公路可以从路线1通过吗? ＿＿＿＿＿＿＿＿＿＿＿＿＿＿＿＿＿＿＿＿＿＿＿＿   原因分析:＿＿＿＿＿＿＿＿＿＿＿＿＿＿＿＿＿＿＿＿＿＿＿＿＿＿＿＿＿＿＿＿＿   ＿＿＿＿＿＿＿＿＿＿＿＿＿＿＿＿＿＿＿＿＿＿＿＿＿＿＿＿＿＿＿＿＿＿＿＿＿＿   ＿＿＿＿＿＿＿＿＿＿＿＿＿＿＿＿＿＿＿＿＿＿＿＿＿＿＿＿＿＿＿＿＿＿＿＿＿。   2.公路可以从路线2通过吗? ＿＿＿＿＿＿＿＿＿＿＿＿＿＿＿＿＿＿＿＿＿＿＿＿   原因分析:＿＿＿＿＿＿＿＿＿＿＿＿＿＿＿＿＿＿＿＿＿＿＿＿＿＿＿＿＿＿＿＿＿   ＿＿＿＿＿＿＿＿＿＿＿＿＿＿＿＿＿＿＿＿＿＿＿＿＿＿＿＿＿＿＿＿＿＿＿＿＿＿   ＿＿＿＿＿＿＿＿＿＿＿＿＿＿＿＿＿＿＿＿＿＿＿＿＿＿＿＿＿＿＿＿＿＿＿＿＿＿

3. 任务评价

评分标准: 以上任务实施,每题50分;错误或没有完成不给分,总分100分。   　　　　　　　　　　　　　　　　　　　　　　　　　评分＿＿＿＿＿＿＿

【知识测评】

项目2　地层与地质构造认知

以下资料是某高速公路"×××隧道工程地质勘察报告"中关于"地质构造"的描述。在教师的指导下,理解节选内容讲述的知识,并完成测评。

2.5 地质构造   　×××隧道地质构造属大林场背斜南东翼,岩层产状132°~166°、∠8°~23°,岩层产状总体较为平缓,受构造和地层结构影响,区内基岩节理裂隙主要为砂岩中的构造裂隙以及沿层面发育的节理。风化裂隙多不规则,密度较大,呈网格状;构造节理裂隙主要发育二组节理,产状分别为308°∠80°,26°∠67°,裂隙较发育,倾角较陡,裂隙面多平直,裂缝一般宽0.1~2.5cm,大者可达20cm以上,间距1.2~3m,延伸长度一般为0.5~5m不等,大者可达15m以上,贯通性和差异性较大,多呈闭合~微张状态,结合程度差~一般,多为泥质充填,少量岩屑充填。

1.结合本项目所学的知识,归纳出本项目涉及哪些地质构造现象。(每空5分,共20分)   (1)地质构造＿＿＿＿＿＿＿是怎么描述的? ＿＿＿＿＿＿＿＿＿＿＿＿＿＿＿＿＿。   (2)地质构造＿＿＿＿＿＿＿是怎么描述的? ＿＿＿＿＿＿＿＿＿＿＿＿＿＿＿＿＿。   　2.归纳总结隧道通过地方的地质情况。(50分)   岩性情况:＿＿＿＿＿＿＿＿＿＿。岩石风化情况:＿＿＿＿＿＿＿＿＿＿＿＿＿＿＿;   地质构造情况:＿＿＿＿＿＿＿＿＿＿＿＿＿＿＿＿＿＿＿＿＿＿＿＿＿＿＿＿＿＿＿   ＿＿＿＿＿＿＿＿＿＿＿＿＿＿＿＿＿＿＿＿＿＿＿＿＿＿＿＿＿＿＿＿＿＿＿＿＿。

3. 以上两次对产状的表述有什么不同？（30 分）

（1）岩层产状 132°~166°、∠8°~23° _____

_____。

（2）产状分别为 308°∠80°、26°∠67° _____

_____

评分 _____

项目3　第四纪沉积物与特殊性岩土认知

任务1　土的分类标准

一、分类标准（规范）

土的工程分类标准（规范）主要有国家分类标准（规范）和行业分类标准（规范）。

（1）国家分类标准（规范）：《土的工程分类标准》（GB/T 50145—2007）、《岩土工程勘察规范（2009 年版）》（GB 50021—2001）等；

（2）行业（交通）分类标准（规范）：《公路桥涵地基与基础设计规范》（JTG 3363—2019）、《公路工程地质勘察规范》（JTG C20—2011）等。

本任务重点学习《公路工程地质勘察规范》（JTG C20—2011）中土的分类标准。

二、技能训练

1. 任务描述

通过查阅资料、小组讨论等形式完成任务单 1-3-1。

2. 任务实施

土的分类标准　　　　　　　　　　　　　　　　　　　任务单 1-3-1

1. 国家标准（规范）与行业标准（规范）有什么不同？它们之间是什么关系？

2.《土的工程分类标准》(GB/T 50145—2007)中将工程土分为哪几类?

3.《岩土工程勘察规范(2009年版)》(GB 50021—2001)中将工程土分为哪几类?

4.《公路桥涵地基与基础设计规范》(JTG 3363—2019)中将工程土分为哪几类?

5.《公路工程地质勘察规范》(JTG C20—2011)中工程土的分类与其他标准(规范)有什么不同?

3.任务评价

评分标准:
每题20分,总分100分。

评分 _____

任务2　特殊性岩土

一、特殊性岩土分类

《公路工程地质勘察规范》(JTG C20—2011)适用于各级新建、改建公路的工程地质勘察。在公路工程地质勘察中,特殊性岩土包含黄土、冻土、膨胀性岩土、盐渍土、软土、花岗岩残积土、填土和红黏土。

二、技能训练

1. 任务描述

《道路工程地质(第3版)》中详细介绍了黄土、冻土、膨胀性岩土、盐渍土、软土和红黏土的性质,本技能任务是加深对花岗岩残积土、湿陷性土的认识。通过查阅资料以及小组讨论等形式完成任务单1-3-2。

2. 任务实施

特殊性岩土 任务单1-3-2

(1)根据《公路工程地质勘察规范》(JTG C20—2011),写出花岗岩残积土的定义和分类,以及选线规定	
定义和分类	选线规定

(2)湿陷性土与黄土有什么区别?体现在哪些方面?	
湿陷性土	黄土

3. 任务评价

评分标准:
每题50分,总分100分。

评分_____(可以小组互评)

项目 3　第四纪沉积物与特殊性岩土认知

以下资料是某国家重点公路"T2 段工程地质勘察报告(K45＋200～K89＋000)"中关于"地层岩性"的描述。

(二)地层岩性

本段内岩浆岩地段表层风化带较厚,基岩多被覆盖,沟谷有第四系坡洪积、冲洪积土层覆盖,下伏基岩有燕山期花岗岩、石英闪长岩,石炭系砂岩、泥岩等,白垩系砂岩、泥岩、砾岩,侏罗系砂岩、砾岩。现从新到老分述如下:

1. 人工填筑土(Q₄ᵐᵉ)

杂色,松散,成分为花岗岩、砂岩角砾及碎石夹土,为人工回填土及采石场弃土,一般厚 0～5m,Ⅲ级硬土。

2. 第四系冲、洪积层(Q₄ᵃˡ⁺ᵖˡ)

(1)黏土:红黄色、黄色,软塑～硬塑,一般含有砂、砾,一般厚 0～5m,属Ⅱ级普通土。

(2)淤泥:深灰色、灰黑色,软～流塑状,含有机质及腐木,厚 0～2m,零星及透镜状分布,属Ⅰ级松土。

(3)粉土:灰色、黄色等色,中密,稍湿、饱和,一般含有少量砂、砾,一般厚 0～5m,属Ⅱ级普通土。

(4)砂:黄色、灰色、灰黄色,松散～中密,稍湿～饱和,主要为细砂,含少量黏粒及粉粒,厚 0～3m,属Ⅰ级松土。

(5)黏土质砾:黄色、灰黄色,松散～中密,稍湿～饱和,厚 0～2m,属Ⅱ级普通土。

(6)碎石土:黄色、杂色,松散～密实,稍湿～饱和,成分复杂,厚 0～2m,属Ⅲ级硬土。

(7)卵石土:黄色、杂色,松散～中密,稍湿～饱和,成分复杂,磨圆度较好,厚 0～3m,属Ⅲ级硬土。

3. 第四系滑坡堆积(Q₄ᵈᵉˡ)

(1)粉土:红黄色、黄色,硬塑,局部软塑,一般含有砂、角砾,厚 1～3m,属Ⅱ级普通土。

(2)碎石土:黄色、杂色,松散,稍湿～潮湿,成分复杂,厚 1～5m,属Ⅲ级硬土。

4. 第四系崩、坡积层(Q₄ᵈˡ⁺ᶜ)

粉土:杂色,松散,稍湿,夹有黏性土及碎石、角砾,厚 1～2m,属Ⅱ级硬土。

5. 第四系坡、残积层(Q₄ᵈˡ⁺ᵉˡ)

(1)黏土:红黄色、暗红色、紫红色等色,软塑～硬塑,一般含有砂、砾,厚 0～5m,属Ⅱ级普通土。

(2)粉土:灰色、暗红色、紫红色等色,松散～中密,一般含有砂、砾,厚 0～5m,属Ⅱ级普通土。

(3)黏(粉)土质砂:黄色、红黄色等色,以中、粗砂为主,中密,稍湿～潮湿,厚 0～5m 局部较厚,属Ⅱ级普通土。

请用本任务所学的知识,完成勘察报告相关知识的测评。

1. 结合本项目所学的知识,归纳哪些知识内容属于本项目。(30 分)

示例:知识点　第四纪沉积物　是怎么描述的? 例如:第四系滑坡堆积物(Q₄ᵈᵉˡ)

(1)知识点＿＿＿＿＿＿　是怎么描述的? ＿＿＿＿＿＿＿＿＿＿＿＿＿＿＿＿＿＿＿＿＿

(2)知识点＿＿＿＿＿＿　是怎么描述的? ＿＿＿＿＿＿＿＿＿＿＿＿＿＿＿＿＿＿＿＿＿

(3)知识点＿＿＿＿＿＿　是怎么描述的? ＿＿＿＿＿＿＿＿＿＿＿＿＿＿＿＿＿＿＿＿＿

(4)知识点＿＿＿＿＿＿　是怎么描述的? ＿＿＿＿＿＿＿＿＿＿＿＿＿＿＿＿＿＿＿＿＿

(5)知识点＿＿＿＿＿＿　是怎么描述的? ＿＿＿＿＿＿＿＿＿＿＿＿＿＿＿＿＿＿＿＿＿

(6)知识点＿＿＿＿＿＿　是怎么描述的? ＿＿＿＿＿＿＿＿＿＿＿＿＿＿＿＿＿＿＿＿＿

2. 根据土、石工程分级标准，说说以上Ⅰ级、Ⅱ级、Ⅲ级土的特征。(40分)

Ⅰ级松土＿＿＿＿＿＿＿＿＿＿＿＿＿＿＿＿＿＿＿＿＿＿＿＿＿＿＿＿

Ⅱ级普通土＿＿＿＿＿＿＿＿＿＿＿＿＿＿＿＿＿＿＿＿＿＿＿＿＿＿＿

Ⅱ级硬土＿＿＿＿＿＿＿＿＿＿＿＿＿＿＿＿＿＿＿＿＿＿＿＿＿＿＿＿

Ⅲ级硬土＿＿＿＿＿＿＿＿＿＿＿＿＿＿＿＿＿＿＿＿＿＿＿＿＿＿＿＿

3. 以上描述涉及多少种类型的土？(30分)

示例:第四系坡积层黏土:红黄、暗红、紫红等色,软塑～硬塑,含砂、砾,厚0～5m

1. ＿＿＿＿＿:＿＿＿＿＿＿＿＿＿＿＿＿＿＿＿＿＿＿＿＿＿＿＿＿＿＿

＿＿＿＿＿＿＿＿＿＿＿＿＿＿＿＿＿＿＿＿＿＿＿＿＿＿＿＿＿＿＿＿＿

2. ＿＿＿＿＿:＿＿＿＿＿＿＿＿＿＿＿＿＿＿＿＿＿＿＿＿＿＿＿＿＿＿

＿＿＿＿＿＿＿＿＿＿＿＿＿＿＿＿＿＿＿＿＿＿＿＿＿＿＿＿＿＿＿＿＿

3. ＿＿＿＿＿:＿＿＿＿＿＿＿＿＿＿＿＿＿＿＿＿＿＿＿＿＿＿＿＿＿＿

＿＿＿＿＿＿＿＿＿＿＿＿＿＿＿＿＿＿＿＿＿＿＿＿＿＿＿＿＿＿＿＿＿

评分＿＿＿＿＿＿

模块1 工程地质条件认知

一、选择题(每空2分,共44分)

1. 属于新生代的是( )、( );属于中生代的是( )、( )、( );属于古生代的是( )、( )、( )、( )、( )、( )。
   a. 震旦纪　　　b. 石炭纪　　　c. 志留纪　　　d. 泥盆纪　　　e. 侏罗纪　　　f. 奥陶纪
   g. 三叠纪　　　h. 第四纪　　　i. 第三纪　　　j. 寒武纪　　　k. 二叠纪

2. 地质构造包含( )、( )、( )三大类。
   a. 倾斜构造　　b. 单斜构造　　c. 水平构造　　d. 直立构造　　e. 背斜
   f. 向斜　　　　g. 节理　　　　h. 断裂构造　　i. 褶皱构造　　j. 裂隙

3. 下列属于第四纪沉积物的是( )、( )、( )、( )、( )、( )、( )、( )。
   a. 残积物　　　b. 重力堆积物　c. 坡积物　　　d. 洪积物　　　e. 冲积物　　　f. 湖泊沉积物
   g. 沼泽沉积物　h. 海洋沉积物　i. 地下水沉积物　j. 冰川沉积物　k. 风成沉积物
   m. 生物沉积物　n. 人工堆积物

二、判断题(每题2分,共20分)

( )1. 地质时代单位实际就是年代地层单位。
( )2. 内力地质作用实质就是地壳运动。

(）3.地质构造是地壳运动的产物。

(）4.寒武纪笔石、奥陶纪三叶虫、志留纪珠角石、侏罗纪恐龙都是标准化石。

(）5.岩层实际上就是地层。

(）6.第四纪时期内包含哺乳动物的兴盛和新构造运动。

(）7.洪积物是暴雨引发的山洪沉积在较平缓山坡上面形成的堆积物。

(）8.石英岩就是石英，大理石就是大理岩。

(）9.第四纪形成的沉积物一般不称为岩石，而是称为"堆积物""沉积物"或"沉积层"。

(）10.土实质上就是岩石的物理风化作用形成的产物。

三、拓展题(共36分)

1.玄武岩是铁路、道路工程建设最好的基石，为什么？请分析说明。(18分)

2.岩石的风化作用会对公路工程建设产生什么影响？怎样处理风化层？(18分)

评分＿＿＿＿＿＿

【目标评价】

模块1 工程地质条件认知

1. 素质目标评价				
序号	素养目标	素质评价指标	配分/分	换算得分/分
1	规范意识	通过本模块的学习，形成查阅相关国家、行业标准的意识	5	
2	安全意识	注重岩石的风化、第四纪沉积物、特殊性岩土对工程建设工程案例分析，具备安全意识	5	
		注重岩石风化的判别和岩层产状测定等		
3	劳动精神	具有不怕苦、不怕累、主动实训的劳动精神	5	
		养成主动参加小组讨论的习惯		
4	学习态度	具备通过网络、书籍等查阅道路工程地质条件相关资料的自主学习能力	5	
		按学习目标绘制思维导图		
总分			20	

2. 知识目标评价			
序号	知识测评	配分/分	换算得分/分
1	【知识测评】(任务 1 地质作用与岩性认知)得分_____	8	
2	【知识测评】(任务 2 地层与地质构造认知)得分_____	8	
3	【知识测评】(任务 3 第四纪沉积物与特殊性岩土认知)得分_____	8	
4	【知识测评】(项目 1 工程地质条件认知)得分_____	10	
总分		34	
3. 技能目标评价			
序号	技能点	任务单	配分/分	换算得分/分

序号	技能点	任务单	配分/分	换算得分/分
1	岩石风化情况调查	任务单 1-1-1 得分_____	5	
2	岩石(矿物)判断	任务单 1-1-2 得分_____	5	
3	吸水性试验	任务单 1-1-3 得分_____	5	
4	单轴抗压强度试验	任务单 1-1-4 得分_____	5	
5	判断地层接触关系	任务单 1-2-1 得分_____	5	
6	隧道选址调查	任务单 1-2-2 得分_____	5	
7	公路路线布设方案	任务单 1-2-3 得分_____	6	
8	土的分类标准	任务单 1-3-1 得分_____	5	
9	特殊性岩土	任务单 1-3-2 得分_____	5	
总分			46	

注:换算得分需根据实际得分和配分进行计算。例如,某一任务单得分为 90 分,配分为 5 分,则换算得分为:90 分 × 5% = 4.5 分。

目标总体评价

总结与反思
素质目标达标分析_____
知识目标达标分析_____
技能目标达标分析_____
学习方法分析_____
教学方法分析_____

模块2 道路工程地质评价

项目1 道路工程地质环境评价与不良地质评价

任务1 公路边坡防护

一、公路边坡防护措施

截至2022年底,我国公路总里程达到535万km,10年增长112万km;高速公路通车里程达17.7万km,稳居世界第一。

随着公路等级的提高和高速公路里程的增加,我国公路建设的理念发生了很大改变。践行绿色公路理念,全面贯彻"六个坚持、六个树立"的公路建设理念,注重公路与环境、社会多系统的统筹协调,注重资源节约、环境友好等,并在公路设计、施工方面尽量适应地形变化,尽量采取必要措施,减少对自然地貌的破坏,防止水土流失和环境污染。因此,公路建设中采用的边坡防护形式越来越多,包括浆砌片石护坡、拱形骨架护坡、挂网喷射混凝土护坡、挂网喷播生态护坡以及挡墙、护栏、钢索网、防护网等。

依据边坡的岩土性质,可将边坡防护形式分为土质边坡、岩质边坡与岩土混合边坡三种,若边坡防护的形式选择不合理或者实施不到位,则建设成本可能会大幅增加且建设场地水土会严重流失,破坏当地的生态环境,因此,选择合适的边坡防护措施对减少水土流失具有重要的意义。

二、技能训练

1. 任务描述

通过查阅资料和小组讨论完成任务单2-1-1。

2. 任务实施

公路边坡防护措施   任务单2-1-1

以下是为防止公路边坡失稳采取的防护措施,请说说它们的作用和适用范围。 1. 网格护坡 网格护坡(图2-1-1)是利用钢筋混凝土格构框架将边坡表面分割成一个个小格,其作用是＿＿＿＿＿＿＿＿＿＿。 在格构框架的内部种上植物,其作用是＿＿＿＿＿＿＿＿＿＿＿＿＿＿＿＿＿＿； 网格护坡适用于＿＿＿＿＿＿＿＿＿＿＿＿＿＿＿＿＿＿＿＿＿＿＿＿＿。

图 2-1-1

图 2-1-1　网格护坡

2. 硬质边坡挂网喷浆

挂网喷浆(图 2-1-2)是在岩石边坡上喷射水泥、砂和其他黏结剂混合物(先在边坡上铺设钢丝网,然后喷浆),其作用是_____

_____

_____;

挂网喷浆适用于_____

_____

图 2-1-2

图 2-1-2　硬质边坡挂网喷浆

3. 边坡锚杆支护

边坡锚杆支护(图 2-1-3)是一种以地质钻探、钢绞线以及锚杆桩为主体的加固措施,锚杆就同一根长长的钉子,在边坡表面斜向下打至坡内深处,其作用是_____

_____;

锚杆支护适用于_____

_____

图 2-1-3

锚杆

图 2-1-3　边坡锚杆支护

4. 边坡防护网支护

边坡防护网是一种在高速公路、铁路滑坡中使用的防护设备,分为主动防护网与被动防护网。

主动防护网支护(图 2-1-4)是以钢丝绳网为主的各类柔性网覆盖包裹在所需防护斜坡或岩石上,其作用是_____

_____;

边坡防护网支护适用于_____

_____

图 2-1-4

图 2-1-4　主动防护网支护

5. 排水

水是引起工程地质灾害的主要原因,理由如下:

(1)水可以使岩土体软化,且有润滑的作用,弱化其力学性质;

(2)水在岩土体内部会产生静水压力,对边坡产生侧向的推力;

(3)水在流动过程中存在动力(渗透力);

(4)水的浮力作用削弱了岩土体的自重,使其更容易在外力作用下失稳。

图 2-1-5 在坡面设置了_____排水系统,其作用是_____

图 2-1-6 在坡面设置了_____排水系统,其作用是_____

图 2-1-5　排水系统(一)

图 2-1-6　排水系统(二)

图 2-1-5

图 2-1-6

3. 任务评价

评分标准：
每题20分，总分100分。

评分_____

任务2　公路路基边坡病害

一、公路路基边坡病害类型

公路工程地质环境评价是一项综合性工作，旨在确保公路工程建设与地质环境相适应，同时预防和减少可能的地质灾害风险，保障工程的安全和可持续发展。

公路路基边坡常见病害有滑坡、塌落、落石、崩塌、堆塌、表层溜坍、错落、冲沟、坡面冲刷、坍塌、剥落和泥石流等。不同类型的病害破坏特征大相径庭。

1. 边坡崩塌

边坡崩塌是指大量的岩土从高的陡斜坡上，以垂直的、高速的方式向下崩落，一旦碰撞到地面，便发生翻滚、跳跃，完整岩体顿时破碎成碎石，呈堆状，堆落在边坡下部。

2. 边坡滑坡

边坡滑坡是指位于斜坡上的岩土，在重力作用下，出于种种原因坡体内一定部位的软弱带（或面）中应力状态发生改变，或因水和其他物理化学作用而强度降低，或因振动或其他作用而结构破坏，当应力大于自身强度时则产生剪切破坏，其上岩土失去稳定，从而导致岩土整体或分为几大块向前滑动。

3. 边坡错落

在突出（或具有带状平台）的坡体内，如果底部有一层由松软而破碎岩土组成的有一定厚度的，且向外缓倾或向山缓倾的软弱垫层，产生以软弱垫层压缩为主而微向临空移动的现象，则该现象被称为边坡错落。

4. 边坡坍塌

边坡坍塌是当边坡体的土质太软或挖土放坡系数太小，或地下有软弱土层，或有流砂产生，或护壁不足以支撑土的压力时，边坡体一定范围的岩土体沿一定的滑动面（带）在临空方向失稳而产生的向下或向外的滑移变形破坏现象。

对于高陡边坡病害，一旦发生，应立即处理。特别是高速公路建设，只要有挖方填方、切坡放坡，往往就会形成病害。

二、技能训练

1. 任务描述

通过本任务学习和理解，再通过查阅资料和小组讨论完成任务单2-1-2。

2. 任务实施

公路边坡病害判断

以下现象属于哪一类不良地质病害？判断依据是什么？

1. 图 2-1-7 的边坡是层状的地质体，且岩层面与倾斜方向一致，容易发生_____灾害。

判断依据：_____

_____

_____

图 2-1-7

图 2-1-7　边坡（一）

2. 图 2-1-8 属于_____灾害。

判断依据：_____

_____

_____

图 2-1-8

图 2-1-8　边坡（二）

3. 图 2-1-9 属于_____灾害。

判断依据：_____

_____

_____

图 2-1-9

图 2-1-9　边坡（三）

4. 图2-1-10 属于_____灾害。

判断依据:_____

_____

_____

图 2-1-10

图 2-1-10　边坡(四)

5. 图2-1-11 属于_____灾害。

判断依据:_____

_____

图 2-1-11

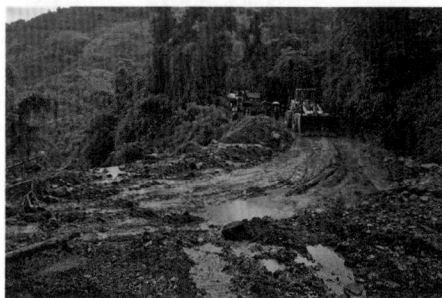

图 2-1-11　边坡(五)

3. 任务评价

评分标准:

每题20分,总分100分。

评分_____

【知识测评】

项目1　道路工程地质环境评价

以下资料是××××公路第三合同段《×××大桥施工图设计　工程地质勘察报告》关于"桥区岩溶发育特征分析"的描述。

3.6.3　桥区岩溶发育特征

1. 岩溶发育特征分析

东锚碇位于杨柳井组(T_2y)白云岩及白云质灰岩分布区,该地层属易溶岩组,但由于该岩组分布于深切河谷岸坡地带,河谷深切,受其影响岩层中地下水多处于疏干状态,即地下水活动不强烈,除早期形成的浅部岩溶形态外,近代溶蚀发育较弱。因此,勘察过程中运用各种勘察手段在该段均未发现较大规模的岩溶现象。

东索塔场地(图2-1-12)浅部为竹杆坡二段(T_2z^2)泥质灰岩(图2-1-13),该岩性在桥址区为弱可溶岩,岩溶发育较弱。下部的竹杆坡三段(T_2z^3)砂质灰岩为较弱可溶岩,其可溶性较泥质灰岩好。受构造影响,地层倒转,硬质岩体中节理(裂隙)发育,岩溶沿岩体的各种结构面发育。浅部岩溶受地下水影响,主要表现为竖向的岩溶洞隙。且洞隙中均有充填物,反映出该岩溶带中的溶洞主要为早期岩溶。

图 2-1-12　东索塔场地地形地貌

图 2-1-13　东索塔场出露的泥质灰岩

西索塔场地位于竹杆坡二段（T_2z^2）的泥质灰岩分布区，为弱可溶岩，岩体中地下水不丰富，同时，地表地形较陡，汇水条件较差，不利于地表水下渗，溶蚀作用弱，岩溶发育较弱。西锚碇场地位于竹杆坡一段（T_2z^1）的泥晶灰岩和杨柳井（T_2y）白云岩及白云质灰岩接触带附近，两套岩组均为易溶岩，溶蚀现象明显。该段为河谷岸坡，地形较陡，加之岩层倾角达 70° 以上，浅表由于卸荷作用，易沿层面形成拉张，从而使地表水经层面形成分散下渗，导致岩溶顺层发育强烈。勘察成果表明该地段岩溶具有以竖向发育为主，平面上规模较小的层间溶隙特征。

图 2-1-11

2. 岩溶发育的深度及其对场地稳定性的影响

桥址区岩溶发育及其受岩性及构造的控制，在西岸，由于岩溶发育深度较小，一般在地表以下 50m 以内，且岩溶以竖向发育为主，平面规模不大，对场地稳定性不会产生较大的不良影响，但在引桥区如基础埋深较小时，应注意浅层岩溶洞穴顶板的稳定性，将基础置于完整性和稳定性均较好的岩溶底板上。桥区地质勘察工作实拍图如图 2-1-14、图 2-1-15 所示。

图 2-1-12

图 2-1-14　地质调绘

图 2-1-15　钻探资料

图 2-1-13

图 2-1-14

在东岸锚碇区，岩溶发育较弱，对场地和地基的稳定性基本没有影响。东引桥区在泥晶灰岩段岩溶发育较强烈，发育深度也相对较大，对浅部地基的稳定性有一定的不良影响，但由于岩溶规模总体较小，且以单个岩溶形态为主，相互连通性较差，不会对场地稳定性产生危害。东索塔区，岩溶受构造影响，发育深度相对较大，个别溶洞竖向规模也较大，由于岩溶埋深较大，顶板较厚，不会产生较大规模的岩溶塌陷，岩溶现象对场地稳定性影响较小，但由于索塔荷载大，对地基强度要求高，浅部岩溶顶板在大荷载作用下可能会失稳，因此基础宜适当深埋。

请用本项目所学的知识，完成勘察报告相关知识的测评。

1. 结合本项目所学的知识，归纳大桥东岸、西岸两锚碇区的岩溶特征。(80分)

(1)东岸锚碇区岩溶特征：_____、_____、_____、

_____、_____、_____、

_____。

(3)西岸锚碇区岩溶特征：_____、_____、_____、

_____、_____、_____、

_____。

2. 分析大桥东岸、西岸两锚碇区的岩溶的稳定性。(20分)

东岸锚碇区岩溶的稳定性：_____

_____

西岸锚碇区岩溶的稳定性：_____

_____

总分 _____

项目2　道路工程稳定性评价

任务1　水和土的腐蚀性评价

水和土的腐蚀性评价是土木工程建设中不可或缺的一个环节，它关系到工程的安全性和耐久性。通过科学的评价和严格的施工管理，可以有效预防和减少水、土腐蚀导致的事故风险。例如，上海地铁4号线的施工事故。事故原因为施工单位采用冷冻法施工时制冷设备发生故障，未能及时采取有效措施排除险情，导致大量水和流砂涌入隧道工地，水和土的腐蚀，引起地面沉降和建筑物严重倾斜。

水和土腐蚀性评价是一个复杂的过程，涉及多个测试指标和采样策略，目的是准确评估建筑材料在不同环境条件下的耐久性，从而采取适当的保护措施，确保建筑物的长期安全和稳定。

根据《公路工程地质勘察规范》(JTG C20—2011)，对水、土的腐蚀性进行评价时，需要考虑环境类型和地层渗透性。评价过程包括取样、实验室测试和分析，根据测试结果，将腐蚀性分为微、弱、中、强四个等级。具体的腐蚀性等级取决于测试指标的含量范围，例如，硫酸盐和镁盐的含量、总矿化度等。

一、水和土的腐蚀性评价与评定

对工程场地及其附近的土或水进行腐蚀性评价时，首先应查实测值；然后根据评价标准，查规范值；最后进行综合评价。评价与评定详见《道路工程地质》(第3版)。

二、技能训练

1.任务描述

某公路工程4标段勘测设计工作,要求对路线的水和土的腐蚀性进行评价。

该段线路长度约为104.55km,沿线主要由第四系全新统和上更新统冲积、洪积、坡积、残积成因的角砾、砾砂等组成,详见表2-2-1。

沿线地区的地形地貌特征及地基岩土的工程特性   表2-2-1

主要地貌单元特征	岩土种类	地下水赋存特征	长度/km
山间凹地	角砾、砾砂、基岩	潜水、基岩裂隙水,埋深3~5m	16.15
丘陵	基岩	基岩裂隙水,埋深大于5m	11.51
			11.63
戈壁滩	角砾、砾砂、圆砾、基岩	潜水、基岩裂隙水,埋深大于10m	57.51
			7.75

全线取样孔间距3~5km,土样在垂直方向分布于自地表0.00~20.00m范围,采样间距0.5~1.5m不等,试验项目以易溶盐测定为主,本次取样场地土样本数量为183个。

2.任务实施

参考《道路工程地质》(第3版)主教材模块2项目2"任务4 水和土的腐蚀性评价"的"工程案例",对路线的水和土的腐蚀性进行评价,完成任务单2-2-1、任务单2-2-2、任务单2-2-3。

(1)场地环境类别确定

根据以上资料,按照《公路工程地质勘察规范》(JTG C20—2011)对场地环境类型的划分规定,先确定场地环境类别:在评价水的腐蚀性时按＿＿＿＿＿＿＿＿类考虑,评价土的腐蚀性时按＿＿＿＿＿＿＿＿类考虑。

(2)水和土的腐蚀性评价表

①地下水的腐蚀性评价。

地下水的腐蚀性评价(环境类别:＿＿＿类)   任务单2-2-1

腐蚀介质	实测值范围	评价对象	评价标准	腐蚀等级	综合评价
SO_4^{2-}	73.0~253.4mg/L	混凝土结构			
Mg^{2+}	35.5~193.2mg/L				
pH值	7.5~7.9				
HCO_3^-	1.97~7.01mmol/L				
Cl^-	647.9~5200.8mg/L	钢筋混凝土结构中钢筋(干湿交替条件下)			
		钢筋混凝土结构中钢筋(长期浸水条件下)			

②土对混凝土结构的腐蚀性评价。

土对混凝土结构的腐蚀性评价(环境类别:_____类)   任务单2-2-2

腐蚀介质	实测值范围	评价标准	腐蚀等级	综合评价
SO_4^{2-}	124.0~6094.0mg/kg			
Mg^{2+}	0.0~327.1mg/kg			
Cl^-	186.9~41851.0mmol/L			
pH 值	7.0~8.0			

③土对钢筋混凝土结构中钢筋的腐蚀性评价。

土对钢筋混凝土结构中钢筋的腐蚀性评价   任务单2-2-3

土的类别	土中 Cl^- 含量 实测值范围/(mg/kg)	评价标准	腐蚀等级	综合评价
(　　)类	186.9~41851.0			

3.任务评价

评分标准:
任务实施(1)20分;任务实施(2)80分,其中①、②各30分,③20分,总分100分。

评分_____

【知识测评】

项目2　道路工程稳定性评价

以下资料是《某市二环北段山体滑坡抢险治理工程　岩土工程勘察报告》中关于"边坡稳定性评价及支护措施建议"的描述。

五、边坡稳定性评价及支护措施建议
(一)边坡特征
1.主滑段
坡顶为林地,无建筑物,滑坡距离地面最大垂直高度为74.5m,边坡坡体为岩质,为顺向边坡,因边坡高度较大,坡脚为已建二环道路,破坏后果很严重,边坡安全等级为一级。边坡垮塌前,坡体未经过支护处理。
2.二环侧边坡
坡顶为林地,无建筑物,坡脚为已建二环道路,边坡高度较大,边坡坡体为岩质,为切向边坡,边坡岩体基本质量等级为Ⅳ级,边坡岩体类型为Ⅲ类。

边坡破坏后果很严重,边坡安全等级为一级。主滑段滑坡前,该段已采取过支护处理,根据调查,支护形式为锚杆＋喷射混凝土,边坡距离地面最大垂直高度为71.0m,边坡支护高度约31.0m,支护段分三个台阶进行放坡,每个台阶高度约10m,台阶宽度约2m,坡率为1:0.5,边坡顶部未采取支护处理。未支护段为原始地貌地形,坡率约1:0.85。

(二)边坡的稳定性评价及支护建议

1. 滑坡段

场区内构造简单,场地及附近无断层通过,地层分布连续,场地内由耕植土覆盖,有基岩出露,根据场地周边踏勘、量测,场地下伏基岩为三叠系安顺组泥质白云岩、角砾状白云岩,岩层呈单斜产出,其产状为145°∠25°,层面平直光滑,结合差,连通性好,钙质胶结。场地发育主要有2组节理,其产状分别为89°∠84°和232°∠88°。根据现场地质调查,判定本滑坡为顺层推动式滑坡,滑坡原因如下:

(1)坡体内含有易滑的软弱夹层。

(2)岩层倾向与山坡倾向一致。

(3)降雨对坡体的破坏。雨水浸入坡体,通过滑动面胶结物的软化性能和水解性能,降低了滑动面岩土的抗剪强度;雨水浸入坡体局部形成较高的水头,造成坡体内较高孔隙水、静水压力和动水压力。

(4)边坡岩体发生溃屈破坏。根据极射赤平投影分析,边坡可能沿145°∠25°的层面产生顺层滑动。支护建议:顺层清方后,设置构造锚杆可使滑坡后坡体稳定。

2. 二环侧边坡

该段在主滑段滑坡前已采取支护处理。边坡主动土压力为213.99kPa,建议采用锚杆＋格构＋被动防护网进行加固处理。

请用本项目所学的知识,完成勘察报告相关知识的测评

1. 结合本项目所学的知识,归纳出以上案例中滑坡的10个特征。(每空3分,共30分)

示例:基岩出露、钙质胶结

_____、_____、_____、_____、

_____、_____、_____、_____、

_____、_____。

2. 归纳出以上案例中"二环侧边坡"的6个特征。(每空3分,共18分)

_____、_____、_____、_____、

_____、_____。

3. 这次"山体滑坡抢险治理"中采取了几种治理措施?(12分)分别起什么作用?(40分)

_____

_____

_____

_____

_____

_____

_____

评分_____

模块 2　道路工程地质评价

一、选择题(每空 1 分,共 38 分)

1. 工程地质环境是指(　　)、(　　)、(　　)、(　　)、(　　)、(　　)所带来的,对(　　)与(　　)、(　　)、(　　)相互作用中形成的环境空间的可能影响。
　　a. 地下水　　　　b. 岩石圈　　　　c. 地质构造　　　d. 土　　　　　e. 水圈　　　　f. 岩石
　　g. 生物圈　　　　h. 第四纪　　　　i. 地表水　　　　j. 地质作用　　　k. 大气圈　　　l. 人类工程活动

2. 工程岩土的环境因素主要包括(　　)、(　　)、(　　)、(　　)、(　　)等许多方面。
　　a. 地下水　　　　b. 地质结构　　　c. 岩土的物理力学性质　　　d. 岩石与土
　　e. 地质构造　　　f. 地应力　　　　g. 人类活动　　　h. 气候　　　i. 地表水

3. 地质环境适应性评价是对工程活动可能引起的(　　)、(　　)、(　　)等后果进行分析和评价。
　　a. 破坏　　　　　　　　b. 裂隙　　　　　　　　c. 岩土变形　　　　　　　d. 地表水污染
　　e. 地震　　　　　　　　f. 环境污染　　　　　　g. 节理

4. 岩土体的稳定直接影响工程建筑物地基稳定,工程建筑物地基稳定性评价就是对其影响范围内的岩土体的稳定性进行评价,影响因素包括(　　)、(　　)、(　　)、(　　)、(　　)等因素。
　　a. 岩土体厚度　　　　　b. 岩土埋藏深度　　　　c. 地质构造　　　　　　d. 岩石岩性
　　e. 地震　　　　　　　　f. 岩土的物理力学性质　g. 地下水

5. 公路工程建设所引起的地质灾害有(　　)、(　　)、(　　)、(　　)、(　　)、(　　)、(　　)、(　　)、(　　)、(　　)等。
　　a. 崩塌　　　　　b. 地下水突水、管涌、突涌　　　c. 滑坡　　　　　d. 泥石流　　　　e. 次生灾害
　　f. 资源破坏　　　g. 水土流失　　　　　　　　　h. 生态问题　　　i. 土地沙化　　　j. 地面沉降、塌陷　　k. 地下管线破坏
　　l. 振动　　　　　m. 人工堆积物

二、判断题(每题 2 分,共 20 分)

(　　)1. 工程地质环境包含自然工程地质环境和人类活动形成的工程地质环境。
(　　)2. 工程地质环境的适宜性评价的主要任务是对原生地质环境中的地形地貌、地质构造、地层岩土、不良地质、地下水、地震、地基承载力等对工程建设活动的制约程度作出评价。
(　　)3. 路线应避免沿断裂带、可溶岩与非可溶岩的接触带和断裂的交会处、岩溶水富集区及岩溶水排泄区。
(　　)4. 斜坡上的岩石,如果是砂岩、灰岩、石英岩、花岗岩等坚硬脆性岩石,更容易形成崩塌。
(　　)5. 泥石流只有在高原山区才会发生。
(　　)6. 边坡稳定性评价应遵循"以定性分析为基础、定量计算为手段"的原则。
(　　)7. 所有地下水对钢筋混凝土都具有腐蚀性。
(　　)8. 土坡顶面上作用外荷载会改变岩土体内原有的应力平衡,导致边坡坍塌。
(　　)9. 地基稳定性影响因素包括地质构造、岩性、埋深、厚度、物理力学性质及地下水等因素。
(　　)10. 公路路线应避开斜坡高陡,节理(裂隙)切割严重,危岩、崩塌发育地段。

三、拓展题(共 42 分)

1. 什么是安全生产标准化?为什么现在工程项目施工要大力推行安全生产标准化?查阅资料进行说明。(20 分)

_____

_____

_____

_____

2. 为什么填方路基,特别是高路堤与陡坡路堤设计时要进行稳定性计算和评价?(22分)

评分＿＿＿＿＿＿＿＿

【目标评价】

模块2　道路工程地质评价

1. 素质目标评价				
序号	素养目标	素质评价指标	配分/分	换算得分/分
1	规范意识	通过本模块的学习,查阅《公路工程地质勘察规范》(JTG C20—2011)、《公路路基设计规范》(JTG D30—2015)与《公路工程抗震规范》(JTG B02—2013)中至少两种规范	10	
2	安全意识	注重公路工程中路基稳定性、路堑边坡稳定性及岩土腐蚀性评价的学习,树立工程活动"顺应自然、保护生态"的安全意识	10	
3	学习能力	养成认真学、爱思考、勤提问的学习习惯	10	
		具备通过网络、书籍等查阅相关资料进行工程地质评价的自主学习能力		
总分			30	
2. 知识目标评价				
序号	知识测评		配分/分	换算得分/分
1	【知识测评】(项目1　道路工程地质环境评价)得分＿＿＿＿＿		15	
2	【知识测评】(项目2　道路工程稳定性评价)得分＿＿＿＿＿		15	
总分			30	

3. 技能目标评价				
序号	技能点	任务工单	配分/分	换算得分/分
1	公路边坡防护措施	任务单 2-1-1 得分_____	10	
2	公路边坡病害判别	任务单 2-1-2 得分_____	10	
3	地下水的腐蚀性评价	任务单 2-2-1 得分_____	10	
4	土对混凝土结构的腐蚀性评价	任务单 2-2-2 得分_____	5	
5	土对钢筋混凝土结构中钢筋的腐蚀性评价	任务单 2-2-3 得分_____	5	
总分			40	

注:换算得分需根据实际得分和配分进行计算。例如,某一任务单得分为 90 分,配分为 5 分,则换算得分为:90 分 × 5% = 4.5 分。

目标总体评价

总结与反思
素质目标达标分析_____
知识目标达标分析_____
技能目标达标分析_____
学习方法分析_____
教学方法分析_____

模块3　道路工程地质勘察报告

项目1　地质图识读

一、普通地质图

地质图是用规定的符号、颜色和花纹将地质现象按比例投影到平面上的一种图件,它能够反映一个地区的岩性、地层、地质构造、矿产分布等地质内容。通过地质图的识读,可以了解一个地区的地质构造与各种自然地理因素之间的关系,对地质工作具有重要的指导作用。因此,地质图的识读可以帮助人们理解地球的历史和演变,同时可以为资源勘探、环境评估、灾害预防等领域提供基础数据和科学依据。

二、工程地质图

工程地质图是一种重要的地质图类型,它主要反映工程区域的地质条件,包括岩层、地质构造、矿产资源分布等,这些信息对于评估工程地点的地质稳定性、预测可能的地质灾害以及制定合理的工程方案至关重要。通过工程地质图,工程技术人员可以准确地了解工程地点的地质特征,在设计阶段就考虑降低可能的地质风险,采取相应的技术措施,确保工程的安全性和经济性。因此工程地质图的识读对于预防和减少工程灾害具有重要意义,对确保工程项目的安全、经济、环保具有不可替代的作用。例如,在设计和施工阶段,通过分析工程地质图,可以识别出可能存在山体滑坡、地震活动频繁的区域,从而采取适当的防护措施,避免或减少灾害的发生。此外,工程地质图还能帮助评估人类活动对自然资源的潜在影响,如土壤侵蚀、地下水污染等,从而指导环境保护措施的实施。

三、地质图识读步骤

1.读图名

了解图幅所在的地理位置、范围大小、精度要求以及出版时间、制图人等。

2.读比例尺

了解图上线段长度、面积大小和地质体大小及反映详略程度。

3.读图例

了解图区出露的地层及其时代、顺序,地层间有无间断以及岩石类型、时代等。

4.分析地质图

地质内容包括以下几点:

①地层分布情况,老地层分布的部位,新地层分布的部位。结合地层柱状图了解区内地层

时代、岩性、化石、地层厚度及接触关系等。

②岩浆岩的性质及分布,岩体与地层、构造、矿产的关系。

③地层、岩体的变质程度,变质岩的分布范围及特征。

④褶皱、断层的性质、类型及展布情况,断层与褶皱的关系等。

5.分析地形特征

根据图中地形等高线,分析区内山脉的走向变化、地势分布(最高点、最低点、相对高差)、水系发育情况等。同时,了解地层分布规律、地貌与地质构造的关系等。

四、技能训练

1.任务描述

图 3-1-1 是红华岭地区平面地质图,根据本任务学习,对照图例识读红华岭地区平面地质图,并完成任务单 3-1-1。

红华岭地区地质图

1:25000

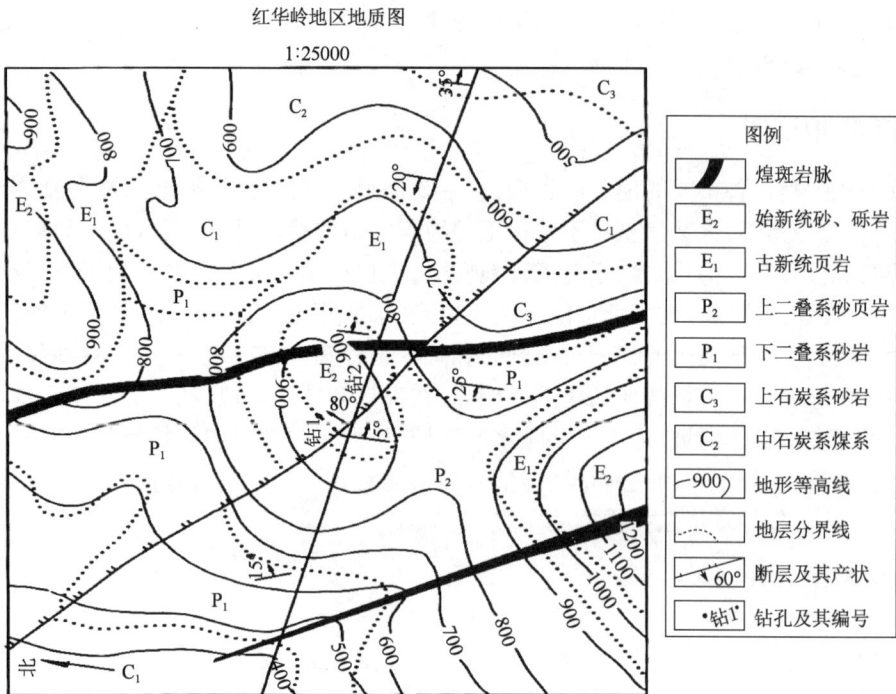

图 3-1-1　红华岭地区地质图

2.任务实施

红华岭地区地质图识读　　　　　　　　　　　　　任务单 3-1-1

第一步:读图名

本地质图为_____。

第二步:读比例尺

本地质图比例尺为_____,即图上 1cm 代表实地距离_____。

第三步:读图例

本区出露沉积岩为:＿＿＿＿＿＿＿＿统＿＿＿＿＿＿＿＿岩、＿＿＿＿＿＿＿＿统＿＿＿＿＿＿＿＿岩、

＿＿＿＿＿＿＿＿系＿＿＿＿＿＿＿＿岩、＿＿＿＿＿＿＿＿系＿＿＿＿＿＿＿＿岩、＿＿＿＿＿＿＿＿系

＿＿＿＿＿＿＿＿岩、＿＿＿＿＿＿＿＿系＿＿＿＿＿＿＿＿岩。

第四步:分析地质图

1. 岩层产状:＿＿＿＿＿＿＿＿产状＿＿＿＿＿＿＿＿岩层;＿＿＿＿＿＿＿＿产状＿＿＿＿＿＿＿＿岩层;

＿＿＿＿＿＿＿＿产状＿＿＿＿＿＿＿＿岩层;＿＿＿＿＿＿＿＿产状＿＿＿＿＿＿＿＿岩层。

2. 褶皱构造＿＿

＿＿＿

＿＿＿

＿＿＿

＿＿＿

3. 断层构造＿＿

＿＿＿

＿＿＿

4. 地层接触关系＿＿

＿＿＿

＿＿＿

第五步:分析地形特征

地形地貌:本地区最高高程约＿＿＿＿＿＿＿＿;最低高程约＿＿＿＿＿＿＿＿;相对高差约＿＿＿＿＿＿＿＿;本

地区＿＿＿＿＿＿＿＿(有/无)河流。属于＿＿＿＿＿＿＿＿地貌

3. 任务评价

评分标准:

第一步 10 分,第二步 10 分,第三步 20 分,第四步 40 分,第五步 20 分,共 100 分。

评分＿＿＿＿＿＿＿＿＿＿

项目1　地质图识读

图 3-1-2 是一个普通地质图,图 3-1-3 是某高速公路某大桥工程地质图。

一、识读普通地质图(每空 3 分,共 60 分)

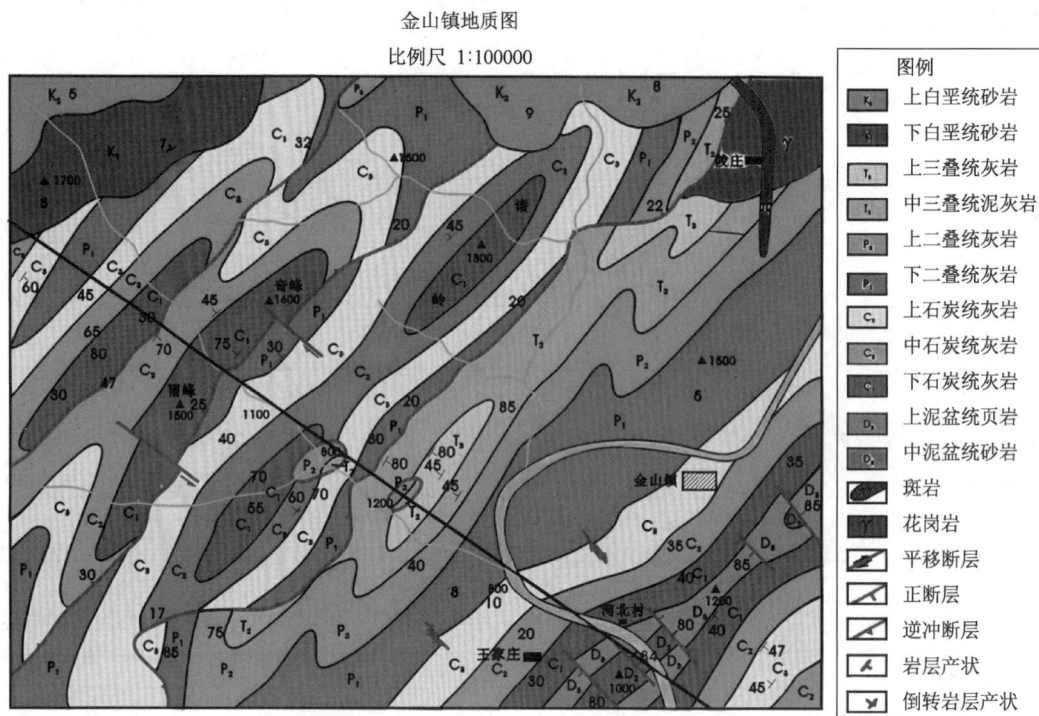

金山镇地质图

比例尺　1:100000

图 3-1-2　普通地质图

1. 图名:＿＿＿＿＿＿＿＿＿＿。

2. 比例尺:＿＿＿＿＿＿＿＿＿＿。

3. 地形地貌:本区最高点在图中＿＿＿＿＿＿＿＿,高程约＿＿＿＿＿＿＿＿;最低点在图中

＿＿＿＿＿＿＿＿,高程约＿＿＿＿＿＿＿＿,最大相对高差约＿＿＿＿＿＿＿＿。

4. 本区出露地层从老到新主要有＿＿＿＿＿＿＿＿、＿＿＿＿＿＿＿＿、＿＿＿＿＿＿＿＿、

＿＿＿＿＿＿＿＿、＿＿＿＿＿＿＿＿。

地质构造:本区共有＿＿＿＿＿＿＿＿条断层;其中有＿＿＿＿＿＿＿＿条平移断层、＿＿＿＿＿＿＿＿条正断层、

＿＿＿＿＿＿＿＿条逆冲断层。

5. 本区岩层产状(在雨峰和奇峰附近)为＿＿＿＿＿＿＿＿、＿＿＿＿＿＿＿＿、＿＿＿＿＿＿＿＿;由此判断该处为

＿＿＿＿＿＿＿＿构造。

二、识读工程地质图(每空 5 分,第 6 题 5 分,共 40 分)

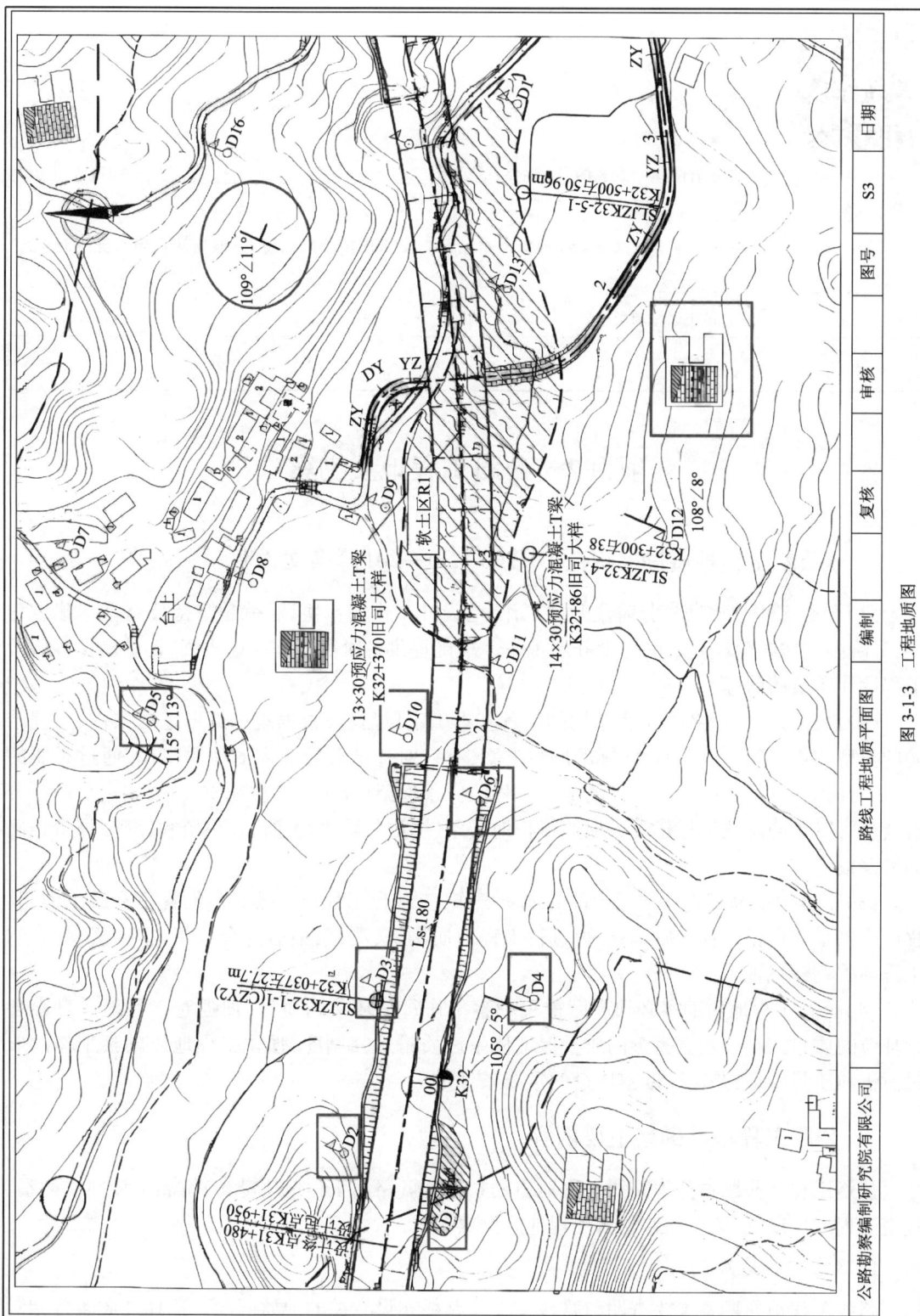

图 3-1-3　工程地质图

1. 图名：×××高速公路＿＿＿＿＿＿＿＿＿＿。
2. 比例尺1∶2000。
3. 岩层产状：倾向＿＿＿＿＿＿、走向＿＿＿＿＿、倾角＿＿＿＿＿。（在图3-1-3右上方圆圈处识读）

图3-1-3　4. 地层岩性：本区出露的岩性主要有＿＿＿＿＿、＿＿＿＿＿。（在图3-1-3右下方方框处识读）

5. 图3-1-3左上方圆圈处是地质钻探点D5（即第五个钻孔），那么图中路线两侧，方框处从左到右分别是钻探点＿＿＿＿＿＿＿＿＿。

6. 用红笔在图3-1-3中把软土区域勾画出来

评分＿＿＿＿＿＿＿

项目2　公路工程地质勘察

一、《公路工程地质勘察规范》（JTG C20—2011）条文说明

（1）公路工程地质勘察分阶段开展工作，与设计工作同步协调，就是坚持公路基本建设程序，分阶段并按各阶段要求的深度开展工作。准确提供各阶段所需的地质资料，是确保各阶段工程设计质量的前提。

（2）在路线走向及各类工程结构的位置基本确定以后，应根据现场地形地质条件、工程结构的类型和规模等，制订切合实际的勘察方案，有针对性地开展深入的地质工作，通过必要的勘探、测试等手段，查明工程建设场地的工程地质条件，对收集的各种地质资料，应进行综合分析、整理，以正确反映工程建设场地的工程地质条件，为公路工程建设提供资料完整、评价正确的勘察报告。

（3）工程地质勘察是一项综合性的地质工作，应结合工程设计按一定的程序开展工作，其程序应该是先进行工程地质调绘，再进行工程地质勘探、测试，最后综合分析，整理资料，编制工程地质勘察报告。

（4）公路工程地质勘察必须高度重视勘察工作每一环节的质量，加强对工程地质勘察各个环节的质量控制。建立完善的质量保证体系和质量追究制度，强化工程地质勘察工作的质量意识和质量管理，是保证勘察质量的重要条件。

二、公路工程地质勘察主要内容

公路工程地质勘察分为路线工程地质勘察，路基、路面工程地质勘察，桥涵工程地质勘察，隧道工程地质勘察，天然筑路材料工程地质勘察。

1. 路线工程地质勘察

路线工程地质勘察主要查明与路线方案及路线布设有关的地质问题。选择地质条件相对良好的路线方案,在地形、地质条件复杂的地段,重点调查对路线方案与路线布设起控制作用的地质问题,确定路线的合理布设。

2.路基、路面工程地质勘察

路基、路面工程地质勘察指在初步勘察、定测阶段,根据选定的路线位置,对中线两侧一定范围的地带,进行详细的工程地质勘察,为路基路面的设计与施工提供工程地质和水文地质资料。

3.桥涵工程地质勘察

按初步勘察、详细勘察阶段的不同深度要求,进行相应的桥涵工程地质勘察,为桥涵的基础设计提供地质资料。一是对各比较方案进行调查,配合路线、桥梁专业人员,选择地质条件比较好的桥位;二是对选定的桥位进行详细的工程地质勘察,为桥梁及其附属工程的设计和施工提供所需要的地质资料。

4.隧道工程地质勘察

隧道多是路线布设的控制点且影响路线方案的选择。隧道工程地质勘察通常包括两项内容:一是隧道方案与位置的选择,包括隧道与展线或明挖的比较;二是隧道洞口与洞身的勘察。

5.天然筑路材料工程地质勘察

天然筑路材料工程地质勘察的任务是充分发掘、改造和就近利用沿线的一切材料,对分布在沿线的天然筑路材料和工业废料,按初步勘察和详细勘察阶段的不同深度进行勘察,为公路设计提供筑路材料的资料。

三、技能训练

1.任务描述

×××勘察设计院股份有限公司接到××省"关于委托进行×××高速公路勘察设计工作的函",委托开展×××高速公路工程地质初步勘察,并完成该路线工程地质初步勘察报告。请以小组讨论方式完成任务单3-2-1。

2.任务实施

高速公路工程地质初步勘察　　　　　　　　　　　任务单3-2-1

路线工程地质初步勘察以工程地质调绘为主,勘探测试为辅。 1.本次工程地质调绘需要调查哪些内容?

2. 本次工程地质调绘前需做哪些准备?

3. 任务评价

评分标准

共100分,第一题60分,第二题40分。

评分 _____

【知识测评】

项目2 公路工程地质勘察

公路工程地质初步勘察与详细勘察的性质和任务如下:

	初步勘察	详细勘察
性质	在已有资料和地质测绘与调查的基础上,对场址进行勘察和测试	经过选址勘察和初步勘察之后,已基本查明场地工程地质条件。要根据具体的建筑地基或具体的地质问题,为施工图设计和施工提供设计计算参数和可靠依据
任务	查明建筑场地不良地质现象的成因、分布范围、危害程度及发展趋势,避免不良地质现象发生地段,为建筑物总平面布置提供依据	以勘探、原位测试和室内土工试验为主,必要时,可补充部分物探、工程地质测绘或勘察工作

《公路工程地质勘察规范》(JTG C20—2011)对初步勘察和详细勘察的工作任务进行了规定,从内容上看初步勘察、详细勘察的工作任务差不多。

请根据公路工程地质初步勘察与详细勘察的定义,结合《公路工程地质勘察规范》(JTG C20—2011)对初步勘察和详细勘察的一般规定,分析详细勘察的工作任务与初步勘察的工作任务是重复还是有区别。

	初步勘察	详细勘察
一般规定	1.初步勘察应基本查明公路沿线及各类构筑物建设场地的工程地质条件,为工程方案比选及初步设计文件编制提供工程地质资料	1.详细勘察应查明公路沿线及各类构筑物建设场地的工程地质条件,为施工图设计提供工程地质资料

	初步勘察	详细勘察
分析		
一般规定	2.初步勘察应与路线和各类构筑物的方案设计相结合,根据现场地形地质条件,采用遥感解译、工程地质调绘、钻探、物探、原位测试等手段相结合的综合勘察方法,对路线及各类构筑物建设场地的工程地质条件进行勘察	2.详细勘察应充分利用初步勘察取得的各项地质资料,采用以钻探、测试为主,调绘、物探、简易勘探等手段为辅的综合勘察方法,对路线及各类构筑物建设场地的工程地质条件进行勘察
分析		

评分标准:

以上每个分析50分,共100分。

评分_____

项目3　公路工程地质勘察报告编制

一、公路工程地质勘察报告编制程序

1.外业实物工作量的汇集、检查和统计

此项工作应于外业结束后立即进行。首先应检查各项资料是否齐全,特别是试验资料是否齐全,同时可编制测量成果表、勘察工作量统计表和勘探点(钻孔)工程地质平面图。

2.对照原位测试和土工试验资料,校正现场地质编录

这是一项很重要的工作,但往往被忽视,从而导致野外定名与试验资料相矛盾,鉴定砂土的状态与原位测试和试验资料相矛盾。

3.对整个报告框架结构进行规划

由于公路工程地质有其特殊性,属于多专业合作工程,因此,对整个报告整体框架结构提前进行规划是十分必要的。

4.编绘钻孔工程地质综合柱状图

柱状图中应标明各层的地质年代、成因类型、承载力基本容许值、摩阻力标准值和地下水位及地质描述。

5.划分岩土工程地质层,编制分层统计表,进行数理统计

地基岩土的分层,直接关系到评价的正确性和准确性。因此,此项工作必须按地质年代、成因类型、岩性、状态、风化程度、物理力学特征来综合考虑,正确地划分每一个单元的岩土层。另外应注意,工程地质层的划分,不是越细越好,除了遵循一般的划分原则之外,还应结合工程对象进行划分。在正确划分出工程地质层后,编制分层统计表。最后,进行分层试验资料的数理统计,查算分层承载力。

6.编绘公路工程地质图

公路工程地质图是按比例尺结合公路工程建设需要的指标测制或编绘的地图。通常包括工程地质平面图、剖面图、地层柱状图和某些专门性图件。它以工程地质测绘所得图件为基础,并根据必要的勘探、试验和长期观测所获得的资料编绘而成。它同工程地质报告书一起作为工程地质勘察的综合性文件,是公路工程规划、设计和施工的重要基础资料之一。

7.编写工点工程地质勘察报告

工点工程地质勘察报告是全面反映地质勘查工作成果的重要技术文件,它详细记录了勘察区域的地质情况、地质构造、地质变化以及可能存在的地质灾害等内容。工点工程地质勘察报告的编制与工程类型、勘探方法、勘探工作量有直接关系。工点是指路基、桥涵、隧道、路线交叉、筑路材料料场及弃土场、不良地质与特殊性岩土等。

8.编写全线工程地质勘察总说明书

全线工程地质勘察总说明书的编制与勘察阶段密切相关,是报告的核心,它全面分析了整条路线的工程特征,是设计人员掌握全线地质情况的指南。

二、公路工程地质勘察报告基本格式

工程地质勘察报告是勘察的主要成果,是纳入设计文件的基础资料,包括文字部分和图表资料部分,它为公路工程建设的规划、设计和施工提供参考。

工程地质勘察报告应根据任务要求、勘察阶段、工程特点和地质条件等具体情况编写。应充分利用勘察取得的各项地质资料,在综合分析的基础上进行编号,所依据的原始资料在使用前均应进行整理、检查、分析,确认无误。公路工程地质勘察报告包括工程地质勘察总说明、工点工程地质勘察报告两种类型。《公路工程地质勘察报告编制规程》(T/CECS G:H24—2018)规定的勘察报告的基本格式详见表3-3-1。

工程地质勘察总说明	工点工程地质勘察报告
1　前言	1　勘察概述
1.1　任务依据 1.2　勘察目的与任务 1.3　工程概况 1.4　技术标准与参考资料 1.5　勘察方法 1.6　勘察工作量布置原则 1.7　勘察工作量 1.8　勘察工作综述 1.9　上阶段审查咨询意见的执行情况及简要说明	1.1　工程概况 1.2　工作概况
2　自然地理概况	
2.1　地理位置 2.2　气象 2.3　水文 2.4　其他需要说明的事项	
3　工程地质条件	2　场地工程地质条件
3.1　地形地貌 3.2　地层岩性 3.3　地质构造 3.4　新构造运动与地震 3.5　水文地质 3.6　不良地质与特殊性岩土 3.7　天然筑路材料	2.1　地形地貌 2.2　地层岩性 2.3　地质构造 2.4　地表水与地下水 2.5　不良地质与特殊性岩土
4　总体工程地质评价	3　工程地质特征与评价
4.1　区域稳定性与适宜性 4.2　工程地质特征评价 4.2.1　工程地质层划分 4.2.2　工程地质层物理力学指标 4.2.3　工程地质层岩土设计参数 4.3　不良地质评价 4.4　特殊性岩土评价 4.5　水和土的腐蚀性评价 4.6　天然筑路材料评价 4.7　环境工程地质问题评价	3.1　工程地质层特征 3.2　工程地质评价 3.2.1　场地稳定性评价 3.2.2　场地地震效应 3.2.3　场地水、土对建筑材料的腐蚀性 3.2.4　特殊性岩土工程地质评价 3.2.5　岩土设计参数 3.2.6　工程地质问题评价 3.3　工程对策
5　路线工程地质评价	
5.1　路线工程地质分区与评价 5.2　路基工程地质评价 5.3　桥涵工程地质评价 5.4　隧道工程地质评价 5.5　路线交叉工程地质评价 5.6　沿线设施工程地质评价 5.7　线外工程地质评价 5.8　连接线工程地质评价	
6　路线走廊或路线方案工程地质比选	

工程地质勘察总说明	工点工程地质勘察报告
7 结论与建议 8 图表 9 附件	4 结论与建议 5 图表 6 附件
成果报告应附下列图件:(1)勘探点平面布置图;(2)工程地质柱状图;(3)工程地质剖面图;(4)原位测试成果图表;(5)室内试验成果图表	

三、技能训练

1.任务描述

×××交通规划设计研究院股份有限公司承担了×××高速公路×××段第一合同(左K120+085~K120+169)段滑坡工程地质勘察任务。

该高速公路右线桥梁施工期间,11月9—14日连续降雨后,16日下午2时许,突然发生山体滑坡,滑体长约75.0m,宽约80.0m,形成错落台高约12.0m,滑动方量约45600m³,右线已施工的桥梁人工挖孔桩柱被毁,并在已滑动边坡后侧形成一个更大的潜在滑坡危险区。目前,该滑坡的工程地质勘察工作已经完成,勘察报告编制的目录大纲如下:

×××段第一合同(左K120+085~K120+169)段
滑坡工程地质勘察报告

0 前言

0.1 任务由来

0.2 地质灾害概况及危害情况

危及人口、单位、建筑物、设施等。

0.3 勘察目的、任务

0.4 勘察工作评述

前期工作评述、勘察依据、勘察时间、勘察范围、勘察工作量、勘察质量等。

1 勘察区自然条件及地质环境条件

1.1 自然条件

勘察区地理位置、行政区划、准确地理坐标、交通状况、气象与水文、区域经济状况等。

1.2 地质环境条件

1.2.1 区域地质条件概述

地形地貌与新构造运动、地层岩性、水文地质条件。

1.2.2 勘察区工程地质条件

地形地貌、地层岩性与岩土工程地质特征、地质构造、水文地质条件、不良地质现象、人类工程活动、其他。

2 地质灾害体特征及稳定性评价

2.1 滑坡(包括不稳定斜坡)特征及稳定性评价

2.1.1 滑坡边界、规模、形态特征

调查分析滑坡的类型、边界范围及分布高程、面积、体积及平面、空间形态,论述滑坡体的物质组成与结构,并分析其变形破坏特征和可能造成的危害。

2.1.2 滑体特征

分析滑体的成因类型、物质成分及结构、形态参数、岩土力学性质和指标、厚度及分区,地下水活动状态及岩土渗透特性。

2.1.3 滑床特征

分析滑床基岩岩性及结构,岩石力学和渗透性指标、地质构造,基岩等高线、风化程度及分区情况。

2.1.4 滑移带特征

分析滑移带的物理组成、力学特性与结构、微结构特征、分布形态、埋深、厚度及分段。

2.1.5 滑坡变形破坏发育史

2.1.6 滑坡影响因素

调查分析非地质致灾因素(降雨、地震、冲蚀、人类工程活动等)的强度、周期以及它们对滑坡稳定性的影响。

2.1.7 试验成果分析

论述室外、室内进行试验的条件、相关参数和方法,对试验成果进行研究分析并与反演分析的结果对比验证。

2.1.8 滑坡推力计算及稳定性评价

(1)稳定性宏观分析

(2)计算与评价

论述推力计算的典型剖面选定原则、边界条件、计算参数、计算工况、计算方法和公式,进行计算结果的评述和稳定性评价。

3 地质灾害体发展变化趋势及危害性预测

3.1 发展变化趋势

3.2 危害性预测

4 地质灾害体防治方案建议

4.1 防治目标原则

4.2 防治工程设计参数建议

4.3 防治方案比选(搬迁、治理)及防治工程方案建议

2.任务实施

请将本滑坡工程地质勘察报告编写内容与教材《道路工程地质(第3版)》模块3项目3任务2中的工程案例"××高速公路第TJ1标段工程地质勘察总说明"和"××高速公路K2+200~K2+740右侧挖方边坡施工图设计阶段工程地质勘察报告"的编写内容进行对比,分析这三个报告内容的异同,并完成任务单3-3-1。

分析不同工程地质勘察报告内容的异同   任务单3-3-1

1.公路工程地质勘察报告类型和阶段。 滑坡工程地质勘察报告属于_____类型_____阶段;工程地质勘察总说明属于 _____类型_____阶段;挖方边坡工程地质勘察报告属于_____类型 _____阶段。 2.列出三个工程地质勘察报告编制内容的相同点。 _____、_____、_____、 _____、_____、_____、 _____、_____、_____等。

3.列出三个工程地质勘察报告各自特有的内容。

(1)挖方边坡工程地质勘察报告的特有内容有 ＿＿＿＿＿＿、＿＿＿＿＿＿、＿＿＿＿＿＿等。

(3)工程地质勘察总说明的特有内容有 ＿＿＿＿＿＿、＿＿＿＿＿＿、

＿＿＿＿＿＿、＿＿＿＿＿＿等。

(3)滑坡工程地质勘察报告的特有内容有 ＿＿＿＿＿＿、＿＿＿＿＿＿、

＿＿＿＿＿＿、＿＿＿＿＿＿等

3. 任务评价

评分标准：

第1题每空2分,共12分;第2题每空3分,共36分;第3题每空4分,共52分,总分100。

评分 ＿＿＿＿＿＿

【知识测评】

项目3 公路工程地质勘察报告编制

以下是《公路工程地质勘察报告编制规程》(T/CECS G:H24—2018)对详细工程地质勘察报告的一般规定

7.1.1 详细工程地质勘察报告应由总说明及路基工程、桥涵工程、隧道工程、路线交叉工程、沿线设施工程、沿线筑路材料料场及弃土场、线外工程、连接线等工程地质勘察报告组成。

条文说明

详细工程地质勘察报告是在初步工程地质勘察报告基础上的深化和细化。报告编制应以初步设计批复且经优化的路线为对象,在初步工程地质勘察成果的基础上详细阐明拟建工程的工程地质条件及岩土的工程地质特征;提供满足施工图设计的各类公路工程、弃土场、不良地质与特殊性岩土场地及地基稳定性设计所需要的岩土设计参数,筑路材料储量;评价各类公路工程的建设条件、涉及的工程地质问题以及筑路材料的开采、利用、运输条件,并提出相应的工程对策。

7.1.2 详细工程地质勘察报告宜按施工合同标段编制。

请查阅《公路工程地质勘察报告编制规程》(T/CECS G:H24—2018),判断以下说法是否正确。

1.详细工程地质勘察报告应由总说明及路基工程、桥涵工程、隧道工程、路线交叉工程、沿线设施工程、沿线筑路材料料场及弃土场、线外工程、连接线等工程地质勘察报告组成。这句话的意思是:

(1)详细工程地质勘察报告内容包含路基工程、桥涵工程、隧道工程、路线交叉工程、沿线设施工程、沿线筑路材料料场及弃土场、线外工程、连接线等内容。( )

(2)详细工程地质勘察报告包含总说明、路基工程勘察报告、桥涵工程勘察报告、隧道工程勘察报告、路线交叉工程勘察报告、沿线设施工程勘察报告、沿线筑路材料料场及弃土场勘察报告、线外工程勘察报告、连接线勘察报告等9个报告。( )

2.详细工程地质勘察报告宜按施工合同标段编制。

在施工图设计阶段,一般把勘察设计路段划分为若干施工合同标段。这句话的意思是:

(1)详细工程地质勘察报告要与设计文件对应、配套,有几个合同段就要编制几套勘察报告。( )

(2)详细工程地质勘察报告要按施工合同标段编制,但不需要编制若干套勘察报告。( )

3. 如果公路路线的路基工程有路基、高路堤、陡坡路堤、高边坡或深路堑、支挡工程、河岸防护工程等类型,则在编写勘察报告时:

(1)要分类编写路基、高路堤、陡坡路堤、高边坡或深路堑、支挡工程、河岸防护工程这6类勘察报告。( )

(2)不需要编制6套勘察报告,只要在路线说明里涵盖路基、高路堤、陡坡路堤、高边坡或深路堑、支挡工程、河岸防护工程这六个方面的内容即可。( )

4. 所有工程地质勘察报告都由文字报告、图表及有关附件组成。( )

评分标准:

以上第1~3题每小题15分,第4题10分,共100分。

评分 _____

模块3 道路工程地质勘察报告

一、选择题(每空2分,共60分)

1.地质图上一般应该有( )、( )、( )、( )、( )、( )、( )、( )、( )、( )、( )。

a.图例　　　　b.图名　　　　c.平面图　　　　d.比例尺　　　　e.编制单位　　　f.编制日期

g.柱状图　　　h.剖面图　　　i.编制负责人　　j.方位　　　　　k.颜色

2.地质图按照用途分( )和( )两类,( )主要用于展示区域的基本地质特征,而( )则专注于特定的地质现象或问题。地质图按比例尺分为小比例尺、中比例尺和大比例尺三类,小比例尺地质图,其比例尺通常是( );中等比例尺地质图,其比例尺通常是( );大比例尺地质图,其比例尺通常是( )。

a.地形地质图　　b.专用地质图　　c.地质一览图　　d.通用地质图　　e.普通地质图

f.工程地质图　　g.1:1000000　　h.1:500000　　i.1:250000　　j.1:200000

k.1:100000　　　l.1:5000　　　m.1:10000

3.公路工程地质勘察报告书在内容结构上一般由( )、( )、( )组成。

a.工程勘察总说明　　　b.文字报告　　　　c.工点工程地质勘察报告　　　d.勘察测试图表

e.专项勘察报告　　　　f.相关图表　　　　g.相关附件

4.路线工程地质勘察报告区域工程地质条件一般含( )、( )、( )、( )。

a.地质构造　　　　b.特殊性岩土　　　c.地下水　　　　d.地形地貌

e.地层岩性　　　　f.水文地质　　　　g.第四纪地质　　　h.不良地质

5.道路工程地质勘察总说明图表一般含( )、( )、( )、( )。

a.路线工程地质平面图　　b.工程地质横断面图　　　c.图例与符号　　　　d.原位测试成果图表

e.工程物探成果图表　　　f.路线工程地质纵断面图　g.岩、土、水试验汇总表

h.勘探点一览表　　　　　i.钻孔、探坑地质柱状图及探槽展示图

二、判断题(每题2分,共20分)

( )1.工程地质图由主图和附图构成。

( )2.综合地层柱状图是普通地质图的主图。

( )3.地质图的比例尺与地形图的比例尺不一样。

( )4.反映工程地质条件的地质图为工程地质图。

( )5.工程地质图与普通地质图不同,它包含测绘、勘探、试验等成果。

( )6.岩石试验成果表包含土工、现场载荷、标准贯入、静力触探试验等。

( )7.工程地质勘察报告包含了直接或间接得到的各种工程地质资料。

( )8.各类勘察规范中虽然载有编写工程地质报告书的提纲,但要根据实际情况编写,不可受其拘束、强求统一。

( )9.工程地质条件可分为复杂、较复杂和简单三种。

( )10.公路工程地质勘察的目的是获取工程场地及其有关地区的工程地质条件的原始资料。

三、拓展题(20 分)
查阅资料,简述改建公路工程地质勘察应收集哪些资料。
评分 _____

【目标评价】

模块3　道路工程地质勘察报告

1. 素质目标评价				
序号	素养目标	素质评价指标	配分/分	换算得分/分
1	规范意识	通过本模块的学习,掌握如何查阅和执行《公路工程地质勘察规范》(JTG C20—2011)、《公路工程地质勘察报告编制规程》(T/CECS G:H24—2018)两个规范	6	
2	安全意识	注重道路工程地质评价,尊重地质规律,遵循地质原则,具有从源头上尽量减少公路建设对自然环境的破坏,为施工和运营提供良好的条件等安全行为意识	8	
3	劳动精神	不畏难、认真学、勤试验,具备主动劳动和不怕苦、不怕累的精神	6	
4	学习态度	养成爱学习、勤提问和小组讨论的学习习惯	10	
		具备通过网络、书籍等查阅相关资料进行工程地质勘察报告编制的自主学习能力		
总分			30	

2. 知识目标评价				
序号	知识测评			配分/分	换算得分/分
1	【知识测评】项目1　地质图识读　得分_____			10	
2	【知识测评】项目2　公路工程地质勘察　得分_____			10	
3	【知识测评】项目3　公路工程地质勘察报告编制　得分_____			10	
4	【知识测评】模块3　道路工程地质勘察报告　得分_____			10	
总分			40	

3.技能目标评价				
序号	技能点	任务单	配分/分	换算得分/分
1	红华岭地区地质图识读	任务单 3-1-1 得分_____	10	
2	高速公路工程地质初步勘察	任务单 3-2-1 得分_____	10	
3	分析不同工程地质勘察报告内容的异同	任务单 3-3-1 得分_____	10	
总分			30	

注:换算得分需根据实际得分和配分进行计算。例如,某一任务单得分为 90 分,配分为 5 分,则换算得分为:90 分 ×
5% =4.5 分。

目标总体评价

总结与反思
素质目标达标分析_____
知识目标达标分析_____
技能目标达标分析_____
学习方法分析_____
教学方法分析_____

参考文献

[1] 中华人民共和国交通运输部.公路工程地质勘察规范:JTG C20—2011[S].北京:人民交通出版社,2011.

[2] 中国工程建设标准化协会.公路工程地质勘察报告编制规程:T/CECS G:H24—2018[S].北京:人民交通出版社股份有限公司,2019.

[3] 中华人民共和国建设部.岩土工程勘察规范(2009年版):GB 50021—2001[S].2版.北京:中国建筑工业出版社,2009.

[4] 中华人民共和国交通运输部.公路路基设计规范:JTG D30—2015[S].北京:人民交通出版社股份有限公司,2015.

[5] 中华人民共和国建设部.土的工程分类标准:GB/T 50145—2007[S].北京:中国计划出版社,2008.

[6] 中华人民共和国交通运输部.公路工程岩石试验规程:JTG 3431—2024[S].北京:人民交通出版社股份有限公司,2024.

[7] 《工程地质手册》编委会.工程地质手册[M].4版.北京:中国建筑工业出版社,2007.

[8] 中华人民共和国交通运输部.公路土工试验规程:JTG 3430—2020[S].北京:人民交通出版社股份有限公司,2020.

[9] 中华人民共和国住房和城乡建设部.岩土锚杆与喷射混凝土支护工程技术规范:GB 50086—2015[S].北京:中国计划出版社,2016.

[10] 何培玲,张婷.工程地质[M].北京:北京大学出版社,2006.

[11] 臧秀平.工程地质[M].3版.北京:高等教育出版社,2016.